立命館大学産業社会学部創設50周年記念学術叢書

産業社会
50
Ritsumeikan

メディア・リテラシーの諸相

——表象・システム・ジャーナリズム——

浪田陽子/柳澤伸司/福間良明
[編著]

ミネルヴァ書房

立命館大学産業社会学部創設五〇周年記念学術叢書

刊行にあたって

二一世紀に入り一五年が経過した現在、日本社会は混迷に満ちたアポリアに陥った感がある。一部多国籍企業の業績向上、資産家の富の増大とは裏腹に、個人消費をはじめとする実体経済は停滞し、中小企業の経営は冷え込みと悪化を余儀なくされ、非正規雇用の増大、子どもの貧困率の上昇、介護事業所の倒産等、いわゆる貧困と言われる数値がＯＥＣＤの統計に照らしてみても悪化し続けている。東日本大震災と東京電力福島第一原子力発電所事故によって甚大な被害を被った地域は、被災者の必死の努力と多くのボランティアによる支援にもかかわらず、人々の暮らしや生業が元の姿を取り戻したとは言い難い。こうした富をめぐる非対称性はグローバル資本の動向抜きには説明できず、今や日本社会の細部にまで浸透しつつある新自由主義の猛威を前に、状況はわれわれに学問的対応を要請している。

産業社会学部は新幹線が開通し、アジア初のオリンピックが東京で開催された翌年の一九六五年四月に創設された。人々の生活視線が新時代の象徴である東京タワーのように天空高く上向いていた、高度経済成長の時代である。しかしこの時代は、成長の光とともに影、すなわち新しい社会問題と病理を生み出した。産業社会学部は、これら新たな問題の解決を迫られた時代状況に敏感に応えるべく、社会学をはじめ経済学、政治学等、社会諸科学を総合し、ディシプリン相互の共同性を重視した学際学部として誕生したのである。現在、産業社会学部は「現代社会」、「メディア社会」、「スポーツ社会」、「子ども社会」、「人間福祉」の五つの専攻を有する学際学部として不断の発展の道を歩んでおり、グローバル化に対応する斬新な教学プログラム、多彩なＰＢＬ、アクティブラーニング、学外に網の目状に張りめぐらされた社会的ネットワークを活かしながら、課題に直面している人々や組織と有機的に連携し、平和にして豊かな社会の発展を目指し学問研究に取り組んでいる。

本年（二〇一五年）、学部創設五〇周年を迎えるに際し、学部教員による自由闊達な共同討議をふまえ、学際学部に相応しく専攻を横断する執筆陣により、本学術叢書の各巻が編まれることになった。すなわち、社会学のみにとどまらず、政治経済や教育、福祉、スポーツ、芸術といった多岐にわたる教員構成、互いの領域の知見を交換しあう場の創出を可能とする産業社会学部ならではの特長を生かした学問的営為の結晶である。各巻には、それぞれ具体的なテーマが設定されているが、そこにはアクチュアルな理論的、実践的な課題に真摯に対峙してゆく「現代化、総合化、共同化」という、学部創設以来の理念が通奏低音のように響いており、それゆえ本学術叢書は現代社会における複雑にして切実な課題を読み解き、解決するうえで貢献するであろう。産業社会学部の学問がどのように社会状況へ応答しているのかを知っていただくとともに、読者の皆様からの忌憚のないご意見を、学部のさらなる将来への糧とさせていただきたいと願うものである。

「ミネルヴァのふくろうは、たそがれ時になってようやく飛びはじめる」。このヘーゲルの言葉は、現実を見つめ、知的反芻を積み重ねたうえで、時代の進むべき道筋を照らし出そうとする産業社会学部を象徴しているようにも思う。その意味で、本学術叢書がミネルヴァ書房より刊行されたことは大変意義深いものがある。ここに記して感謝申し上げたい。

産業社会学部長　有賀郁敏

はじめに

多様なメディアから情報を受信・発信することが日常的となった情報化社会において、「メディア・リテラシー」の必要性が唱えられるようになって久しい。日本では、一九九〇年代にマスコミ批判や有害情報への対策などのコンテクストにおいてメディア・リテラシーが取り上げられることが増え、その後インターネットの急速な普及とともに情報モラル的な側面からも注目されるようになった。しかし、リテラシー教育の一環としてメディア・リテラシーを学校教育に位置づけているカナダやイギリスなどのメディア・リテラシー先進諸国に比べると、日本におけるメディア・リテラシーは教育の分野においてさえも十分議論されてきたとは言えず、一般的にはメディア・リテラシーとは「(主としてマスコミの)情報操作・やらせにだまされない、情報をうのみにしないための力」といった浅薄な意味合いに誤認されている傾向にある。また研究者の間においても、情報を送受信する際の「スキル」といった機能的な理解を越えて、メディア・リテラシーを切り口とした研究のあり方を追求したものは少なく、メディア学・社会学・教育学・歴史学といった領域をまたがる議論となるとほぼ皆無である。

メディア・リテラシーは、教育学や記号論、カルチュラル・スタディーズ、リテラシー論など様々な分野とかかわりながら発展してきた学際的な領域であり、時代や立場、目的によって多様な意味合いを持つ。メディア・リテラシーの定義や変遷は別稿に譲るが、本書では、(1)メディアの仕組みや特徴、社会における役割を理解し、(2)メディア・テクストをクリティカルに読み解く力、および(3)自らも情報の編成・発信をする力を指すこととした。

本書は、立命館大学産業社会学部創設五〇周年を記念して、メディア社会専攻に所属する専任教員が執筆した論集である。本学部では一九九四年に、日本で初めて「メディア・リテラシー論」の講義を学部科目として設置した。以降、専攻の拡張・再編を経ながらも、一貫してメディア・リテラシーを専攻の学びの柱に据え、現代社会とメディアの関わりを多角的な視点から学べるようカリキュラムを組んでいる。本書に収められた一四の論文は、専攻に所属する教員の幅広い専門領域（ジャーナリズム、メディア文化研究、メディア史、社会学、経済学、教育学など）とメディア・リテラシーの接合を試みたものである。社会とメディアの関わりを明らかにするうえで、メディア・テクストのクリティカルな読み解きを意識しながらメディア研究を実践し、研究の一つのアプローチとしてメディア・リテラシーを捉え直すことを目的とした。以下に、各論文の概要を解説したい。

第I部「メディア・ジャーナリズムを読み解く」は四つの章から構成されている。

第一章「メディア・リテラシー実践の現状と課題」（浪田陽子）は、カナダのブリティッシュ・コロンビア州の中等学校におけるメディア・リテラシー実践（メディア教育）の実情を、フィールド調査とカリキュラム分析をもとに検証したものである。世界で最もメディア教育が進んでいる国の一つであると言われているカナダにおいても、学校教育における実践の定着・普及が十分ではない現状を明らかにするとともに、メディア教育が抱える様々な課題を整理・考察している。

第二章「ＮＩＥが変える教育と新聞」（柳澤伸司）は、ジャーナリズムとしての新聞が教育現場で活用されているＮＩＥについて、現在の課題と意義について論じたものである。「生きた教科書」と言われる新聞の持つダイナミズムと面白さを活かした新聞活用や新聞作りといったＮＩＥが、メディア・リテラシーへと展開していく上で考えなければならない観点を中心に、批判的視点を持つことができる児童生徒、教師、新聞記者を育てる教育としてのＮＩＥについて考察している。

第三章「原寿雄のジャーナリスト観」（根津朝彦）は、原寿雄（元共同通信社編集局長・編集主幹）のジャーナリスト観について論じたものである。彼は、ジャーナリストが歴史の記録者であるという考え方を持ち、組織に馴化される「サラリーマン記者」を批判した。『デスク日記』の実践は、様々な言論力学の制約がある報道内部の実態と限界に関して、読者の理解を促す狙いがあった。原のジャーナリスト観は、読者が抱く新聞への過剰な期待を戒め、ジャーナリズムを受容する読者の主体性を問い直すものでもあった点を論じている。

第四章「メディア・リテラシーから統計リテラシーを考える」（長澤克重）は、メディア・リテラシーの基本概念を手がかりに、一般の統計利用者のための統計リテラシーについて考察したものである。昨今の統計学ブームにおける主要な関心は、ビジネスチャンスの開拓に結びつくデータ解析力と実践への適用力について集まっている。その一方で、論じられることの少ない統計利用者としての一般市民に必要な統計の批判的理解力と活用力の育成は、データの時代においてますます重要になっており、本章はその一考を試みたものである。

第Ⅱ部「メディア・表象・空間を読み解く」は五つの章から構成されている。

第五章「終戦記念番組としてのテレビドラマ」（増田幸子）は、「戦後〜年」や「終戦記念」として企画され、八月を中心に放送される日本のテレビドラマを「終戦記念ドラマ」と位置づけ、八月ジャーナリズムに関連した問題意識を継承しながら、縦断的にその推移を概観したものである。メディア・リテラシーのための素材として、テレビ番組はよく使われるが、ニュースやＣＭ、そしてドキュメンタリーや連続ドラマでもない単発のスペシャルドラマを素材としていることは、一つの試みである。

第六章「『戦跡というメディア』の成立と変容」（福間良明）は、マス・メディアと戦跡（というメディア）の往還的な関係性を念頭に置きながら、全国紙や地域メディア（新聞・団体機関誌）における沖縄戦跡観光の言説を俯瞰する。その上で、メディアが戦跡という空間をどのように編成し、また戦跡がメディアとしていかなる機能を帯びていたのか、それを通して、いかなる「記憶」がどのような社会背景やメディアの力学の中で紡ぎ出されたのかを考察している。

第七章「三億円事件と学生運動家」(日高勝之)は、近年、映画やテレビドラマが一九六〇年代への関心を高め、その際、当時の学生運動をめぐる表象が広く見られること、とりわけ〈政治の季節〉の最中の一九六八年に起きた三億円事件の真犯人を学生運動家とする(おそらくは想像上の)物語を造形していることに注目している。それらの作品における学生運動家の表象を詳細に検証することで、二一世紀初頭の映画やドラマがなぜ当時の学生運動を議題化し、現代の視点から〈政治の季節〉へのいかなる批評的評価を行おうとしているかを明らかにしている。

第八章「鶴見俊輔の大衆文化研究とその応用」(粟谷佳司)は、戦後日本の文化研究を考える上でも重要な思想家である鶴見俊輔の大衆文化研究の方法論について、音楽文化へと展開されていった議論に焦点を当てて考察したものである。鶴見の大衆文化論の方法の分析とその応用について取り上げることは、メディアと文化の読解や理解につながるものであり、メディアのクリティカルな読解と理解というメディア・リテラシーの実践例となっている。

第九章「マンガに集う/マンガで集う」(瓜生吉則)は、マンガの文法(コード)をアマチュアが習得し、「二次創作」というスタイルで「作り手/受け手」の境界を越えていく様相を、四〇年の歴史を持つ同人誌即売会「コミックマーケット」を主な事例としながら分析したものである。メディア表現の文法(コード)を「受け手」が習得し、「二次創作」や「コスプレ」という形態で表現・実践している、その現在形のひとつとして「コミックマーケット」というイベントの理念や歴史を、雑誌の「投稿」「交流」機能とからめながら論じている。

第Ⅲ部「メディア・システムを読み解く」は五つの章から構成されている。

第一〇章「電話リテラシーの社会史」（坂田謙司）は、メディア・リテラシーを「メディア」と「リテラシー」とに分解し、メディアを使う能力と解釈した上で、電話の利用方法やマナーを「電話リテラシー」と呼び変え、電話リテラシーの教育を歴史社会学的な視点で解き明かしている。電話利用は自明のこととなっているが、歴史を振り返ると使い方やマナーの教育が行われていた。現在の電話利用に伴う「当たり前」は、教育を通じて普遍化し、標準化したものであることを論じている。

第一一章「メディアスポーツ研究の実践的課題」（川口晋一）は、メディアスポーツ研究における「メディア・コングロマリット」に対抗する実践的課題について述べたものである。これまでの研究を「メディア・リテラシー」や能動的な「読み手」を中心に振り返り、さらに「スポーツ・リテラシー」という新たな実践に注目しつつ、今後ますます重要になると思われる対抗的な実践を「スポーツ中継番組」に求め、そこでのクリティカルな読みとその実践について考察している。

第一二章「世界的スポーツイベントにおける広告効果」（小泉秀昭）は、世界的スポーツイベントの放送中に流されるＴＶＣＭの広告表現と当該スポーツ（イベント）の連動による広告効果を論じたものである。通常一方的に送られてくるものと考えられる広告を、スポーツイベントなどの番組コンテンツと共に検討することは、広告効果研究にとって新しい視点を提示しているものと言えよう。また二〇二〇年の東京オリンピック開催に向けて、今後さらに注目を集めるであろうスポーツマネージメント分野、特にスポンサーシップのあり方を問い直すものでもある。

第一三章「私事化とマス・メディア」（筒井淳也）は、私事化を政治的関心の低下として捉え、メディアの利用がそれに対してどのように関わっているのかを、計量分析によって検討した。全般的にはメディアが公共的関心を促すことについてポジティブな傾向が見られ、特にテレビは、国の経済水準に関わらず政治的関心の惹起に高い効果があることが示唆された。テレビを活用した政治教育を行うことには一定の意義が認められるだろう。

第一四章「送り手のメディア・リテラシー」（飯田豊）は、放送局が主体的に取り組んでいる「送り手のメディア・リテラシー」活動を取り上げている。二〇〇〇年代を通じて全国各地で広がった実践活動の到達点とその学問的意義について検討するとともに、「テレビ離れ」による送り手と受け手の一層の乖離に伴い、こうした活動が直面している困難を明らかにしている。また、送り手／受け手という区分を前提としたメディア・リテラシー概念自体の課題についても考察を加えている。

以上、ここに収められた一四の論文は独立しており、読者の興味・関心に応じて好きな箇所から読み進めてかまわない。

最後に、本書の編集と刊行にあたってお力添えいただいた、ミネルヴァ書房編集部の戸田隆之氏と涌井格氏に心よりお礼を申し上げます。

二〇一六年一月

編　者

メディア・リテラシーの諸相——表象・システム・ジャーナリズム

目次

第Ⅱ部　メディア・表象・空間を読み解く

第Ⅲ部　メディア・システムを読み解く

第Ⅰ部　メディア・ジャーナリズムを読み解く

第一章　メディア・リテラシー実践の現状と課題

――カナダBC州中等学校の調査分析から[1]

浪田陽子

カナダは、一九八七年にオンタリオ州の七〜一二年生の英語カリキュラム[2]において、世界で初めてメディア・リテラシーの学習を義務付けたことから、メディア・リテラシーの最先端をゆく国の一つとして注目されてきた。二〇〇〇年秋以降は、カナダの全一〇州および三準州の小学校から高等学校まですべての学年のカリキュラムにメディア・リテラシーが組み込まれた。ユネスコもメディア・リテラシーの重要性に鑑みて一九六〇年代からメディア教育を奨励しているが、依然として学校教育に根付いていない国が多い現状においては、カナダの成果が取り上げられるのもうなずける。

しかし、カナダ国内のこの分野に関する研究と言えば、オンタリオ州が全国に先駆けてメディア・リテラシーを導入するに至ったプロセスに関する研究（Lee, 1997）や、各州のカリキュラムにおけるメディア・リテラシーの位置づけに関する調査（Media Awareness Network, 2005）などが見受けられるものの、教室における実践を検証した研究はごく少数に限られている[3]。教員がメディア・リテラシーをどのように認識・理解し、メディア教育の実践を行っているのかを、全国レベルではもちろんのこと、州や学区など一定の範囲を網羅する形で調査した研究は管見の限り皆無である[4]。カナダのメディア・リテラシーは現場の教員が中心となってボトムアップの形で進めてきたという発展経緯と、イニス（Innis, H.）やマクルーハン（McLuhan, M.）、スマイズ（Smythe, D.）らメディア理論に貢献した学者を生み出した国でありながらも、カナダ国内の大学や研究機関におけるメディア・リテラシーの研究者が少ないことが、その要因として考えられる。

日本のメディア・リテラシー関連の文献においては、他国に比してカナダの取り組みに言及するものが多い。オンタリオ州教育省が発行したリソースガイド（Ontario Ministry of Education, 1989）が一九九二年に日本語に翻訳出版された（カナダ・オンタリオ州教育省編、一九九二）こともあり、多くの研究者やジャーナリストがカナダの事例を扱っている。(5) しかし、その大部分は、オンタリオ州トロント市近郊におけるメディア教育導入の経緯の紹介や、カリキュラムの分析、もしくは短期の（時には単発の）授業観察によるものである。この地域は、カナダにおけるメディア・リテラシー発祥の地であることから、関心が高いのは当然とも言える。しかし、各州・準州の教育省が個別にカリキュラムを定めているカナダにおいて、全一〇州・三準州でメディア・リテラシーをカリキュラムに導入した点を大きな成果として評価するのならば、オンタリオ州トロント近郊のみならず、他の州や地域における実態調査も望まれるところである。(6) メディア教育の現状と課題を明らかにし、その解決策を模索することは、学校教育におけるメディア・リテラシーの実践を今後いっそう普及・定着させていくためにも不可欠である。日本や世界各国においてもますますメディア・リテラシーの必要性が唱えられる今、メディア・リテラシー先進国と言われてきたカナダのメディア教育を検証することは、カナダのみならず日本におけるメディア・リテラシーの教育実践にも有益である。

そこで本章は、ブリティッシュ・コロンビア州（以下、ＢＣ州）のローワー・メインランド(7)の中等学校を対象に行ったフィールド調査と、ＢＣ州の中等教育カリキュラムにおけるメディア・リテラシーの位置づけの分析を通して、メディア教育の実情を明らかにすることを目的とする。(8) 二年近くかけて実施したこの調査では、中等学校、教員研修、大学の教員養成課程、ＢＣ州のメディア教育を推進してきた教員団体などを対象に、アンケート調査やインタビューなどのフィールド・ワークと文献研究を組み合わせて、多角的にBC州中等学校のメディア教育の実態を解明したものである。その過程で浮かび上がってきたのは、カナダのメディア教育は充実しているという一般的な印象・理解とは裏腹に、この地域の中等学校におけるメディア教育は定着・発展していないという現状である。メディア教育が普及しない理由はどこにあるのかを考察することは、同じようにメディア教育がなかなか普及しない日本においても何らかの示唆となるのではないか。

本章では紙幅の都合もあり、この調査の中から以下の三つのデータを中心に論じる。

（1）BC州の中等教育（八～一二年生）カリキュラムの中のメディア・リテラシーの位置づけ
（2）ローワー・メインランドX学区の全一八の中等学校におけるメディア教育の実施状況
（3）X学区の中等学校が抱えるメディア教育の課題

本論に入る前に、ここで本研究分野の基本用語に関する説明を加えておきたい。「メディア・リテラシー」の定義については、国や個人、使われる文脈によって違いがあることがこれまでにも多く指摘されてきた[9]。一般的には、①メディアの仕組みや特性、社会における役割の理解、②メディア・テクストのクリティカルな分析、③メディア制作の三つを含むメディアについての学びを指すことが多い（浪田、二〇一二）。本章では、上記の理解を根底に持ちつつも、BC州のカリキュラムにおいて「メディア・リテラシー」がどのような学習内容を指しているのか、そして学校や各教員はどのように理解しているのかという点も調査している。また本章では、メディア・リテラシーを教える（学ぶ）学校教育の現場での取り組みを「メディア教育」とする。メディア教育という用語は、日本ではメディア・リテラシーではなくICT教育や視聴覚教育を連想させる場合もあり、代わりに「メディア・リテラシー教育」という用語を使用するケースも見られる。しかし、「メディア・リテラシー」には本来、メディアについて教える・学ぶプロセス（＝教育）の意味も含まれているため、「メディア・リテラシー」に「教育」を重ねるのは冗長な表現である。さらに世界的な流れを見ると、ユネスコをはじめとする国際機関や多くの国々では、メディア・リテラシーについての教育は“media education”すなわち「メディア教育」と呼ぶのが通例であり、ＢＣ州のカリキュラムにおいても「メディア教育」という用語を使用している。したがって、メディア・リテラシーに関する教育は「メディア教育」と呼ぶのが適切な表現であると判断し、本章ではこの用語を採用する。

第一節　ＢＣ州の中等教育カリキュラムにおけるメディア・リテラシーの位置づけ

ＢＣ州では、一九九〇年代半ばのカリキュラム改革を機に、学校教育の中に正式にメディア・リテラシーが導入された[10]。そのカリキュラム内容は、一九九〇年に有志の教員を中心にバンクーバーに設立されたブリティッシュ・コロンビア・メディア教育協会（British Columbia Association for Media Education, 以下、ＢＣメディア教育協会、当時の名称はカナダ・メディア教育協会＝Canadian Association for Media Education）が州の教育省から委託されて一九九四年に提出した報告書、および九六年に再び協会が依頼を受けて準備したメディア・リテラシーの学習成果項目が基盤となっており[11]、カナダ西部の州でメディア教育をカリキュラムに取り入れたのはＢＣ州が初めてである。一九九六年に改訂版が出された英語（English Language Arts）や翌九七年の社会（Social Studies）のカリキュラムでは、これを受けてメディア・リテラシーが組み込まれた。ＢＣ州のカリキュラムでは、メディア・リテラシーの学習内容は主として、（1）英語科、（2）社会科、（3）各科目の巻末に付随する教科横断トピック（Cross-Curricula Interest）

の三つに取り入れられており、本節では九〇年代半ばから現在にいたるカリキュラム内容とその変遷を見ていくこととする。

（1）英語（English Language Arts）

ＢＣ州の英語科のカリキュラムにおいて初めてメディア・リテラシーが学習事項として明記されたのは、一九九六年に改訂版が出た八年生から一〇年生までの英語（Ministry of Education, Skills and Training, Province of British Columbia, 1996a）と一一年生と一二年生の英語（Ministry of Education, Skills and Training, Province of British Columbia, 1996b）である。これらのカリキュラムでは、生徒は様々な形態と文脈において言語を用いる力と鑑賞する力を身につけることが求められている。言語コミュニケーションの形態は、（1）リテラシー・コミュニケーション、（2）情報コミュニケーション、（3）マス・メディアの三つに分類されている。メディア・リテラシーに関わる学習要素が含まれているのは、主として三つ目のマス・メディアのセクションで、生徒は次の六点の学習項目を身につけることが求められている。

・メディアのコンテンツとオーディエンスを分析し評価すること
・文化、民族、ジェンダーの視点から、メディアの表象に見られるこれらのステレオタイプを分析すること
・メディアを用いて効果的にコミュニケーションをとること
・情報を取捨選択し、知識ベースを拡大すること
・身の回りにあるメディアのメッセージを読み取る際にクリティカルに思考すること
・社会や自分たちの私生活においてマス・メディアの果たす役割を理解すること

様々なメディア・テクストのクリティカルな分析と共に、メディアが社会で果たす役割についての理解も学習項目に取り上げられている。メディアの使用についても言及されているが、これはコンピュータなどの情報機器を利用することを指しており、メディアのコンテンツ制作という趣旨とは異なるため、一般的にメディア・リテラシーの三つの学習要素のうちの一つであるとされている「メディア制作」はこのカリキュラムには含まれていないことがわかる。

上記の学習目標のほかに、学習成果（Prescribed Learning Outcomes）のセクションにもメディア・リテラシーに関するより詳細な記載がある。ここでは八〜一二年生の各学年で求められる学習成果が決められており、学年が上がるにつれて複雑な内容のトピックを扱うようになっている。例えば八年生においては、説得的広告に用いられている手法を識別できるようになることや、様々なメディア媒体に見られるバイアスを見つけること、ミュージック・ビデオや歌詞、ゴールデンタイムのテレビ番組などのポピュラー文化に描かれる様々なステレオタイプを分析することなどが示されている。九年生では、異なった文化的・社会的・経済的バックグランドを持った人々が、メディアにおいてどのように描かれているのかを認識することや、メディアが自己認識や自分たちの日常生活にどのような影響を与えているのかを生徒が自分の言葉で説明できるようになることが目標とされている。こうして一二年生までには、メディアに描かれるバイアスを認識し、分析できるようになることと同時に、それらのバイアスが生まれる要因は何なのかを考えるところまで学習することが記載されている。教室での指導方法や評価方法の具体例もいくつか紹介されており、カリキュラム改革によって新しく追加されたメディア・リテラシーに関わる学習事項を、英語の教員が実際にどのように授業に取り入れることができるのかがわかりやすく伝わるよう工夫がなされている。

ＢＣ州の八〜一二年生の英語科カリキュラムは二〇〇七年に再び改訂され、メディア・リテラシーの扱いにも変化が見られる。まず、英語科の学習の重点が「言語を学ぶこと」から「リテラシーの力を発達させること」へと大きく表現が変化した。マルチメディアの普及により「リテラシー」や「テクスト」が指すもの自体が変わったことも明記されている。ここで言う「テクスト」とは、「口頭、視覚、書き言葉を指し、電子メディアも含む」（Ministry of Education, Province of British Columbia, 2007, p.17）とされ、生徒はそれぞれのメディアが持つ独自のコードや技法を理解しながらテクストを読み、意味を構築し、制作をすることが求められている。表面上は、この二〇〇七年版の方が多元的なリテラシーの獲得を学習目標とし、活字以外の様々な媒体のテクストを平等に扱う記載となっており、メディア教育を含んだ内容であるかのように思える。しかし、三〇〇頁弱にわたるこのカリキュラムでは、一九九六年版に記載されていたメディア・リテラシーの具体的な学習目標や学習成果は、ほぼすべて削除された。学習成果のセクションで、雑誌や新聞、広告、宣伝物、テレビ番組、ウェブサイト、映画、写真など様々な媒体のテクストを読解すること、といったごくわずかな記載に留まっている。指導方法・評価に関するセクションも、九年生では活字メディアと映像メディアの表象の違いがわかるようになることという短い記述があり、一例としてシェイクスピアの『夏の夜の夢』を活字と映画で比較するとの記載があるのみである。どの学年も同程度の記述量であり、一九九六年版に含まれていたようなメディア・リテラシーの根幹となる学習内容は、二〇〇七年版では姿を消している。BC州の英語科カリキュラムにおいてメディア・リテラシーの学習事項が大幅に減少したことは、オンタリオ州の動きと対照的である。オンタリオ州では、二〇〇六年と二〇〇七年の言語および英語のカリキュラム改訂においてメディア・リテラシーを主要な学習目標として位置づけ、幼稚園から一二年生までのすべての学年で、いっそう前面に押し出している(12)。

（2）社会（Social Studies）

英語科のカリキュラム改訂から一年後の一九九七年に、社会科の八〜一〇年生（Ministry of Education, Skills and Training, Province of British Columbia, 1997a）と一一年生（Ministry of Education, Skills and Training, Province of British Columbia, 1997b）の改訂版カリキュラムが出された。これらのカリキュラムにおけるメディア・リテラシーの位置づけは、一九九六年版の英語科に比べて非常に限られている。八〜一〇年生のカリキュラムでは、次節で検討する巻末付録の教科横断トピックのセクションを除いては、メディア・リテラシーへの言及がほとんどなく、メディアは各単元の学習内容を学ぶ際に、情報を集めるためのリソースの一つとしてとらえられているのみである。生徒が様々な視点から物事を見ることができるよう、教科書、電子情報、視聴覚教材、人、マス・メディアなど多くの情報源を用いて授業を行うことが奨励されている。また、生徒も種々の口頭・視覚メディアを用いながら情報を提示することや、インターネットやマス・メディアの情報も使って資料を集めることが望ましいとしている。一〇年生のカリキュラムで唯一メディア・リテラシーに関連がある箇所は、カナダでこれまでに起こった歴史上の反乱[13]について、生徒が調べたことをその当時の新聞（記事、社説、風刺画、読者投稿など）としてまとめるというものである。多くの資料を使って調べることや、史実に正確な情報のみを新聞に掲載すること、現代の物の見方を投影するのではなく、当時の価値観を表現したものにすることなど、指導の際の注意事項が書かれている。しかし英語科に見られるようなメディア・リテラシーに関する詳細情報はなく、メディア教育が積極的に取り入れられているとは言い難い。八年生と九年生のカリキュラムについては、現在も引き続きこの一九九七年版が用いられている。

一九九七年版の一一年生のカリキュラムにおけるメディアの扱いは、上記の八〜一〇年生のものとほぼ同じで、多様な情報源として出てくる程度である。学習成果のひとつに、マス・メディアが世論に与える影響を評価することができるようになることが記載されているが、詳細を見るとメディア・リテラシーとは少し異なる。そこで奨励されている具体的な授業方法は、メディアで報道されている現代のトピックを一つ選び、生徒たちがクラスメートや教員、保護者などにその問題に関する意見についてアンケート調査を行い、結果を調査会社が発表するような文章とグラフの形にまとめるというものである。生徒が自らデータを集めて、その結果をまとめる活動が指導の中心となっており、マス・メディアがどのように人々の意識形成に影響を与えているのかを理解する、あるいはメディア報道のあり方についてクリティカルに分析するといったメディア・リテラシーの学びを身につけるためには、上記の指導例をそのまま採用するのではなく、個々の教員がさらに工夫をしなければ、ここで目標とされている学習成果を期待することは難しい。

その後、二〇〇五年には一一年生の、また二〇〇六年には一〇年生の社会科のカリキュラムが改訂された。一一年生のカリキュラム（Ministry of Education, Province of British Columbia, 2005）では、一九九七年版に比べてメディア・リテラシーに関わる学習内容が追加されている。とりわけ詳細な記述があるのはメディア分析のセクションで、「市民が得る様々な出来事に関する情報のほとんどは、新聞や雑誌、テレビ、ラジオ、インターネットなどのマス・メディアからである」（p.40）とした上で、生徒が自らクリティカルに身の回りの出来事について思考する力を身につけられるメディア分析は、一一年生の社会科で扱う重要な学習項目であると明記している。加えて、メディア分析の際のヒントとして、メディア教育の概念が一〇ほど掲載されている。メディアのメッセージは情報を伝えたり、宣伝したり、説得したりといった発信者の意図のもとに作られていること、メディアのメッセージには明示的・暗示的な価値観が含まれること、メディアは現実そのものではなく、現実あるいは想像上の世界を表象（表現）したものであること、といったこれらの概念は、オンタリオ州教育省のリソースガイド（Ontario Ministry of Education, 1989）やカナダ・メディア教育協会（現ＢＣメディア教育協会）が作成した報告書（Canadian Association for Media Education, 1994）に示されているメディア・リテラシーの概念と類似した内容となっている。一一年生のカリキュラムでは、政治・選挙活動やロビー活動などの社会政策運動の学習においてもメディア分析が奨励されており、レッスンプランや教員用のリソースとしてメディア・アウェアネス・ネットワークも紹介されている。[14]

二〇〇六年に改訂された一〇年生の社会科カリキュラム（Ministry of Education, Province of British Columbia, 2006）では、学習成果に掲げられている生徒が身につけるべき三つのスキルのうち、二つ目に「リサーチとメディア・リテラシーのスキル」として、メディア教育が組み込まれた。[15] ここにも前述したメディア分析のセクションがあり、メディア教育の基本的な概念が掲載されている。一一年生、一〇年生の改訂版カリキュラムは、生徒が身につけるべき力の一つにクリティカル・シンキングを挙げていながら、メディア・リテラシーとの関連性は記載されていないなど、やや不十分な点もある。しかし、ＢＣ州の社会科カリキュラムではメディア教育への言及が、英語科とは逆にカリキュラム改訂によって拡大したことは注目に値する。

（3）教科横断トピック（Cross-Curricula Interest）

一九九〇年代半ばに行われたＢＣ州の大々的なカリキュラム改訂に伴って導入された新しい特徴の一つに、すべての学年・教科の巻末に添付された「教科横断トピック・セクション」がある。ここでは、環境や持続可能性、先住民教育、ジェンダーの平等、多民族主義と人種差別反対主義などと共に、メディア教育への言及がある。メディア教育とは、多分野にまたがる学際的なアプローチに基づくメディア研究であると定義づけられており、メディアの基本概念を別個の授業で詳細に学ぶ「メディア・スタディーズ」とは異なり、既存の科目に組み込むものであるとしている。中でも、英語、社会、ビジュアル・アート、生活設計、ドラマ（演劇）の五つの科目がリストアップされ、それぞれの学習テーマ例が短く紹介されている。メディア・リテラシーの学習を単独の科目として新たに追加するのではなく、教科横断型の方法ですべての科目に導入した点が、ＢＣ州のメディア教育の特徴である。[16] メディア教育の主要テーマとして挙げられているのは、以下の三つである。

・メディア制作物（意図、価値観、リプレゼンテーション、コード、技法、特徴、制作）
・オーディエンスの意味の解釈とその影響（解釈、メディアがオーディエンスに与える影響、オーディエンスがメディアに与える影響）
・メディアと社会（支配、範囲）

（Ministry of Education, Skills and Training, Province of British Columbia, 1996a, p. C-11）

このセクションは、前述のカナダ・メディア教育協会が作成した報告書からの抜粋で、メディア教育の主要テーマもそのまま引用されている。しかし、報告書に記載されていた各主要テーマの詳細な学習成果と授業案、評価方法などはすべて省略されているため、メディア・リテラシーになじみのない教員にとっては、上記のリストだけを見ても、具体的にそれが何を意味するのかはわかりづらいであろう。[17] このような問題点も含んではいるものの、九〇年代半ばのカリキュラム改革において、メディア教育がＢＣ州のすべての学年のすべての科目に正式に導入された点は、大きな前進であった。

ところが、次のカリキュラム改訂を待たずに、二〇〇〇年を境にＢＣ州のカリキュラムにおけるメディア教育の位置づけに変化が現れた。二〇〇〇年以降に新しく改訂版が出された科目のカリキュラムからは、この教科横断トピックのセクションが削除された。先住民教育や環境教育などは、二〇〇〇年以降に個別の教科横断型カリキュラムが作成されており、より充実したカリキュラムとなって教員が各科目で扱うことができるよう情報が提供されているのに対し、メディア教育の個別カリキュラムは現在も作成されていない。つまり、メディア教育はすべての科目に導入されているとは言えない状況にある。

本節で見てきたように、メディア・リテラシーが取り入れやすいとされている英語科と社会科においてさえ、BC州のカリキュラムにおいては質・量共にメディア教育に関する記述が充実しているとは言えない。英語科の扱いは、少なくともカリキュラム上では減少傾向にある。社会科では一〇年生と一一年生では九〇年代よりも分量が増加し、詳細な説明が追加された箇所もあるが、そのほかの学年はごく限られた要素しか含まれていない古いカリキュラムが現在も使用されている。またどの教科においてもメディア・リテラシーを授業に取り込むことを可能としていた教科横断トピックのセクションは、カリキュラム改訂のたびに各科目から削除されており、メディア教育への言及は全体としては減少の方向にある。

第二節　BC州ロワー・メインランドX学区の中等学校におけるメディア教育の現状

カリキュラムにおけるメディア教育の言及が明らかになったところで、本節では教育現場でメディア教育がどのように実践されているのかを考察していくことにしたい。なお、フィールド調査実施時においては、英語科は九六年度版のメディア教育への言及がより多く含まれているカリキュラムが使用されていた。一方、社会科では一一年生の〇五年版カリキュラムが改訂され、この学年についてはメディア教育の記述が増加した新しいカリキュラムが施行された一年目であった。

BC州の中等学校におけるメディア教育の現状を調査するにあたり、ロワー・メインランドのX学区を選んだのには、いくつかの理由がある。BC州のメディア教育の発展には、州内で最も人口が多い大都市バンクーバーに設立されたBCメディア教育協会の存在が大きい。有志の教員を主としてつくられたこのNPOは、メンバー間の情報交換や州の教員を対象とした研修の開催なども行い、メディア教育に関心を持つ教員を増やそうと草の根活動を続けてきた。名称上はBC州全体の組織となっているものの、地理的な制約からこの活動に参加してきたのは、州全体ではなくバンクーバー近郊つまりローワー・メインランドの教員がほとんどであった。BC州は、オンタリオ州に比べメディア教育に携わる人材が少なく、メディア教育を普及させるのに苦労しているという指摘も考慮すると[(18)]、協会のメンバーも多く所属するこの地域の現状から調査を開始するのが妥当であると判断した。さらにX学区は、都市部から郊外までの広範囲に一八の公立中等学校があるため、異なる特色を持つ学校間の比較も有益であると判断した。なお、調査を開始する半年ほど前に、X学区の教育委員会と著者が当時所属していた大学の研究調査倫理委員会の二機関に対し、中等学校で教員を対象に調査を行うための申請手続きを行い、それぞれから実施の許可を得た。両委員会の規定により、調査結果の発表の際には、学区・学校の名称および教員の氏名はすべて匿名とすることが義務づけられているため、本章ではすべて記号を使用している。

この学区には公立中等学校が一八校あるが、メディア教育がどの程度実践されているのかという情報は、BCメディア教育協会に所属する教員でさえ持ち合わせていなかった。そこで、初めに一八校すべての中等学校の英語科と社会科の教科主任の教員を対象に、電話で各教科におけるメディア教育の実施状況について聞き取り調査を行った。英語と社会の二教科に焦点を当てたのは、前節の通りBC州のカリキュラムにおいてメディア・リテラシーに関連する学習内容が組み込まれている主な教科がこの二つであるからである。教科主任には、次の二通りのフレーズで質問をした。(1)所属教科(英語/社会)では、メディア教育をカリキュラムに組み込んでいるか、(2)所属教科(英語/社会)の教員は、担当する授業でメディア・リテラシーを教えているか。この問いに対する一八校の教科主任の教員全三六名の回答は表1-1の通りである。

表１－１　ローワー・メインランドＸ学区の全一八中等学校におけるメディア教育の実施状況
（単位は校数。％は学区における教科ごとに占める割合）

教　科	積極的に行っている	一部の教員のみ	行っていない	わからない
英　語	3（16.7%）	7（38.9%）	6（33.3%）	2（11.1%）
社　会	4（22.2%）	4（22.2%）	8（44.4%）	2（11.1%）

メディア教育を教科全体で積極的に取り入れていると回答した教科主任は、英語科は三校、社会科は四校であった。英語科のカリキュラムの方が社会科よりも、メディア・リテラシーに関する記載が詳細で分量が多いにもかかわらず、実施率にほとんど差がないことがわかる。学科全体で取り入れているわけではないが、教科に所属する一部（どの学校も一、二名程度）の教員が自主的にカリキュラムにメディア・リテラシーを取り入れていると回答したのは、英語科が七校、社会科が四校であった。メディア教育に取り組んでいないと回答した教科は、英語が六校、社会が八校であり、英語、社会共に教科主任がメディア教育実施の現状を把握していないのはそれぞれ二校であった。

この電話調査からは、以下の二点が明らかとなった。一つ目は、Ｘ学区の中等学校では、メディア教育はいまだ発展途上にある点である。英語科のカリキュラムは一九九六年から施行されており調査時点で既に一〇年を経過している（つまりこのカリキュラムが十分に定着した段階であった）にもかかわらず、英語科におけるメディア教育は普及しているとは言い難い状況にある。この学区に関して言えば、全体の六分の一の学校でしかメディア教育は積極的に実践されておらず、全体の三分の一にあたる六校の英語科では、メディア教育はまったく実施していないと断言している。その一方で社会科は、教科横断型の付録部分を除くカリキュラム本編におけるメディア教育の言及が英語科より相当少ないにもかかわらず、英語科と同程度の数の高校において積極的に取り組んでいる。ただし、一部の教員がメディア教育に取り組んでいる学校は社会科の方が低く、まったく実施していないと回答した学校も英語科よりも二校多い。全体的な傾向としては、この学区の中等学校におけるメディア教育の取り組み度は、英語科の方が社会科よりも若干高いが、いずれにしてもメディア教育が定着しているとは言えない状況にある。

本調査から明らかになった二点目は、メディア教育はBC州のカリキュラムに明示されているにもかかわらず、メディア・リテラシーの内容やメディア教育についての知識・理解度が教員間で相当に異なることである。例えば英語科の教科主任の一人は、「メディア教育とはメディア産業がわれわれオーディエンスをいかに操作しているのかを生徒に教えるもの」とした上で、そのような内容は所属する高校の英語科では授業で扱うことは推奨していないと述べた。この教員のメディア・リテラシーの定義は断片的であり、英語科でメディア教育を実施することにもあまり積極的でない様子がうかがえる。別の中等学校の社会科の教科主任は、メディア・リテラシーの学習事項のうち、メディアが選挙やその他のニュースを報道する際にバイアスを含んでいるという点については授業の中で扱うことも多いと言及した。この教員の場合は、メディア・リテラシーの基本概念のうち社会科に関連がある部分を取り上げた上でその取り組みについて述べており、メディア・リテラシーの理解度も先の英語科の教員より高いと察することができる。その一方で、メディア・リテラシーやメディア教育を、コンピュータを使って行う情報リテラシーの授業と混同していた教員や、学習内容の理解を促進するために生徒に映像を見せるなどメディア媒体を授業で用いること（つまり視聴覚教育）と勘違いしている教員も一名ずついた。「メディア・リテラシーとは何か」と率直に質問をする教員や、具体的な授業内容を例示した上で、それがメディア教育と言えるのかを尋ねる教員も多かった。教科主任の教員であっても、メディア・リテラシーやメディア教育への理解が部分的であったり、曖昧であったりすることが明らかとなった。

このように、X学区の全一八中等学校への電話調査からは、各学校の二教科におけるメディア教育の実施状況の統計的なデータのみならず、教員のメディア・リテラシーやメディア教育に対する理解や認識そのものにばらつきがあることが明らかとなった。メディア教育に積極的ではない理由に言及する教員も複数おり、次節では他の調査結果も加えながら、BC州X学区の中等学校でメディア教育が定着しない理由を探る。

第三節　X学区の中等学校が抱えるメディア教育の課題

メディア・リテラシーを授業に取り入れることが難しい理由として、関連分野の文献では、（1）授業時間の制約、（2）教材不足、（3）教員研修の不足、の三点が挙げられていることが多い[19]。しかし、たいていはこれらの問題点を列挙するにとどまり、メディア教育が抱える課題を深く掘り下げた調査研究はほとんど見当たらない。そこで本研究では、多角的な視点からメディア教育の現状と課題を探求するために、前節の電話調査の後に、複数の調査を行い、データを収集した。具体的には、ケース・スタディとして抽出したX学区の中等学校二校でのアンケート調査および教員へのインタビュー調査[20]、州の教員組合が開催したメディア教育に関する教員研修（ワークショップ）の受講者へのアンケート調査[21]、州内の大学における教員養成課程で開講したメディア教育に関する授業の受講者へのアンケート調査[22]、長年にわたってこの地区でメディア教育を実践してきたベテラン教員四名へのインタビュー調査である。本節では、紙幅の都合上これらの調査で収集したデータの詳細を掲載することはできないが、メディア教育が抱える課題を整理し、その概要を述べる[23]。

（1）教員のメディア・リテラシーに対する認識・理解・価値観のばらつき

メディア教育の実践には、教員自身のメディアへの態度や接し方とメディア・リテラシーの理解度が深くかかわっている。前節の調査からも明らかになったように、教員のメディア・リテラシーへの理解度に差があるのに加えて、メディア・リテラシーを授業に取り入れる必要性についても、教員間で考え方が分かれている。子どもたちが多くのメディアに触れているというだけでは、意識的にメディアをクリティカルに読み解いたり、メディアの仕組みを理解できるようになるわけではないのでメディア教育が必要だと考える教員も多い一方で、教員よりも生徒のほうが様々なメディアに触れて使いこなしている状況に鑑みると、授業でメディアを扱うことにためらいがあるという教員も少なからずいる。もっとも、メディア・リテラシーの研修を受けたことのある教員やメディアに高い興味関心を抱いている教員ほど、子どもが得意なメディア機器の使いこなしと、メディアを読み解く力の違いを認識しており、メディア教育の必要性を唱える者が多い。また、若手教員のほうが多様なメディアの扱いに慣れており、躊躇せずにメディア教育に取り組むことが多いとする文献も多いが[24]、本研究では教員の年齢とメディア教育の実践率には相関関係は見られなかった。教員が若くても授業でメディアを扱うことに消極的な場合もあれば、逆に教員の年齢層が高いことがメディア教育に積極的な理由となるケースもあった[25]。メディア教育の実践率に関連があるのは、教員の年齢よりもむしろ日常生活で教員がどれだけメディアと接しているか、多様なメディアに興味があるか、そしてメディア教育に関する研修を受けたことがあるかという点であった。

メディア教育の実施状況を尋ねた電話調査からは、カリキュラムにメディア・リテラシーが含まれていることを見過ごしていたケースもある一方で、教える必要性が見出せないという、意図的に教えない選択をしている学校も見られた。後述する学力試験との関連からメディア教育にまで手が回らない場合に加えて、メディア・リテラシーはアカデミックな学習内容とは言えないなど、メディア教育への価値判断が伴う理由を挙げる教科主任も複数いた。メディア教育のベテラン教員の一人は、所属校で独立した選択科目としてメディア・リテラシーを開講しているが、同僚の教員からはいまだに「一日中、映画を見ているだけの授業なのか」と質問されることもあり、メディア教育への無関心や無理解が校内では日常茶飯事であるとインタビューで回答している。トロント近郊で行われたモーガンの研究（Morgan, 1998）と同様に、メディア・リテラシーは古典文学の読解などと比較するとやさしい学習内容であるとか、いわゆる学問的な内容ではないので教室で扱うのにはふさわしくないといった見方を持つ教員や学校文化が、今日においても残存していることが明らかとなった。

メディア教育を実践している教員については、その教授法に関する課題も見つかった。例えば、メディア教育への積極的な取り組みを展開しているA校の社会科主任は、個々の教員が持つメディアに対する見解を、教室でどのように扱うかという点も重大な問題だと指摘している。教員によっては自らのバイアスを押し付ける形で授業をしていることもあると述べ、生徒自身が考えて答えを導き出すメディア・リテラシーの学習になっていないと危惧している。生徒は往々にして、成績をつける教員の意見に沿った、あるいは教員が答えてほしいと思っている「正解」を見つけることができるため（Buckingham, 2003）、教員は自らの見解を唯一のあるいは正しい読み方として提示するのではなく、生徒から多様な意見を引き出し、そこから多角的な物の見方を養うことがメディア教育での重要な学びのプロセスとなる。しかし、そのような学びを教室で実践するには、教員が自らも「メディア」であることを自覚する必要がある。教員自身がメディア・リテラシーの知識を十分に持ち、教授法にも注意を払うことができるようになるためにも、教員研修が重要であることが再確認されたと共に、メディア教育の実践内容を検証し、改良を進めていくというプロセスが現段階では欠けていることも明らかとなった。

（2）メディア・リテラシーと成果主義的な評価のミスマッチ

インタビューやアンケートの自由記述欄において、メディア教育を実施していない理由として数多く挙げられたのは、州の統一学力試験（provincial exams）の存在である。BC州では、日本の高等学校の三年間に該当する一〇年生から一二年生の間に、英語科や社会科の統一学力試験を全員が受験することになっている。学校の成績の一部にこの試験の点数が加味されたり、高校の卒業資格に必要とされている、または大学受験の際にその点数が合否に影響したりする科目もある。その結果、例えば電話調査において英語科・社会科共にメディア教育は実施していないと回答した中等学校の一つでは、両方の教科主任が統一学力試験に関連のない内容には授業時間がとれないとし、この試験の準備が一番の大きな圧力であると明言している。特に一〇年生の英語では、以前はメディア・リテラシーを教えていたが、統一学力試験で生徒が高得点を取るために授業をしなければならないという学校や保護者からの圧力により、試験には出題されないメディア・リテラシーは今ではまったく扱わなくなったとのことであった。

メディア教育に積極的ではないケースとしてフィールド調査を行ったB校でも、統一学力試験への言及が多くの教員からなされた。英語科の教科主任は、メディア・リテラシーは従来の活字リテラシーの延長にあり、文学だけではなく、映画・テレビ・演劇など様々な形で表現されるメッセージを読み解くことの重要性は英語科でも認識していると述べている。しかしその一方で、州の統一学力試験の準備が重要であり、メディア・リテラシーはその年度の最後に、もし時間的余裕があれば取り入れるかもしれないというトピックの一つであるとも回答している。この学校は、X学区の中でも地価が高く、近隣にある大学関係者の子どもも多く通学している。保護者には教育に熱心な人が多く、学校が試験の準備をきちんとしてくれているのかどうか、また子どもたちが自宅ではインターネットをはじめとする種々のメディアに接する時間が長い分、学校では活字に触れる時間を長くとり、シェイクスピアなどの古典の読解をしているかどうかを常に気にかけているという。同校の社会科の教科主任も同様に、統一学力試験でメディア・リテラシーに関連する問題が一問出題されるかどうかという現状では、メディア教育に時間を費やすことはできないと述べている。メディア教育の普及を目指すのであれば、トップダウン式に統一学力試験問題にメディア・リテラシーを入れれば、どの教員もみな一斉に教えるだろうとの発言もしている。

しかし、ここにメディア・リテラシーの学びと、学力試験における点数至上主義とも言える現在の成果主義的な教育の評価のあり方とのずれが見られる。多様なメディア媒体のテクストを、生徒が自分自身でクリティカルに読み解けるようになること、また同じメディア・テクストであっても、オーディエンス（生徒）の育った環境やこれまでの経験、性別や人種、社会・経済的背景といった属性によって、テクストの読みは多様なものとなることといったメディア・リテラシーの学びは、一つの正解を求めることが多い筆記試験では評価することは難しい。メディア・リテラシーの力が身についたかどうかを評価するには、授業中の議論の様子やプレゼンテーション、メディア制作物およびその活動を生徒自身が振り返るなど、多様な観点から行う「真正の評価」が適切であるとされているが[26]、これを現在の統一学力試験で測ることは難しい。試験に出題されない限り教室で積極的に教えられることは少ないが、現在の試験に入れることがそもそも難しいという根本的な問題がある。結果的に、英語科・社会科共にメディア教育に取り組んでいる教員の多いA校のように、移民や労働者階級の家庭の子どもが多く居住している地区で、統一学力試験の成績に教員も保護者もあまり重きを置いていない学校では、教員が積極的でありさえすれば、メディア教育を実施することができるという状況を生み出している。この現状がまた、前述の「メディア・リテラシーは容易でアカデミックではない」というステレオタイプを強化することにもなり、悪循環となっている。

（3）授業時間の制約とカリキュラム上の配置問題

授業時間をメディア・リテラシーに充てることが難しい理由として、統一学力テストのもたらす制約が大きいことが明らかとなったが、それに加えてカリキュラムが既に飽和状態にあることも多くの教員が指摘している。近年の学校教育では、メディア・リテラシーのみならず、環境や持続可能性、ジェンダー、民族・人種に関わる人権問題など、既存科目の領域を越えたテーマを学校教育に導入する必要性が唱えられ、次々とカリキュラムに追加されている。メディア・リテラシーと同様に、これらのテーマも既存の科目の中で教える形をとることが多く、各教科の授業時間がますます足りない状況となっている。

さらに、既存の科目の関連個所にメディア・リテラシーを組み込むほうが新規科目として追加するよりも効率的かつ実践可能であるとされ、複数のカリキュラムにメディア教育を組み込んだことが、実際には他の科目へ責任を「押し付ける」口実となっている場合があることも明らかとなった。例えば、ＢＣメディア教育協会の中心的役割を果たしてきた教員の一人はインタビューで、英語科は社会科に、社会科は英語科にメディア・リテラシーを任せたがる傾向があると述べている。州のカリキュラムにメディア教育が言及されていても、学校で採用している各科目の教科書にメディア・リテラシーの記述があるとは限らないため、見過ごされたり、あるいは他の科目で実践すればいいと見送られたりする口実にもなっていることは、本研究の他の調査からも見受けられた。より多くの教員が、様々な科目でメディア教育を実践できるというＢＣ州の教科横断型のカリキュラムのメリットが活かされず、逆にどの科目でもまったく扱われないという状況をも生み出している。

（4）教員へのサポート体制・連携の不足

前述の三つの問題点に加えて、メディア教育の普及を阻む最も根源的な問題は、カリキュラムにメディア教育が追加されても、教員が実践に移すためのサポート体制がほとんど存在しないことである。適した教材や教員研修の不足といった関連文献でも指摘の多い問題点は、それぞれ独立しているのではなく、教員へのサポートが全体的に不足している現状の一側面であると言える。

カリキュラムでメディア・リテラシーに言及されているとはいえ、第一節でも明示したようにその内容は不十分な点も多く、また各教科で使用している教科書にはメディア・リテラシーの扱いが少ないか、まったくない場合も多い。本調査でメディア教育に関心を持ちつつも実践につなげる機会がまだないと回答した教員の多くは、教材の準備や授業の組み立て方といった実践的な情報をほとんど持ち合わせていない中で、教材を準備する時間や労力の負担を考えると、実践は難しいと感じている傾向の強いことが明らかになった。州教育省は、カリキュラムにメディア教育を取り入れるという政策決定はしたものの、予算や人材を配分・配置するといった具体的な形で、メディア教育を実践に移すためのサポートは一切していない。予算がつかないため、各学校でメディア教育の教材を購入するケースはほとんどなく、また仮に買ったとしてもメディアは「生もの」であり、古くなった教材は使えないことも多い。メディア教育のベテラン教員の一人は、「メディア・リテラシーのテーマで教員を対象にワークショップを開催すると、ほぼ全員がメディア教育の必要性に賛同するが、実践へと行動を移す教員は驚くほどわずかである」と述べているが、メディア教育をほんのわずかでも授業に組み込むことへのハードルが高いのは、すぐに使える教材を教員が持ち合わせていないという理由も大きな一因である。

しかし教材の不足という点に関して言えば、メディア教育の実践者の間では広く知れ渡っていても、それ以外の教員は情報を持ち合わせていないがゆえに、現存する有効なリソースがうまく活用されていないことも本調査から明らかになった。教員組合の本部にて無料で貸出している図書・映像資料や、カナダの非営利団体が無料で提供している世界最大規模のメディア教育のリソース・ウェブサイトであるメディアスマーツ（調査当時の名称はメディア・アウェアネス・ネットワーク）など、活用できるリソースが複数あるにもかかわらず、それを知らない教員がメディア教育の非実践者には多かった。このような情報は、教員研修で伝えることが容易であるはずだが、その研修も機会が限られている。

メディア・リテラシーのように比較的新しい学習内容の場合は、教員自身が生徒であったときにその授業を受けていない場合も多く、現職の教員への研修が一層必要となる。しかし、ＢＣ州の教員であれば誰でも参加することのできる研修として開催されているのは、本研究で調査を行った教員組合がほぼ隔年で夏期休暇中に開催していた短期のもの一つだけである。これも、中心となって活動してきたBCメディア教育協会の教員が退職したこともあり、二〇〇七年を最後に行われていない。調査当時は、プロ・ディーデイ（Pro-D Day = Professional Development Day）と呼ばれる学期中の平日に行われる一日がかりの教員研修で、BCメディア教育協会の教員がメディア・リテラシーをテーマに講師を務める場合もあったが、回数は少なく、またこの研修は学区ごとに分かれているため参加できる教員も限られていた。このように、メディア教育を実践してきたベテラン教員による活動以外には、ローワー・メインランド地区では現職教員がメディア・リテラシーについての知見を広げる機会はないのが現状である。

大学等の研究機関によるサポートもまた、決して十分とは言えない。この地域の二つの大学では、調査時期の二年間については、どちらも同じ講師によるメディア教育に関連する講義が、夏期休暇中に選択科目として開講されていた。教員養成課程の学生や教育分野を専攻する大学院生が受講することができるが、必修ではなく選択科目であるため受講しない学生も多い。また継続して毎年開講される保証もないので、メディア・リテラシーを学ぶことのないまま教員になるケースが依然として多い。さらに、二大学におけるメディア・リテラシーの研究状況を見てみると、もともとこの分野の研究者が少ないこともあり、ローワー・メインランド地区におけるメディア教育の現状分析や、メディア教育を行うことでどのような学習効果があるのかといった検証はされていなかった。研究者・研究機関のもつ知識は教育現場に届かず、また教育現場の実態調査を行うことで実践と研究の両方が進展するという相乗効果も当然得られていない。

オンタリオ州でメディア教育の発展に貢献してきたプンジェンテとアンダーソンは、メディア教育が根付くためには学校、家庭、地域、大学・研究機関、政策決定機関、メディア企業の連携が必要であると述べている（Pungente & Anderson, 2005）。その連携はBC州ではほとんど見受けられず、かろうじてメディア教育に熱心な一部の教員がメディア教育の普及に向けて尽力しているのみである。結果的に、メディア教育はカリキュラムに導入されたものの、その実践は教員の主体性に任されており、本節で考察した諸処の理由もあいまって、なかなか普及しない状況にある。

（5）過渡期にあるBC州の学校教育におけるメディア・リテラシー

BC州を含め、カナダの公教育カリキュラムにメディア・リテラシーが導入されたこと自体は一定の評価ができるが、それはメディア教育が根付くための長い道のりにおける、第一歩でしかない。BC州のカリキュラムでは、九〇年代半ばの改訂ではメディア教育を推進する流れがうまれたものの、その後は一進一退の状況にある。各教科の巻末にあった科目横断型トピックのセクションが改訂のたびに各教科から削除され、メディア教育をどの科目でも実施することが可能であるという教育省からの「お墨付き」が消えつつある今、BC州のメディア教育は岐路にあると言っても過言ではない。

フィールド調査からは、カリキュラムに導入されることと教育現場での実践には大きな隔たりがあることが明らかとなった。X学区の中等学校では、メディア・リテラシーの必要性については比較的多くの教員が賛同しながらも、実際にはメディア教育は一部の学校・教員によって行われているのが現状であり、カリキュラムに明記されている内容が、各教室での実践に反映されているわけではない。英語科については、メディア教育への言及が多い九六年版の旧カリキュラムが施行されて一〇年目に調査を行ったにもかかわらず、積極的にメディア教育を行っていると回答した学校は全体の六分の一にとどまった。メディア教育がなかなか根付かない理由としては、教員へのサポート体制が不十分であることが根底にありながらも、教育現場におけるメディア・リテラシーへの理解やメディア教育の必要性に関して考えが一致していないこと、成果主義的な評価に重きを置く現代の教育環境とメディア・リテラシーの学習には隔たりがあること、カリキュラムにおける位置づけにも課題があることなど、複数の要因が複雑に絡み合っていることが示された。メディア教育に熱心な一部の教員が、研修を開催するなどして教員のサポートを試みてきたが学校、家庭、地域、大学・研究機関、政策決定機関、メディア企業などの連携やサポートはほとんど見られなかった。

オンタリオ州の英語科カリキュラムがメディア・リテラシーを学習の柱の一つとして中心に据えたのとは異なり、BC州ではメディア・リテラシーはカリキュラムのいわば周縁で浮き沈みを繰り返している。結局のところ、メディア・リテラシーとはどのような力を身につけることなのか、学校教育の中でそれを子どもたちに教えることにどのような意味があるのか、メディア教育の実践によってどのような学習効果が期待されるのか、といった根本的な問いを再考する時期にきているのではないか。これは現場の教員だけではなく、保護者、地域の人々、そして教育省や教育委員会などの政策決定機関や大学などの研究機関にも課された問いである。テクノロジーの発展とソーシャル・メディアの台頭により、マス・メディアだけでなく個人による発信も容易となった現代において、デジタル・リテラシーをも含めたメディア・リテラシーが新たにどのような意味を持つのか、という点も議論に含まれる必要があるだろう。本調査はBC州の一部の地域・学校を対象に行ったケース・スタディであり、データ収集時期から時間も経過していることから、より広範囲における新しい調査を実施し、近年の動向も引き続き追跡していきたい。

〈注〉

（1）カナダのBC州では、七—五制の学制を採用しており、本研究が対象としている中等学校とは日本の中学二年から高校三年の五年間に当たる。

（2）英語科とは、多くの場合English Language Artsと呼ばれ、日本の国語科に該当する。英語とフランス語の二か国語が公用語であるカナダでは、フランス語圏では英語ではなくフランス語が母語教育という意味での国語科となるが、本章は英語圏であるオンタリオ州ならびにブリティッシュ・コロンビア州にのみ言及しているため、本文中の英語科とはすべて日本の国語科に当たるものとする。

（3）カナダ国内の研究者がメディア教育実践の調査をしたものは、Morgan（1996, 1998）などごく少数で、その他は分析・考察が伴わない授業・教材紹介や個人的な感想が中心の紹介記事であることが多い。Morgan の調査も、独立した科目としてメディア・リテラシーを扱っている授業のみを研究対象としており、既存の科目の中にメディア・リテラシーを含むものは入っていないため、メディア教育の全体像を捉えているとは言えない部分もある。メディア・リテラシー実践に関する調査研究の少なさやその質（とりわけ単なる実践紹介や感想ではない研究が望まれるという点）に関する言及は、カナダに限らずイギリスやアメリカ合衆国など他の英語圏の国々においても、同様の指摘がされている。例えば、Hart（2001）や Hobbs（2004）など。

（4）メディア・アウェアネス・ネットワークは一九九八年にカナダ全国における「メディア教育の現状」と題した報告書を発表しているが、その内容は各州・準州における教育カリキュラムの中に、どの程度メディア・リテラシーの要素が含まれているのかをカリキュラムの文面からピックアップしたものであり、教育現場におけるフィールド調査は含まれていない。また、Kline & Stewart（2007）は本章の調査とほぼ同時期である二〇〇五年と二〇〇六年にBC州の八〇名の教員を対象にメディア教育に関する調査を行ったが、オンライン・アンケートのURLを知り合いの教員に知らせる手法で回答を集めており、学校や学区などを網羅するものではない。

（5）カナダのメディア教育に関する紹介や研究には、例えば、菅谷（二〇〇〇）、鈴木（二〇〇一）、土井（二〇〇七）、上杉（二〇〇八）、森本（二〇一四）などがある。

（6）カナダの学校でフィールド調査を行うには、事前に各学区の教育委員会できわめて煩雑な手続きを経て調査実施の許可を得る必要があり、日本在住の研究者が現地に赴いて短時間で調査することは難しい現状もある。カナダ国内の研究者による調査が期待されるところである。

（7）ローワー・メインランド（Lower Mainland）とは、BC州の南西端のバンクーバー市とその周辺都市を含む地域の総称で、BC州の人口の約六〇％が居住している。

（8）現地の中等学校におけるフィールド調査は二〇〇五年から〇六年にかけて実施したものであり、データが多少古いことは認識しているが、BC州におけるメディア教育の実態を広範囲に網羅した調査は現在においてもほぼ皆無であること、また日本ではオンタリオ州以外の地域におけるメディア・リテラシーの調査研究が報告される機会もほとんどないこと、さらに現在その後の追跡調査の準備をしていることから、日本語の文献として整理しておく必要性を感じ、本章をまとめるに至った。カリキュラム等の文献資料については、現在までのデータを適宜追加している。

（9）定義の多様性については、例えばBazalgette（1997）：Christ & Potter（1998）：Hart（1998）：Alverman & Hagood（2000）：Media Awareness Network（2005）などを参照。

（10）カナダでは、日本における文部科学省のような連邦政府の教育省は存在せず、原則として各州の教育省がカリキュラムを制定している。

（11）この報告書および学習成果項目は、マスターマン（Masterman, L.）の著作（1985）やオンタリオ州教育省のリソースガイドを参考にしている。

（12）オンタリオ州の英語科カリキュラムでは、オーラル・コミュニケーション、読み、書き、と共にメディア・リテラシーの力を身につけることが目標とされており、メディア教育が前面に打ち出されている。詳細は、Ontario Ministry of Education（2006, 2007a, 2007b）を参照のこと。

（13）一〇年生では、アッパー・カナダの反乱やローワー・カナダの反乱、レッド・リバー反乱、ノースウェストの反乱などを学習することになっている。

（14）Media Awareness Network（MNet）。現在はメディアスマーツ（MediaSmarts）に名称が変更されている。

（15）ほかのふたつは、クリティカル・シンキングのスキルと、コミュニケーション・スキルである（Ministry of Education, Province of British Columbia, 2006, p.10）。

（16）州教育省が許可すれば各校で独自の科目を開講することが可能であり、独立したメディア・リテラシーの授業もある。例えば二〇〇四年度には、BC州の一六の中等学校で合計二六の単独型のメディア・リテラシーの授業が開講された。授業名は「メディア11、12」、「メディア・リテラシー11、12」、「メディア・スタディーズ10、11、12」、「メディアと文化11、12」および「メディア教育11」であった（http://www.bced.gov.bc.ca/k12datareports/04tsqtab/1592a.txt 二〇〇五年六月一五日閲覧。）。この年度を最後に、各校で開講する独立科目のデータを州教育省が発表しなくなったため、これ以降の統計は存在しない。

（17）二〇〇五年と二〇〇六年に改訂された一一年生と一〇年生の社会科カリキュラムにおいては、この三つの主要テーマが一〇の基本概念に細かく分けられ解説がついている。その意味では、教科横断トピックのセクションで不十分だった点が改善され、前進したと言える。

（18）　ＢＣ州のメディア教育が抱える課題については、Blake（2001）；Media Awareness Network（2005）；Pungente, J. J., Duncan, B. & Andersen, N.（2005）などを参照。
（19）　Coghill（1993）；Kellner & Share（2005, 2007）；Yates（2002）などを参照。
（20）　中等学校一八校への電話調査では、英語科と社会科の両方の教科主任が所属校でメディア教育が盛んであると答えた学校は一校、また二教科ともまったく取り組んでいないと回答した学校は三校あった。そこで、フィールド調査の第二段階として、メディア教育に総じて積極的なＡ校と消極的なＢ校をケース・スタディのケースに選定し、この二校の比較分析を通してＸ学区におけるメディア教育の実情をさらに詳しく探った。メディア教育に消極的な学校は三校あったが、メディア教育のベテラン教員の一人が所属している学校を調査対象として選出した。これらの二校で、英語科と社会科の全教員四〇名へのアンケート調査（回収率四二・五％）および二教科の教科主任四名へのインタビューを行った。
（21）　ＢＣ州では二〇〇一年から二〇〇七年までは、州の教員組合がほぼ隔年で夏期休暇中に二日から五日ほどの教員向けのメディア・リテラシー研修を有料で行っていた。ここでは、二〇〇五年八月に五日間にわたる教員研修に参加した現職教員三一名を対象に、アンケート調査（回収率七七・四％）を実施した。
（22）　二〇〇五年の五月から八月にかけて、教員養成課程の学生を対象に選択科目として開講されたメディア教育の授業三クラスの受講者合計九九名にアンケート調査（回収率四二・四％）を行った。三クラスとも同じ教員が担当する同一内容の授業で、受講者の重複はない。
（23）　各調査から収集したデータおよび分析の詳細は、Namita（2010）を参照されたい。
（24）　例えばMasterman（1985）、Morgan（1996, 1998）、Prensky（2001a, 2001b）などに見られる。
（25）　例えば、メディア教育に積極的に取り組んでいるＡ校の社会科の教科主任は、若手教員は生まれた時から多様なメディアと共に育っており、批判精神がなくメディアを疑うことを知らないが、年配の世代の教員は、メディアは人の手によってつくられた産物でありバイアスがかかっていることを理解しており、Ａ校の社会科でメディア・リテラシーへの理解があるのは、教員の平均年齢が高いことも要因の一つだと述べている。
（26）　メディア・リテラシーにおける真正の評価については、森本（二〇一四）に詳しい。

〈参考文献〉

上杉嘉見（二〇〇八）『カナダのメディア・リテラシー教育』明石書店、二六四頁。

カナダ・オンタリオ州教育省編／FCT市民のテレビの会訳（一九九二）『メディア・リテラシー――マスメディアを読み解く』リベルタ出版、二二八頁。
菅谷明子（二〇〇〇）『メディア・リテラシー――世界の現場から』岩波新書、二三四頁。
鈴木みどり編（二〇〇一）『メディア・リテラシーの現在と未来』世界思想社、二六六頁。
土井文博（二〇〇七）「カナダ・オンタリオ州におけるメディア・リテラシー教育事情」『海外事情研究』第三五巻第一号、一二三～一三四頁。
浪田陽子（二〇一二）「メディア・リテラシー」浪田陽子、福間良明編『はじめてのメディア研究――「基礎知識」から「テーマの見つけ方」まで』世界思想社、三～三四頁。
森本洋介（二〇一四）『メディア・リテラシー教育における「批判的」な思考力の育成』東信堂、三一六頁。
Alvermann, D. E. & M. C. Hagood（2000）Critical media literacy : Research, theory, and practice in “new times.” *Journal of Educational Research, 93*（3）, 193–205.
Bazalgette, C.（1997）An agenda for the second phase of media literacy development. In R. Kubey（Ed.）*Media literacy in the information age : Current perspectives*（pp. 69–78）. New Brunswick, NJ : Transaction Publishers.
Blake, D.（2001）Media education in British Columbia, 1990–2000. *Australian Screen Education, 25*, 40–41.
Canadian Association for Media Education（1994）*A conceptual framework for media education & cross-curricular learning outcomes and opportunities for teaching and assessment.* Unpublished report.
Christ, W. G. & W. J. Potter（1998）Media literacy, media education, and the academy. *Journal of Communication, 48*（1）, 5–15.
Coghill, J.（1993）Exploring media implementation in Ontario : A perspective on the experiences of two media literacy teachers. *English Quarterly, 25*（2–3）, 20–27.
Fink, A.（2003）*The survey handbook*（2nd ed.）. Thousand Oaks, CA : Sage Publications.
Hart, A.（1998）Introduction : Media education in the global village. In A. Hart（Ed.）*Teaching the Media : International perspectives.* Mahwah, NJ : Lawrence Erlbaum Associates.
Hart, A.（2001）Researching media education in English. *Research in Education, 66*, 28–39.
Hobbs, R.（2004）Analyzing advertising in the English language arts classroom : A quasi-experimental study. *Studies in Me-*

dia & Information Literacy Education, 4 (2). Retrieved July 24, 2005, from the World Wide Web : http : //www.utpress.utoronto.ca/journal/ejournals/simile.

Kellner, D. & J. Share (2005) Toward critical media literacy : Core concepts, debates, organizations, and policy. *Discourse : studies in the cultural politics of education, 26* (3), 369–386.

Kellner, D. & J. Share (2007) Critical media literacy, democracy, and the reconstruction of education. In D. Macedo & S. R. Steinberg (Eds.) *Media literacy : A reader* (pp. 3–23). New York : Peter Lang Publishing.

Kline, S. & K. Stuart (2007) Assessing the field of media education in British Columbia : a survey of teachers in the present-day BC school system. Paper presented at the National Media Education Conference.

Lee, A. Y. L. (1997) *Legitimating media education : From social movement to the formation of a new social curriculum.* Unpublished doctoral dissertation, University of British Columbia, Vancouver, Canada.

Masterman, L. (1985) *Teaching the media.* London : Comedia.

Media Awareness Network (2005) *Media education in Canada.* Retrieved October 7, 2005, from the World Wide Web : http : //www.media-awareness.ca/english/teachers/media_education/index.cfm.

Ministry of Education, Province of British Columbia (2005) *Social Studies 11 : Integrated Resource Package 2005.*

Ministry of Education, Province of British Columbia (2006) *Social Studies 10 : Integrated Resource Package 2006.*

Ministry of Education, Province of British Columbia (2007) *English Language Arts 8 to 12 : Integrated Resource Package 2007.*

Ministry of Education, Skills and Training, Province of British Columbia (1996a) *English Language Arts 8 to 10 : Integrated Resource Package 1996.*

Ministry of Education, Skills and Training, Province of British Columbia (1996b) *English Language Arts 11 and 12 : Integrated Resource Package 1996.*

Morgan, R. (1996) Messing with Mr. In-Between : Multiculturalism and hybridization. *English Quarterly, 28* (4), 66–75.

Morgan, R. (1998) Provocations for a media education in small letters. In D. Buckingham (Ed.) *Teaching popular culture : Beyond radical pedagogy* (pp. 107–131). London : University College London Press.

Namita, Y. (2010) *Teachers' Perceptions of Media Education in BC Secondary Schools : Challenges and Possibilities* (Doctoral dissertation). The University of British Columbia.

Namita, Y. (2012) A Historical Overview of Media Education : Making Sense of the Different Approaches and Rationales. *Ritsumeikan Social Sciences Review, 47* (4), 81–97.

Ontario Ministry of Education (1989) *Media literacy resource guide : Intermediate and senior divisions, 1989.* Toronto : Ontario Ministry of Education.

Ontario Ministry of Education (2006) *The Ontario curriculum Grade 1 to 8 Language, 2006.*

Ontario Ministry of Education (2007a) *The Ontario Curriculum Grade 9 and 10 English, 2007.*

Ontario Ministry of Education (2007b) *The Ontario Curriculum Grade 11 and 12 English, 2007.*

Prensky, M. (2001a) Digital natives, digital immigrants Part I. *On the Horizon, 9* (5), 1–6.

Prensky, M. (2001b) Digital natives, digital immigrants Part II : Do they really think differently. *On the Horizon, 9* (6), 1–9.

Pungente, J. J., B. Duncan & N. Andersen (2005) The Canadian experience : Leading the way. *Yearbook of the National Society for the Study of Education, 104* (1), 140–160.

UNESCO (2001) Youth media education survey 2001 final report.

Yates, B. L. (2002) Media education's present and future : A survey of teachers. *Studies in Media & Information Literacy Education, 2* (3), Article 25. Retrieved July 19, 2005, from http : //www.utpjournals.com/jour.ihtml? 1p=simile/issue7/yatesfulltext.html

第二章　NIEが変える教育と新聞
――学習材としての新聞の「危うさ」と「面白さ」

柳澤伸司

第一節　ある投書から

二〇一四年九月、『読売新聞』に「記事を使い授業　重い責任感じる」と題する次のような投書が掲載された(1)。

朝日新聞社が、いわゆる従軍慰安婦を巡る報道について「強制連行」の証言を紹介した記事を32年後になって取り消した。小学校の現場で戦争の悲惨さを伝えてきた私としては、重い責任を感じている。記事を授業の題材に使い「強制連行があった」と教えてきたからだ。／従軍慰安婦などを巡る日本の政治からの歴史認識に対し、中国や韓国は近年、批判の姿勢を強めている。朝日の記事をその根拠にしているのは言うまでもない。この批判の声に触れるたび、私は胸が痛くなる。／若者には、日本人として誇りを持ち、中国や韓国の人たちと友好的に付き合ってほしい。そのためにも朝日新聞は誤解を与えた責任を取り、改めて真相を明らかにしてほしい。

新聞に掲載される投書は新聞社によって文意を変えないことを前提に手を入れることもあるが、通常その新聞を購読している読者からのものであり、その新聞の主張に近い投書が掲載されることが多い。二〇一四年八月に『朝日新聞』が報じた「慰安婦問題を考える」とする検証記事は大きな波紋となって広がった。

この元小学校長の短い投書からは、どのような記事をどのように使って行われた授業であったのか具体的に知ることはできないが、小学校の授業で「戦争の悲惨さ」を伝えるために「強制連行」された「従軍慰安婦」のことを教えたこと、三二年たってその記事が取り消された時、「記事を授業の題材に使」って教えてしまった教師は時間を取り戻すことができない以上、教えてしまったことへの責任を感じたことがうかがえる。おそらく同じような授業を行った教師もいたであろうが、沈黙せずに投書という形で発言した元教師の誠実さを受け止めたい。

この投書に注目するのは、新聞を教材として授業を行う際に、教師が注意しなければならないことを示していると考えるからだ。教師は新聞を「教材（題材）」として扱うが、新聞はある意味「生もの」であり、時には不十分な情報であったり、途中経過の報道であったりする。それが「誤報」になる場合もある。とはいえ新聞（ジャーナリズム）抜きに政治や社会に関わる世の中のことを知ることは難しい。二〇一五年六月、選挙権年齢を一八歳以上に引き下げる改正公職選挙法が成立したことにより若者の「主権者教育」への取り組みが進められることとなるが、学校現場における「政治的中立性」といった教育手法の課題も指摘されるものの、(2)「生きた教材」として新聞を活用しなければ主権者教育など成り立たないだろう。

新聞は日々の出来事を記録し、やがてそれが歴史として積み重ねられていくジャーナリズムとして人々の「認識」形成に関わっている。「朝日『慰安婦』報道」はそうした事例の一つに過ぎない。新聞（社・記事）にはそれぞれの意図と意味がある。だからこそ新聞をはじめとするメディア教育が教師にも児童生徒にも行われないままで新聞を使う教育を行うことの意味を考える必要がある。同時に教師にとって新聞を教育で「生かす」ことにどのような意義があり、何のために新聞を使うのかといった理念と技術が求められる。

もちろん教師も新聞もどちらも人間のものの見方や価値観（イデオロギー）の形成に深く関わっている。教育は社会化を促し、新聞はそれを補完し固めるコミュニケーション活動である。新聞はメディアとして認識されているが、児童生徒の前では教師もある意味ではメディアである。そこに新聞が介在することによって、児童生徒―教師（学校）―新聞（記者・社）の間にどのような変容が生じるのか。教師が新聞を使うことの意味は何か、新聞との関係はどうあったらよいのか。本章は日本で行われてきているＮＩＥの課題と意義について考えられる現時点での問題提起である。

第二節　ＮＩＥの発展と現状

（1）日本新聞協会の支援

ＮＩＥ（エヌ・アイ・イー：Newspaper in Education）は「学校などで新聞を教材として活用すること」である。現在、日本のＮＩＥは教育界（教師）と新聞界（各新聞社、日本新聞協会）、各地の新聞社・教育行政・学校現場の各代表によって構成されるＮＩＥ推進協議会などが協力する形で進められ、後述する日本ＮＩＥ学会がその理論化を図る形で取り組みを進めている。

ＮＩＥは一九三〇年代に米国で始まり、五〇年代には全米規模へと展開し、いまでは世界八〇か国以上で実施されている。世界新聞協会（ＷＡＮ）はＮＩＥを、効果的な教育プログラムを通じて読み書き能力を向上させること、新聞を読むことを奨励し民主主義社会を構成する市民を育成することを目的として、新聞社と学校が協力することによって地域社会それぞれに利益をもたらすものであるとしている。

世界新聞・ニュース発行者協会（ＷＡＮ―ＩＦＲＡ）は二〇一四年一〇月ＮＩＥ活動を牽引してきたメディア団体

の中で、「（1）若者がニュースを上手に利用する取り組みを長期間にわたって行い、国内・地域の新聞社の若者読者対策を支援している、（2）この取り組みに相当数の人員を充てている、（3）若者読者対策において成果が上がる施策を定期的に実施している」団体の内トップ一二か国を認定し、日本新聞協会をその一つとして評価した。[3]

日本では新聞を授業で使うことは遡れば明治時代の頃からあったが、それはきわめて限られた教師によるものであった。[4] 終戦直後において新聞を「生きた教科書」[5] として使い始めたほか、「学校新聞（スクール・ジャーナリズム）」や高校社会科の「時事問題」などで新聞は活用された。こうした「新聞活用」「新聞作り」は直接的には戦後ＧＨＱの強力な後押しによるものであったが、文部省による新聞教育への「指導」が急速に進められたことによって広がった。しかし、一九五一年講和条約の締結以降、新聞活用に対して「受験勉強の妨げ」「偏向教育が行われる可能性がある」とする批判などから後景に退いていった。

ＮＩＥという言葉が使われるようになるのは小林與三次新聞協会会長（当時）が、一九八五年第三八回新聞大会（静岡）で提唱したことに始まる。日本新聞協会は妹尾彰毎日新聞東京本社販売企画室長（当時）を部会長とする販売委員会の下部組織にＮＩＥ専門部会を設置し、調査研究を進めた。ＮＩＥで先行する米国や北欧諸国のＮＩＥ事情を視察するなどして、その成果をパンフレット『ご存知ですかＮＩＥ』（一九八七年）にまとめ、全国の教育関係団体に配布した。

ＮＩＥを行うには新聞界あげて進める必要があると判断したＮＩＥ専門部会は販売委員会を経て新聞協会理事会に「ＮＩＥ委員会」の設置を提案、一九八七年に一力一夫河北新報社会長（当時）を委員長とするＮＩＥ委員会が新設され、日本型の教育運動を進めることとなった。

新聞を授業で使い続けた教師たちの中には、こうした日本新聞協会の提唱に始まる「ＮＩＥ」を「若者の新聞離れに危機感を持つ新聞経営者の側からの呼びかけではじまった」「新聞社の側から、販売政策上から提唱」された

「運動」と受け止めたが、それを成功させるためにも「教師自身が『ジャーナリズムとは何か』を十分に知る必要」があり、「よりよい新聞を育てるための読者の教育」を進めようと積極的に関わる姿勢を示した教師たちもいた(6)。ＮＩＥが教育に果たす効用と可能性を認識していた教師たちは自主的な研究会を組織し、情報の共有を進めるなど地道な活動を続けていった。

日本新聞協会はＮＩＥが本格的に全国展開されるためにも、その効果や実施に当たっての留意点を探る必要があると考え、一九八九年九月パイロット計画を東京都内の小学校（一校）、中学校（二校）に対して行った。協力校には新聞を教材として無料で提供すること、提供される新聞はすべて公平に活用すること、協力校は実践内容を報告書にまとめ日本新聞協会ＮＩＥ部に提出するというものであった。やがてその成果が認知されるにつれて全国各地から参加希望が増え、日本新聞協会は一九九六年ＮＩＥ基金を設けるとともに全国四〇〇校を上限とする「ＮＩＥ実践指定校」として認定された全国の小・中・高校を対象に一定期間新聞購読料を全額補助する新聞提供事業を推進し始めた(7)。そして、ＮＩＥの実践者や関心を持つ教師による実践報告と交流を図るため第一回ＮＩＥ全国大会を東京で開催した。記録によるとそのときの参加者は一五六人だった。ＮＩＥに対する関心は、新聞関係者でさえＮＩＥを「ニー」あるいは「ニエ」と呼んで、ほとんど関心を向けることはなかったほどで、新聞社内はもとより教育現場でも、後述するように新聞に対する問題点など新聞を教室で使うことへの不安とＮＩＥを実践する教師への好意的とは言えない視線が重なって低いものであった。

その後、ＮＩＥ全国大会は地元新聞社の全面的な協力と各地の推進協議会の尽力によって進められ、参加者が一〇〇〇人を越したのは二〇〇九年長野で行われた第一四回大会であった。以降、二〇一五年秋田で開かれた第二〇回大会までほぼその参加者数で推移している。一九八五年ＮＩＥ運動を提唱してから三〇年、全国大会も二〇回目を迎えた秋田大会で日本新聞協会会長の白石興二郎（読売新聞グループ本社代表取締役社長）が、今では全校での実践や組織的な議論などＮＩＥに携わる関係者が広がってきていることに触れ、「新聞は閲読を通して、児童生徒は実社会に触れ、良き民主主義の担い手となるための、バランスのとれた知識を得て」おり、「新聞の存在は、こうした良き市民となるためのプロセスに必要不可欠」と挨拶した[8]。ＮＩＥを実践する教師も増え、全国大会での実践報告も校種によって異なるものの、多様なものとなった。新聞社はＮＩＥの対応を進め、関係部局の創設、教材、ワークシート、新聞提供や記者派遣（出前授業）といった支援を行うようになり、新聞社の協力はＮＩＥの実践を支える上で不可欠なものとなった。

（２）ＮＩＥの目指すところ

ＮＩＥが「新聞界と教育界とが協力して取り組む活動」（世界新聞協会）であり、「新聞を活用した教育活動を進めること」[9]には違いないが、「全紙面を学習材として活用する教育活動」[10]、「教育において新聞紙面すべてを、しかも一紙だけでなく複数の新聞を学習の対象とする」「新聞を丸ごと学習対象とする」「新聞各紙を対象とする」（日本ＮＩＥ学会）[11]といった位置づけを踏まえると、本来のＮＩＥのあり方が浮かび上がってくる。

これまでＮＩＥ全国大会で行われてきた実践報告や推進協議会を中心とした各地の実践報告書の多くに見られるものは、教師の選択と指導によって新聞（記事）の一部が使われる授業がほとんどで、児童生徒が自ら新聞（紙面すべて）と向きあって、そこから授業が構成されていくといった授業はほとんど見られない。教師の選んだ記事を使うことは、前述したＮＩＥのあり方にあるような新聞を丸ごと、複数紙を学習対象とするＮＩＥへ向かうことになるのか、という疑問もつきまとう。新聞を使いさえすればＮＩＥであるというような捉え方は、ＮＩＥの裾野を拡げる（新聞を授業で使う教師が増える）ことにはなるが、その足下で留まっているようなもの（新聞記事を利用した教科学習）と言えよう。

国語教育学では「学校教育の実践場面に新聞を教材として取り入れる学習運動[12]」とあるように「学習運動」として捉えているが、教育方法学ではＮＩＥを次のように捉えている。すなわち「新聞利用によって期待される教育効果としては、現代および過去の社会状況の理解を通して民主主義社会における市民としての資質形成と、読み・書きの基本的学習能力形成が指摘できる。さらに、他の情報メディアも含めた学習指導では、メディア・リテラシーの育成を意図し、情報化社会における主体的人間形成の役割を有する教育活動としても意義づけられる[13]」。新聞利用によって得られる「教育効果」を踏まえて「民主主義社会における市民としての資質形成」「メディア・リテラシーの育成」「主体的人間形成」などといった教育活動としての目的を位置づけている。

日本のＮＩＥを牽引してきた妹尾彰は、米国新聞協会がＮＩＥの教育目標として掲げる「（1）新聞を批判的に深く読む能力の向上とそれを継続しようとする意志を啓発する。（2）社会問題に対する関心を高め青少年に民主主義社会の一員としての自覚を持たせる。（3）民主主義社会における報道の自由と新聞が果たしている役割について理解を深める」として、「帰するところ前記三点がＮＩＥの教育目標を言い尽くしていると確信している[14]」と強調した。これらのＮＩＥの意義や教育目標を考えると、そこに共通するのは新聞を通して民主主義社会を支える主体的人間形成にある。それを媒介し得るとするのが「新聞」であり、少なくともその新聞が果たしてきている社会的役割についての認識はもとより新聞（ジャーナリズム）の知識、批判的視点も不可欠になる。前述したように教師自身がジャーナリズムと向きあうことで単なる受け手としての読者にとどまらないよりよい新聞を育てるための関係性がＮＩＥには含まれている。

（3）日本ＮＩＥ学会の創設

二〇〇五年三月「日本ＮＩＥ学会」が創設されたとき、ＮＩＥは「子どもたちに生涯学習の基礎となる能力の一つである『情報活用能力』を育成するために、教育界と新聞界が協力して、新聞教材の開発と活用の研究・普及を目指して行っている教育」として位置づけられた[15]。その背景にあったのは、ＮＩＥを実践する小・中・高校の教師を支えることでもあった[16]。

日本ＮＩＥ学会の創設からまもなく、学会に設置された研究委員会が中心となって『情報読解力を育てるＮＩＥハンドブック』（明治図書、二〇〇八年）が纏められたが、これはその時点における日本のＮＩＥの到達点を示すものとなった。当時研究委員長（のち会長）の小原友行（広島大学大学院）は「ＮＩＥ学」の構築を提言し、研究の課題と方法として短期長期の取り組むべき課題を次のように整理した。短期的には、①ＮＩＥ実践の掘り起こしと共有財産化、②ＮＩＥの到達点とこれからの実践的課題を明らかにすること、③情報化社会におけるＮＩＥの意義や可能性を明確にしておくこと。長期的には、①ＮＩＥの理論化（優れた実践の背後にある授業論の解明）、②ＮＩＥを取り入れた教科等のカリキュラムの系統化、③評価基準の設定とそれを用いたＮＩＥの教育効果の検証、である[17]。

「ＮＩＥ学」が「教育に新聞を・学」なのか「新聞教育学」なのか、そもそもＮＩＥは教育学の範疇にとどまるものなのか、ＮＩＥを「学」とするのは容易なことではない。日本ＮＩＥ学会は小・中・高校の教師、大学などの研究者、新聞記者といった様々なフィールドから構成され、校種・担当科目などそれぞれによって授業の構成、切り口、アプローチが異なる。それらの違いを生かして融合させていく研究が進むかどうかにかかっている。ＮＩＥの効用はこれまでの多くの実践報告で明らかにされてきたものの、地域、学校、校種、児童生徒、教師それぞれの環境や経験、知識、技能によってもＮＩＥの取り組みは異なる。教育は同じ方法をしたからといって同じ結果が得られるというものではない。学問が「予測する力を持つ体系的知識、およびその知識を得るための研究方法」にあるとすれば、そこには目的、知識、体系、法則、方法が示される必要がある。

それでも小原らは新聞を活用した学習活動による理論的な裏づけを示す試みとして『はじめて学ぶ学校教育と新

聞活用――考え方から実践方法までの基礎知識』（ミネルヴァ書房、二〇一三年）を出版しＮＩＥに関わる知識と方法を示した。[18]

日本ＮＩＥ学会が「新聞を介して教育に関わる研究」を始めたのは間違いないが、教育学（教科教育）からみても「教材」としての新聞研究は不可欠のはずである。その一方で「新聞」は新聞学、マス・コミュニケーション研究、メディア研究から研究が進められてきた。近代日本メディア（新聞）史を研究してきた有山輝雄が指摘するように、例えば一九五一年に創設された「日本新聞学会」が一九九三年に「日本マス・コミュニケーション学会」へと学会名称が変わるなど、「大学の学科名・研究機関名・講義題目などから新聞学・新聞論という言葉が消えているという現象」を含め、「今や新しいメディアの登場によって、新聞というメディアは多数のメディアの中の一つとして相対化され、それどころか古くさいメディアとして敬遠される状勢が進み、新聞という接頭語が流行遅れになったということはいえる」[19]。とはいえ、「日本マス・コミュニケーション学会」と名称変更されても新聞の本質的役割である「ジャーナリズム」を対象としていることは英文名称（The Japan Society for Studies in Journalism and Mass Communication）からも確認できるが、日本ＮＩＥ学会は「新聞（紙）」（The Japan Society for Studies in "Newspaper in Education"）を対象としていることから、少なくとも「新聞紙」の研究は不可欠であると言える。「新聞」研究は新たな局面へ転移し始めたということかもしれない。

こうしたことから導きだされるのは、少なくとも日本ＮＩＥ学会は「教育」と「新聞」を研究する総合科学・学際分野ということになる。そこから考えてみると、その研究の融合はサトウタツヤ（立命館大学）が提案する「学融的（トランスディシプリナリー）」研究という捉え方に近いのかもしれない。そこでは「問題の共有とともに、何よりも解の共有こそが重視され」、「実践者と研究者は対等であり、問題解決の妥当性についても厳しい相互チェックが行われることになる」[20]。この視点は、ＮＩＥがある意味、教育界（研究者と教師＝実践者）と新聞界（新聞発行に携わる者とメディア研究者）の融合的研究学会として新聞（ジャーナリズム）を捉え直すことと言える。とすれば、そこから新しい可能性も導き出されることになる。すなわち新聞（ＮＩＥ）を介して、教師・生徒の学びに関わる教育の変容についてであり、新聞がどのように扱われるか（読まれるか）ということによって生じる新聞（社・記者）の変容についてである。

第三節　学校で新聞を使う

（1）占領下の学習指導要領

現行の学習指導要領は後述するように、二〇一一年小学校、一二年中学校、一三年高等学校で実施され、すべての教科の土台となる言語力の育成を重視した「新聞」が言語活動の充実を図るものとして位置付けられた。しかし、学習指導要領の中に「新聞」が最初に記載されたのは、ＧＨＱ占領下の「昭和二十二年度（試案）」であった。

当時、ＧＨＱによる「民主化」政策による「自由と民主主義」を浸透させるべく、新聞改革と教育における新聞活用およびスクール・ジャーナリズムの指導が並行して進められた。ＧＨＱによる「改革」は、教育制度を改正し、それまでの全体主義教育を打破して学問の自由を確立することであり「議会政治、国際平和、個人の尊さ、集会の自由・言論の自由・信教の自由」といった「人間の根本的な権利と合ふ考へを教へたり、行ひを身につけさせる[21]」ことにあった。

その方針によって作成された学習指導要領には「新聞」についての記述（新聞の読み取り、新聞作り等）が多く含まれており、教育方法の扱いも多岐にわたっていた。例えば国語科では「新聞の収入は、購読料と広告料であること」「新聞は、世の中でどんな役割をしているか、どうしてつくられるか、だれがつくるか、などの問題について、考えさせる」や、社会科においては「新聞の歴史についても調べること」「新聞の論説と、町の人々の意見とに関係があるかどうかを調べること」などといった新聞の成り立ちや世論形成についての知識を得るような観点が提示されていた。もちろん、この「試案」が占領軍の指示によるものであり、「あわただしく作られ(22)」たものだとしても、学校現場では新聞を使う授業や学校新聞などの新聞作りが促進され、新聞社もそれを支える関連図書の出版や学生向きの新聞を発行するなど戦後の「民主化」を進める役割を果たした。

この学習指導要領「昭和二十二年度（試案）」が興味深いのは、新聞を読む力を獲得するという現在の学習指導要領に通じる記述はもちろんだが、それ以上に「児童や生徒の社会意識をそだて」、「真実を伝え、正論を主張し、美を愛好する精神をやしない、社会的責任感を高める」「よい新聞といわれるものは、どんな条件をそなえていなければならないかについての知識」など新聞に対する批判的視点として具体的な「問い」が含まれていたことだ。社会科中学三年に至っては、国民の権利と義務として、次のように詳細な教育方法が提示されている(23)。

（七三）　自分の地方の人々に、月ぎめで読まれているのは、どの新聞がいちばん多いかを調べてみること。その人たちは、どんな部分にいちばん興味を持っているか。自分の読んでいる新聞の社説は、何を取りあつかっているか。自分の地方で読まれている新聞を、統制する者はだれか。政党に統制されている新聞があるであろうか。自分の新聞は、事実と意見とをはっきり区別しようとしていると考えられるか。自分の新聞は、どこから記事を取って来るか。政府あるいは公務員と関係はないか。自分の新聞は、どの程度まで、町の世論を反映しているか。いろいろな意見をのせる新聞があるか。自分の読む新聞の収入のもとについて、知識を得ること。収入の何割までが広告費によるであろうか。広告主は新聞の編集方針に影響を及ぼすであろうか。新聞にあらわれる「投書」を研究すること。新聞の編集者は、政府を批判するであろうか。民主的な国民にとって、政府の活動に対して批判する自由を持つことが、なぜ必要か。地方の役所は新聞に広告をのせるというような方法で、新聞を利用したり、その方針に影響を与えたりしてはいないか。

ここから読みとれることは、新聞を相対化しようとする今で言うメディア・リテラシーの視点がみられることである。戦時期まで日本の新聞が統制下におかれ、戦意昂揚の旗を振っていた同じ題号を持つ新聞が、そのまま戦後日本の新聞界に位置されたまま「民主化」を進めることになった歴史も忘れてはならない事実である。

すなわち第二次世界大戦後、敗戦国であるドイツ、イタリアに対して連合国がとった新聞政策が、それまで発行していたすべての新聞を廃刊し、戦後は連合国の許可を得て、新しい題号のもと経営者も刷新するというものであった。その二国と異なり、敗戦後の日本の各新聞は旧題号のまま発行を続けて廃刊を命じられたものはなかった。戦後日本の新聞は同じ新聞題号を継続させたまま、GHQの「民主化」政策遂行のために展開していった事実である[24]。「新聞の自由」と言っても一九四八年七月までGHQによる事前検閲が、一九四九年九月まで事後検閲が続いた。「表面は検閲などなしに、日本の新聞は戦時中のあらゆる制約から解放されて、自由に報道し論評している、というたてまえになっていた[25]」。それは江藤淳が指摘したように「検閲者と被検閲者とのあいだにおのずから形成されるにいたったと思われる一種の共犯関係[26]」でもあった。GHQからは検閲を強制されつつその事実を秘匿しなければならず、国民にはその事実を知らせることもできない中での「言論の自由」であった。戦後、日本政府に対する批判は積極的に行われていくが、GHQ（および戦勝国）に対する批判は厳しく制限された。こうした二重基準（ダブル・スタンダード）とも言える状況の中で「自由と民主主義」が形成されてきた側面も忘れてはなるまい。

戦後教育はGHQと文部省による教育改革であったが、授業を担う教員自身も「昔の詰込み主義の教官から生徒の学習指導者へと」再教育が求められた[27]。

その後、GHQのくびきを離れた文部省は学習指導要領の改訂を進め、その内容を精査するとともに「新聞」に関わる記述も消えていった。

（2）現行学習指導要領の「新聞」

「新聞」の特性を教育に生かす効用を認めていた教師たちはNIEの実践を蓄積し、自主的な研究会を続けた。やがて前述したように日本NIE学会が創設されるとNIEに関わってきた教師はそこに集まるようになる。教室で新聞を公然と使っていくためには学習指導要領に「新聞」が明記される必要があると考え、連携して「NIE手法の有効性」があることを学習指導要領改訂に携わった関係者に働きかけた。そうした働きかけが功を奏したのか現行の学習指導要領に「新聞」が記述され、解説書には小学国語一九、社会一五、他計三四、中学国語一五、社会六、他計三二、高校国語五、地歴一〇、他計五六などとほぼすべての教科に「新聞」という文字が記載された。[28]

現行の学習指導要領に「新聞」が明記されたことで、NIEが情報読解力としての「思考力・判断力・表現力」を育成する学習材として新聞の有効性を示すものとなった。それまでNIEを実践してきた教師やそれを支え推進してきた新聞界にとっても「公的な後ろ盾」となった。「新聞活用」によって新聞の読み方を考える、あるいは「新聞制作」など、それは新聞を介して読み書きを学習する場が「保障」されたことを意味した。

小学校学習指導要領・総則「教育課程編成の一般方針」（中学・高校は「児童」を「生徒」にしただけで同じ文面）には次のように記述されている。

学校の教育活動を進めるに当たっては、各学校において、児童に生きる力をはぐくむことを目指し、創意工夫を生かした特色ある教育活動を展開する中で、基礎的・基本的な知識及び技能を確実に習得させ、これらを活用して課題を解決するために必要な思考力、判断力、表現力その他の能力をはぐくむとともに、主体的に学習に取り組む態度を養い、個性を生かす教育の充実に努めなければならない。その際、児童の発達の段階を考慮して、児童の言語活動を充実するとともに、家庭との連携を図りながら、児童の学習習慣が確立するよう配慮しなければならない。

要約すれば、①基礎的・基本的な知識、技能の習得、②これらを活用し課題解決に必要な思考力、判断力、表現力の育成、③主体的に学習に取り組む意欲と学習習慣の確立、④言語活動の充実、ということになる。

その上で「新聞」に関わる指導のあり方には、例えば、小学校では言語活動として「疑問に思ったことを調べて報告する文章を書き、それを学級新聞などに生かすなどの言語活動」（小三、四）、「編集の仕方や記事の書き方に注意して新聞を読む」（小五、六）。中学では「論説や報道などに盛り込まれた情報を比較して読む言語活動」（中二）。高校では「情報を収集し、分析して、自分の考えをまとめたり深めたりする。情報には書籍や文書などの印刷物、新聞、雑誌、テレビ、ラジオなどのマスメディア、あるいはインターネットなどを通じて接することができる。情報を分析するとは、収集した情報を的確に理解してその要素などを明らかにし、情報の正誤、適否などを吟味した上で、必要なものを適切に整理すること」（高校・国語表現）というように、「新聞を作る」「新聞を活用する」「新聞の機能を知る」という要素をもとにメディアと情報のリテラシー育成を図ろうとしている。こうした「新聞」活用が「書く力、読む力（説明的な文章が読める）」といった言語活動の充実を図る上で位置づけられ、各教科で対応できるようになった。

いずれにしても、教育にとって新聞が改めて題材・媒材としての学習材の役割を果たせるようになった。「新聞（紙面）」にある記事、写真、広告などのコンテンツ（題材）を使うこと（新聞活用学習）と学習新聞、学校新聞など

「新聞」という表現形式（媒材）に置き換えること（新聞制作学習）、そして新聞記者を招くなど新聞の働きについて知ること（新聞機能学習）の展開はＮＩＥの三要素として再認識された。その上で、教室で新聞を活用すること、新聞を活用することによって児童生徒・教師の学習や教育がどう変容するのか。さらに、なぜ「新聞」なのか（他のメディアよりも効用が高い理由）という本質的な問いに向きあうことになる。

（3）新聞の活用事例

それでは実際、学習材として新聞をどのように扱っているのか。日本新聞協会（当時日本新聞教育文化財団）の『ＮＩＥガイドブック』(29)にある新聞活用事例には次のような方法が紹介されている。

小学校のＮＩＥ実践では、低学年は「新聞に慣れる」ことが重視され、見出しの文字や写真をもとに、児童の興味を尊重して気づいたことを書き出す。中学年はテーマを設けた新聞のスクラップや内容の要約、天気図や四コマ漫画なども使われる。高学年は記事を要約した上で、自分の考えを述べて意見交流、新聞への投書、記事をめぐるディベートなどを行う。写真だけを見て考えさせる「フォトランゲージ」の手法、人物を扱った新聞記事、情報収集の手段として学習テーマにかかわる記事を集めるなど。

中学校のＮＩＥ実践では、国語科は社説、コラム、投書欄などを読んで要旨をとらえて簡潔に要約、意見・感想を発表しあう。スクラップブックの作成、新聞作りを通した情報発信、情報を見きわめる力を養う。新聞に掲載された若者の投書を題材に投稿する。授業でその学習内容やその日学習した用語に関連のある新聞記事を提示する。社会科は環境、福祉、高齢化など今日的な課題を新聞から探して教材とするなど身近な問題と世界を接続する。選挙に関わる記事を取り上げ、新聞に掲載された候補者の公約等を比較するなど。

高等学校のＮＩＥでは、国語科は関心のある記事をもとに自分の意見をまとめて発表、新聞を切り抜いてスクラップ帳を作成、小論文を書き、新聞を使ったディベート。新聞への投稿文を作文指導の一環として実施。社説や記事など複数紙の読み比べや小論文を作成する際の情報収集に新聞を活用する。地歴・公民は環境問題、情報社会、政治、選挙など様々な今日的テーマを取り上げる際に活用する。

こうした新聞（記事）活用がＮＩＥの実践事例として紹介されてきた。その多くは教師が主体となって、授業の到達目標に必要な記事（社説や写真など）を選び出して使われる。しかし、そこにはなぜその記事を選んだのかといった教師の目的意識と価値観が関与（反映）している。教師の選択的な新聞の断片的活用であり、ＮＩＥが目指している新聞を「丸ごと使う」（日本ＮＩＥ学会設立趣意）ことの意味を改めて考えてみる必要があろう。

一般的に調べ学習として例えばオリンピックや選挙、難民といったテーマを扱う際に新聞（各紙、特定の紙面、記事）を使う学習は効果的であり、児童生徒の学びを豊かにすることは間違いないが、新聞を自分から選んで読み、生徒自身の問題意識から授業を組み立てるというやり方は授業時間の制約などもあり教師の授業計画の範疇を超えるものとして敬遠される。そして新聞を丸ごと使うことの困難性は生徒の興味関心から導き出すテーマを教師がどこまで育てることができるか（ファシリテーターとしての役割をこなす教師の技量）にかかっていることも困難性の要因のひとつとして挙げられる。

第四節　なぜ「新聞」なのか

(1) 教科書とは異なるメディア特性

冒頭に取り上げた元小学校長の投書にあるのは、その記事への十分な知識と準備なしに新聞記事を扱うことの危うさが常につきまとっていることを示している。特に、歴史認識や社会的政治的争点の分かれるもの（戦争責任、靖国、憲法、原発など）が扱いにくいのは、その問題が継続しており、新聞によって異なる価値観や報道がなされているからである。二〇一四年の「朝日新聞問題[30]」は、朝日新聞記者が独自に「吉田調書」を入手したものの「原発所員、命令違反し撤退」との見出しを掲げて報じた記事（五月二〇日）に始まる「吉田調書問題[31]」、いわゆる「『従軍』慰安婦」をめぐる検証記事を掲載した（八月五日、六日）ことに始まる「慰安婦問題」と同紙のコラム「池上彰の新聞ななめ読み」（「慰安婦報道検証　訂正、遅きに失したのでは」）に対する掲載見送りの問題[32]であった。報道・論評を含めてここにみられるジャーナリズムの問題は、新聞（社）の抱えている問題を浮き彫りにした点ではメディア・リテラシーの「教材」になる。とはいえ一連の「朝日新聞問題」は単に『朝日新聞』だけの問題ではない。個別の新聞社の問題としてのみ捉えるのは、新聞の歴史的社会的な役割を見失うことになろう。

例えば、二〇一四年一〇月三〇日に新聞各紙が報じた、安倍首相が「撃ち方やめ」という発言をしたとする記事である（関連箇所のみ記載した）。

朝日新聞：これで「撃ち方やめ」になればいい——。安倍晋三首相は29日の側近議員との昼食会で、民主党の枝野幸男幹事長を巡る政治資金の問題が発覚したことを受け、こう述べた。（首相「撃ち方やめになれば」　枝野氏の資金問題受け）

毎日新聞：安倍晋三首相は29日、自民党本部で萩生田光一総裁特別補佐らと意見交換。首相は、民主党の枝野幸男幹事長の政治資金問題が発覚したことを念頭に「撃ち方やめ、になればいい」と述べ、国会審議の焦点が、閣僚の疑惑追及から政策論争に移ることに期待感を示した。（政治とカネ：与党「撃ち方やめ」期待　野党も政策論争回帰の声）

読売新聞：安倍首相は29日、党本部で自らに近い議員に会った際、「枝野氏の話が出て、（民主党が）『撃ち方やめ』となればいい。誹謗（ひぼう）中傷合戦になると、国民から見て美しくない」と語った。（政治資金　泥仕合の様相　政府・自民　規正法見直し論も）

日本経済新聞：安倍晋三首相は自民党本部で側近議員らと会い、与野党の「政治とカネ」問題について「誹謗（ひぼう）中傷合戦になるのは美しくない。撃ち方やめになればいい」と語った。（民主幹事長にも「政治とカネ」、首相「撃ち方やめになれば…」。）

産経新聞：「中傷合戦は美しくない。撃ち方やめになればいい」首相は29日、官邸で面会した自民党の萩生田光一総裁特別補佐にこう語った。（「政治とカネ」民主にブーメラン直撃　閣僚追及の手は緩めず、「スキャンダル合戦」の様相　一〇月三〇日五時七分、産経ニュース）

静岡新聞（共同通信）：安倍晋三首相は29日、自民党の萩生田光一総裁特別補佐と党本部で会談し、閣僚や枝野幸男民主党幹事長らの政治資金問題を念頭に「誹謗中傷合戦は国民の目から見て美しくない。『撃ち方やめ』になれば良い」と語った。（首相「撃ち方やめに」閣僚らの政治資金問題で　一〇月二九日一四時一二分）(33)

同じ記者が書いたのかと思うくらい同じ記事文体になっているのはともかく、この報道を受けて、三〇日の衆院予算委員会で首相は「きょうの朝日新聞ですかね、撃ち方やめと私が言ったと。そういう報道がありました。これは捏造です。朝日新聞は安倍政権を倒すことを社是としているとかつて主筆がしゃべったということでございますが……」などと国会で取り上げた。新聞各紙が同じ報道をしているにもかかわらず、「朝日」を名指しして「捏造」と発言した。翌三一日の『朝日新聞』は「記事の『捏造』ありません」とする朝日新聞東京本社報道局の話を載せ、「記事は意図的に話をつくった捏造ではなく、取材にもとづいて書いたものです。また、朝日新聞社に『安倍政権を倒す』という社是はなく、主筆が話したこともありません」とするコメントを関連記事とともに載せた。政治報道の難しさとともに、ジャーナリズムと政治権力との関係、距離感、取材のあり方、報道の仕方など様々なことを考えることができる。しかし『朝日新聞』だけしか読んでいなければ、他紙も同じように報じているのになぜ安倍首相は朝日だけを名指しして「捏造」と言ったのか、朝日の報道に問題があったかのように受け止めてしまうであろう。

このような新聞（報道）の持つ特性を認識せずに記事の「完成度」を前提に（意識せずに）扱ってしまう「危うさ」がＮＩＥにつきまとう。新聞は編集された継続性のあるメディアである。出来事を日々記録していく新聞は特定の一日（一紙）だけで完結しない。それは時間をかけて「検定」される教科書とは異なり、新聞は変化する事象をその時点で確認できたことをできるだけ速く伝える（時間をかけずに記述される）メディアである。新聞が「生きた教科書」と呼ばれる由縁はそこにある。それゆえ、読者にはその継続性と「生きた教科書」を生かすべく情報を選び出し、つなぎあわせる能力が求められる。ＮＩＥの実践でその時々のそれぞれの学習課題に応じて新聞（記事）が扱われ、扱う方法も教師の裁量に委ねられるとしてもその記事を選んだものがどのような歴史的文脈、あるいは政治的観点で書かれているのか、という解釈、判断力、そして読み取る力が不可欠になる。

あるいは、新聞にはそれぞれの価値観や党派性が反映しているということ、例えば国語で行われる「新聞コラムの書き写し」を続けることが、どの新聞であれ無意識のうちにそのコラムの筆者（新聞）の思想を受容しているかもしれない、といった認識を持つことも教師は常に意識しておく必要がある。もちろん、政治的社会的対立、争点化している議題はわかりやすいが、新聞によっては社説での論調、記事の取り上げ方（記事として取り上げる、あるいは扱わない、あるいは扱ったとしてもわずかといった「編集」）によって新聞（社）の価値観が反映しているということを踏まえて扱うことが求められよう。

さらに言えば、地方紙（県紙）はもとより新聞社によってはすべての記事を自社で書いているわけではない。地元に関わる記事以外（中央の政治、経済、国際等に関わる記事）は共同通信社などと契約しそこから配信を受けている。例えば二〇一四年八月三一日朝刊に報じられた東京電力福島第一原子力発電所の事故をめぐる「吉田調書」入手の記事で、毎日新聞「福島原発事故『東日本壊滅と思った』吉田元所長調書　全面撤退は否定」、京都新聞「原発事故『吉田調書』東日本壊滅　想像した　元所長、2号機危機に」の記事はまったく同じであった。どちらも本文に「共同通信が入手した」とあることから共同通信からの配信を使っていることがわかるものの、題号の異なる新聞に同じ記事が掲載されることがあるのも新聞を扱う際の前提知識として必要であろう。また、通信社からは社説のもととなる論説も配信されており、地方紙によってはそれを「参考」にして社説を書くこともある。共同通信加盟の新聞に同じような論調の社説や記事が掲載されることから、地方紙を扱う際には共同通信社の存在を意識して扱う必要があるということになる。

（2）「新聞」を作る意味

言語活動のうち「書くこと（表現）」を中心とした学習方法として、実際に新聞に掲載されることを目指して投稿文を書く活動がある。新聞に掲載されること自体は言語活動（国語学習）としては評価されるが、投稿という行為がどのような意味を持ち、新聞を介して様々なコミュニケーションがなされる「フォーラム」としての機能を知ることは新聞を活かすリテラシーとなる。その一方で、対象の新聞（社）が読者からの投稿をどのように「選別」しているのかといった意図や傾向（なぜその新聞にその投稿が掲載されるのか）など、その新聞に合わせた意見（投稿文）が掲載されやすいといったことも読み取れるようになれば、それぞれの新聞の傾向を知るリテラシーを持つことになる。

ＮＩＥの活動には「新聞」という表現形式にする活動も多い。新聞記事の切り抜きをもとに新聞を作る「スクラップ新聞」、各教科の「まとめ（整理）」としての「学習新聞」、自分（たち）で取材し新聞を作るという「学校新聞」などである。本来新聞は集団の問題解決を図る、社会に関わるジャーナリズム活動である。戦後の「学校新聞（スクール・ジャーナリズム）」は新聞作りを通してジャーナリズムや民主主義のあり方を学ぶことでもあった。しかし、それもやがて入学式や運動会、遠足の記録といった行事を記録し伝える新聞としての学校新聞になってしまい、自分たちが作った新聞が教室や学校を変える「世論形成」につながるジャーナリズム（新聞）活動に活かしている学校は極めて少ない。

その意味で「新聞」という様式（形式）の新聞制作が目的化していることに伴って、新聞の機能や役割について考える観点が弱くなっていると言える。自分たちの言葉（記事）が価値あるものとして発信され、それを他者に伝えることによって変容していくコミュニケーション・メディアとしての新聞の機能や役割を考えないままにしてしまう。こうした「新聞」形式の「作品」もＮＩＥの活動として捉えられているが、そこから少しでも新聞の特性を問い直し、有機的に活用していくことが求められよう。

例えば自分たちの周辺（環境）における出来事を記録・報道―情報の共有―伝達する過程（スクール・ジャーナリズム）でも、読者（児童生徒）からのフィードバック（意見や批判的検証作業）が行われることは教室（学校）という空間に小さな世論の場を作ることになる。「新聞」の形にすることを目的とするのではなく、メディアとして活性化するプロセス（観点）こそが表現活動には求められる。とはいえ、教育現場に与えられる時間や経験など様々な制約や限界もあり、学校によって新聞作りは容易に対応しにくくなっている。実際的にはメディア（送り手）の観点を知るために記者派遣などを活用して記者の話を聞くことで代替している。

こうした「書く」教育は教育方法や制度が異なるので安易に比較することはできないが、イギリスの教育では初等・中等教育で徹底して「書く」ことが求められることと比べて[34]、日本では「読む」時間が多いのが特徴である。

それでも学校新聞は、その作成のプロセスのなかに、取材方針（課題・テーマ）、取材（他者とのコミュニケーション）、記事化（文章作成）、編集（紙面に収める）、他者からの反応（評価・フィードバック）などが含まれることを考えると、「書く」機会を増やす上でも「新聞作り」という学習方法は日本型の「書く力」を獲得する方法と言えよう。

ちなみに、新聞作りを「劇薬」と捉える石原千秋は、「そのことに自覚的になれるなら、これは大変すぐれた教材になるはず[35]」と言う。それは新聞が本来持っている言論・報道によって人々の意識や気づきに働きかける世論形成の力を持つことであり、新聞の歴史からみても言論や表現に対する権力からの法制度的、各種圧力があったのも、その力を恐れたからである。戦後一〇年ほどで学校新聞（スクール・ジャーナリズム）が衰退していったのは、受験勉強や課外活動などで学校新聞に携わる生徒が減少したことにもよるが、学校のあり方や社会に向けた言論活動を抑制したいとする学校（教師）の思惑も重なったからである。

（3）メディア・リテラシーへの展開

さて、NIEは新聞を使っただけではメディア・リテラシーにはならない。メディア・リテラシーへと展開させていくには、新聞（産業、取材・報道のプロセス、新聞社による記事、論調の違い）についての知識が求められる。もちろん、記者派遣などで新聞について学ぶこともそれを補うものになろう。また、ネット上のウィキペディアに記載されている「NIE」の項目には、その「問題点」が挙げられており[36]、それにどう向き合うか（答えるか）という課題も残されている。そこに書かれている一部の表現には偏見あるいは誤解もあるが、これは現在も学校現場で抱かれている「問題意識」と言ってもよい。

市民力を持った読者を育てるという意味で、新聞社がNIEを介して支援を行うことは新聞社にとってプラスにこそなれマイナスにはならない。NIEへの支援が積極的な新聞社は読者としての教師、児童生徒との関わりを広げることとなり、地道ではあるかもしれないが、それは将来の読者とジャーナリストを育てるという二つの意味を持つ。また、優れた新聞批判は良好なジャーナリズムを発展させるものであり、これも新聞にとってプラスにこそなれ、否定的に受け取るようなものではない。

例えばジャーナリズム研究者であった新井直之が行った「ジャーナリズムに対する定点観測の作業(37)」は月刊誌『潮』に「マスコミ日誌」として連載され、新聞の読み方、マスコミの読み方を読者に提示し続けるものであった。そこでは新聞以外の手に入る雑誌や専門紙をはじめ、現場から提供される情報を照らしあわせながら新聞記事情報をつなぎ合わせて分析する。読者が講読している新聞はたいてい一紙であるから、情報の関連づけによって、ジャーナリズムでどのような動きがあり、どのように新聞やマスコミを見ていけばよいかを知ることができた。こうした「マスコミ日誌」は新井のジャーナリズムに対するチェック機能であり、オンブズマン的機能を果たすものであったと言えよう。この「マスコミ日誌」の前身は新井のペンネーム新村正史で書かれた『デスク memo』『デスク日録』、原寿雄のペンネーム小和田次郎の『デスク日記』に遡る。これらはジャーナリズム内部にいた時に匿名で書かれたが、共同通信社を退社し大学教授として立場を変えた新井は、実名で書くようになった。新井は誰もが新聞批判の知識を持てるように「後のために事実を書き残して置くこと、そしてこのような批判的なマスコミの読みかたがあることを読者に知ってもらいたかったため(38)」に新聞批判を続けたのである。

こうした定点観測は、最近では新聞に掲載される新聞批判（新聞の読み方、紙面批評）として現在、「池上彰の新聞ななめ読み」（『朝日新聞』）、「新聞に喝！」（『産経新聞』）、「メディア時評」「開かれた新聞委員会」（『毎日新聞』）などもあるが、いまではウェブでのコラム「現代ビジネス（ニュースの真相(39)）」など様々な読み解きを行っている情報は探せばいくらでも見つけることができるようになった。

ＮＩＥからメディア・リテラシーへの展開は、ジャーナリズムも作りかえる。ＮＩＥによって思考停止することなく相対的に物事を見る力、批判力の獲得がなされれば、それは児童生徒に留まらず、教師、新聞記者に及ぶ。それこそ本当の意味での市民力と言えよう。

　そしてＮＩＥの実践を通して授業が変容することで、はじめに変容するのは教師自身である。ＮＩＥの実践が学校や教師間などの授業に変化をもたらしていく。例えば「それぞれの問題をテーマとした教育内容のまとまりを、複数の教科を横断的につなぐことで実現しようという」「クロス・カリキュラム」[40]で新聞学習を通した「教科間連携」によって各教科を結ぶ学びの総合化を図る試みも行われ始めている。[41]そうした授業（教師間のコミュニケーション）変容についてもＮＩＥがもたらすものはこれからも広がっていく。

　様々な課題を乗り越えつつ、新聞を介して学びを変え、新聞（ジャーナリズム）を作り替えていく。新聞が人々にとって有用なコミュニケーション・メディアであり続けるためにも、われわれ自身が新聞と向きあう必要がある。ただし、教育現場で教師が新聞を使うためにはカリキュラム化する必要性や学習指導要領、教科書への記載など新聞がより公的な「教材」として「制度化」されるような声は教育界からは常に、時には新聞界からも聞こえてくる。しかし、新聞はこれまで見てきたように、「生もの」であり、政治や社会の環境監視、公的な仕事を担う公務員や政治家など権力チェックを行うことを責務としている。その新聞を教室で使いやすくしたいがために、公的な枠組みの中に取り込んでもらおうとするのは本末転倒と言えよう。権力側にとっては新聞を取り込んで、批判力を低減させようとするであろう。権力（となるもの）が新聞（ジャーナリズム）を統制（コントロール）したがるのは常道である。それを踏まえた上でこそＮＩＥを行うことが本来のＮＩＥの目指すところであろう。

　ＮＩＥが扱うのは言論報道機関としての新聞（ジャーナリズム）であり、それを活かすためにこそ教育現場で使われる学習材であってほしい。新聞はもとより「検定教科書」もメディアである。メディア・リテラシーを獲得するプロセスを通して教科書も対象化できるかどうか。そして、教師自身もメディアであるという自覚を持ちつつ授業を行うことができるかどうか。新聞活用をとおしてそれらを相対化できるようなメディア・リテラシーへの展開を図る可能性をＮＩＥは内在している。「生きた教科書」（生もの）としての新聞のもつダイナミズム（危うさ）こそがＮＩＥの面白さであり、批判的視点を持つ生徒、教師、新聞記者を育てる教育がＮＩＥと言えよう。

〈注〉

（1）「記事を使い授業　重い責任感じる」元小学校長（山梨県都留市）「朝日『慰安婦』報道」『読売新聞』二〇一四年九月六日、一四頁「気流」。新聞には氏名が記載されているが本章では省いた。

（2）「18歳選挙権、改正公選法成立」『産経新聞』二〇一五年六月一七日。なお、文科省・総務省は主権者教育の副教材として新聞を使う際には複数紙を扱うことを求めている（『新聞協会報』二〇一五年一〇月六日、第四一六四号、三頁）。

（3）「ＮＩＥとは」日本新聞協会（教育に新聞を）http://nie.jp/about/　二〇一五年一二月二二日閲覧。

（4）柳澤伸司（二〇〇九）『新聞教育の原点――幕末・明治から占領期日本のジャーナリズムと教育』世界思想社。新聞教育（ＮＩＥ）の展開を歴史的に辿りながら新聞と教育の関係を明らかにしている。

（5）「生きた学問――女学校で本紙を教材に」一九四六年一〇月二四日付『読売新聞』、朝刊二面に「学校教育の転換期にあつて小石川高女では新しい試みとして新聞を教科書とする。〝時事解説〟の課目を設け副校長河口教諭が主任となつて二三日から授業を開始した」とする記事が見られる。

（6）大木薫（一九八七）「戦後の新聞教育とＮＩＥ未来論」『新聞と教育』東京社、九～一〇頁。

（7）妹尾彰（二〇〇四）『ＮＩＥの20年〝教育に新聞を〟――その歩みと可能性を探る』晩成書房。

（8）白石興二郎（二〇一五）「新聞で子供たちの『問い』を育む」第20回ＮＩＥ全国大会秋田大会実行委員会事務局「第20回ＮＩＥ全国大会秋田大会」パンフレット、二頁。

（9）日本ＮＩＥ学会編（二〇〇八）『情報読解力を育てるＮＩＥハンドブック』明治図書、一六頁。

（10）影山清四郎「まえがき」日本ＮＩＥ学会編『情報読解力を育てるＮＩＥハンドブック』。

（11）日本ＮＩＥ学会設立趣意書（二〇〇六）『日本ＮＩＥ学会誌』一〇三頁。

（12）田近恂一・井上尚美編（二〇〇九）『国語教育指導用語辞典・第四版』教育出版、一〇二～一〇三頁。

（13）中村哲・兵庫教育大学（二〇〇四）「ＮＩＥ」日本教育方法学会編『現代教育方法事典』図書文化社、三八八頁。なお、

ここに書かれてある「アイオワ州のデイモン・レジスター紙」とあるのは「デモイン（Des Moines）・レジスター（Register）紙」の間違い。おそらく参考にしたもとの文献が間違っていたと思われる。
(14) 妹尾彰・枝元一三編著（二〇〇八）『子どもが輝くＮＩＥの授業　新聞活用が育む人づくり教育』晩成書房、一〇～一一頁。
(15) 「日本ＮＩＥ学会へのお誘い」の説明文書：http://www.osaka-kyoiku.ac.jp/~care/nie/sasoi.html　二〇一五年一二月二三日閲覧。
(16) 「学会誌10周年記念座談会」『日本ＮＩＥ学会誌』二〇一五年三月第一〇号、一～一五頁。
(17) 小原友行（二〇〇八）「『ＮＩＥ学』構築の課題」『情報読解力を育てるＮＩＥハンドブック』二六～三〇頁。
(18) 小原友行・髙木まさき・平石隆敏編著（二〇一三）『はじめて学ぶ学校教育と新聞活用――考え方から実践方法までの基礎知識』ミネルヴァ書房。
(19) 有山輝雄（二〇〇九）「日本の新聞学・メディア研究」津金澤聰廣・武市英雄・渡辺武達責任編集『叢書　現代のメディアとジャーナリズム8　メディア研究とジャーナリズム　21世紀の課題』ミネルヴァ書房、二九頁。
(20) サトウタツヤ（二〇一二）『学融とモード論の心理学――人文社会科学における学問融合をめざして』新曜社、六～七頁。
(21) 「昭和二十年十月二十二日　日本の教育制度の管理についての指令」『新教育指針　附録　マッカーサー司令部發教育關係指令』文部省、一九四六年七月、一頁。
(22) 菱村幸彦（二〇一〇）『戦後教育はなぜ紛糾したのか』教育開発研究所、二二頁。
(23) 学習指導要領データベース　https://www.nier.go.jp/guideline/s22ejs2/chap2-3.htm　二〇一五年一二月二三日閲覧。
(24) 熊倉正弥（一九八一）『朝日新聞記者の証言8　新聞の死んだ日々』朝日ソノラマ。のち『言論統制下の記者』朝日文庫（一九八八）、二二五～二二七頁。
(25) 前芝確三（一九五四）「誰がために『新聞の自由』はあるか――アメリカの場合」『マス・コミュニケーション講座　第3巻　新聞・雑誌・出版』河出書房、一九二～一九五頁。
(26) 江藤淳（一九九四）『閉ざされた言語空間　占領軍の検閲と戦後日本』文春文庫、二二一～二二三頁。
(27) 画期的な教育改革は、在職の教員を昔の詰込み主義の教官から生徒の学習指導者へと、頭の切り替えをさせるため教員の再教育を必要とするにいたつた。文都省は総司令部の監督のもとに、新しい教員の手引きと特殊な題目についての教授案内をつくり、教員にかれらの新しい責任を自覚させる仕事に早くから着手していた。文部省の主催で全国にわたつて各地域および府県ごとに、各種の研究会や会議が開かれ、その席上で新しい学習指導要綱の紹介と説明が行われた」とある。『日本新聞協会資料　第9号　占領2ヵ年――連合軍最高司令官』（社会篇　民間情報教育局　一、教育　口、占領第二年）。

（28）「学習指導要領解説書に明記された『新聞』の数」日本新聞協会　http://nie.jp/study/　二〇一五年一二月二二日閲覧。

（29）日本新聞教育文化財団『ＮＩＥガイドブック小学校編』（二〇〇四）、『ＮＩＥガイドブック中学校［国語］編』（二〇〇四）、『ＮＩＥガイドブック中学校［社会科］編』（一九九九）、『ＮＩＥガイドブック高等学校［国語表現］編』（二〇〇〇）、『ＮＩＥガイドブック高等学校［地歴・公民］編』（一九九九）。

（30）徳山喜雄（二〇一五）『「朝日新聞」問題』集英社新書。

（31）門田隆将（二〇一四）『「吉田調書」を読み解く　朝日誤報事件と現場の真実』ＰＨＰ研究所、に対して、鎌田慧・森まゆみ・花田達朗編（二〇一五）『いいがかり――原発「吉田調書」記事取り消し事件と朝日新聞の迷走』七つ森書館などがある。『いいがかり』には別府三奈子による「白虹筆禍事件再考」の論考があり、「吉田調書」をめぐる問題を白虹事件と比して論じている。

（32）掲載拒否をめぐっては、朝日新聞社ジャーナリスト学校の発行する『Journalism ジャーナリズム』という雑誌（朝日新聞出版）に「編集部員の依頼を受けて書いたもの」として、玉木正之「体育からスポーツへの大転換の時代――スポーツ・ジャーナリズム、スポーツ・ジャーナリストに求められることは？」が不掲載になったこと。http://www.tamaki-masayuki.com/sport/bn_231.htm、高橋洋一も同じような経験をウェブで伝えている。http://gendai.ismedia.jp/articles/-/40370　二〇一五年一二月二二日閲覧。

（33）静岡新聞アットエス www.at-s.com/news/article/politics/national/16387.html　二〇一五年一二月二二日閲覧。共同通信からの配信として参照した。

（34）山本麻子（二〇一〇）『書く力が身につくイギリスの教育』岩波書店。

（35）石原千秋（二〇〇五）『国語教科書の思想』筑摩書房、一一五～一一七頁。

（36）http://ja.wikipedia.org/wiki/NIE　二〇一五年一二月二二日閲覧。「①新聞社は私企業であり、結局のところは、近年の新聞の売り上げの落ち込みのテコ入れ策でしかない。また、そういった新聞の売り込みそのものを教育の現場に持ち込む事に対する批判。②新聞界において、昔から延々と発生し続ける記事の捏造や冤罪報道といった報道被害の情報は伏せられてしまい、意味がない可能性がある。③既存の権力構造である新聞社が協力するため、そこから抜け出した考えをもち、偏向報道を見抜く事は困難であるかもしれない。④新聞紙面の文章の言い回しは、一般社会ではありえないか、あるいは非常に抽象的かつ曖昧な表現が多い。そのうえ最近の新聞は、固有名詞を除けば、文字の表記を常用漢字に限定したり、必要以上に開いた表記（話す→はなす）を採用しており、文章の読解力向上に特に効果があるとは言い難い。⑤教師が意識して、特定の新聞のみ教材として用意するなど、恣意的な教育が行われる可能性がある。⑥そもそも、日本の新聞は諸外国のそれと比較して、出版部数や価格の割に、内容が非常に薄い（欧米の日刊紙の半分程度しかない）」（便宜的に番号を付記した）。なお、ここで指摘された問題点は、馬場功（二〇〇三）「ＮＩＥのファンダメンタル――教材としての日本の新聞の諸問題」神戸女子大学『教育諸学研究』第一七巻が指摘した問題と重なっている。

(37)　新井直之（一九八四）『新聞の読み方、考え方　マスコミ日誌'83』潮出版社、一二三六頁。

(38)　新井直之（一九八二）『新井直之のマスコミ日誌'81新聞・放送批判』日本ジャーナリスト専門学校、八頁。

(39)　「現代ビジネス」（ニュースの真相）http://gendaiismedia.jp/category/news　二〇一五年一二月一二日閲覧。

(40)　鹿毛雅治・奈須正裕編著（一九九七）『学ぶこと・教えること――学校教育の心理学』金子書房、一一一二頁。

(41)　埼玉県立川越女子高等学校（二〇一五）『学びをつなぐ　川女の教科間連携　Super Science High School』四六～四八頁。

第三章　原寿雄のジャーナリスト観

——「サラリーマン記者」に抗する思想

根津朝彦

第一節　企業内記者の可能性

戦後七〇年という言い方がいまだ通用する二〇一五年の日本社会で、原寿雄（一九二五年生まれ）は九〇歳を迎えた。この戦後七〇年にも原は『安倍政権とジャーナリズムの覚悟』（岩波ブックレット、二〇一五年）を出版するなど精力的な発言を続けている。

原寿雄は共同通信社の社会部記者を皮切りに、編集局長・編集主幹などの要職を務めた。『ジャーナリズムの思想』（岩波新書、一九九七年）や『ジャーナリズムの可能性』（岩波新書、二〇〇九年）といったジャーナリズムに関する著作も多く、中でも小和田《こわだ》次郎のペンネームで発表した『デスク日記』全五巻（みすず書房、一九六五〜一九六九年）は戦後日本のジャーナリズム史を研究する上での必読書である。間違いなく原は、戦後日本を代表するジャーナリストの一人と言っていい。

しかし意外に感じるかもしれないが、原を含めて、戦後日本のジャーナリスト研究はほぼ未開拓のままである。それはひとえに戦後日本のジャーナリズム史の研究者層が薄いからである。(1)メディア史が盛んになる一方で、報道や言論に焦点を定めるジャーナリズム史は影が薄くなっている。それは新聞メディアの凋落と、インターネットを中心とする多メディア的な現状の反映とも言える。

本章では、原寿雄のジャーナリスト観を検討することで、「サラリーマン記者」に抗する思想の一端を明らかにする。第三節の後半で検討するように、原は「サラリーマン記者」を批判しており、ジャーナリストとジャーナリズムの役割を考え続けてきた。当然、そこには企業組織の制約がつきまとう。その中で、原は比較的自らの考えと信念を押し通すことができ、編集局長や編集主幹といった責任あるポジションに到達したことが重要である。そこに企業内記者（原の言葉では「サラリーマン記者」）の可能性を見出すことができるからだ。本研究の意義は、新聞の部数減、デジタル化の対応、新聞離れした若者への働きかけ、女性記者の増加といった企業内記者が変化せざるをえない同時代の状況を考えれば、一層明確になろう。

原に関する先行研究は見当たらないが、『朝日新聞』の連載「ジャーナリズム列伝」の中で原寿雄の生涯を扱った河原理子「ジャーナリズム列伝　原寿雄（元共同通信記者）」全二二回（『朝日新聞』二〇一一年七月二八日付夕刊〜二〇一一年八月二六日付夕刊）が丁寧な取材を行い、貴重な証言を引き出している。加えて、前述した『デスク日記』の分量を縮めて、『原寿雄自撰　デスク日記　１９６３〜６８』（弓立社、二〇一三年）が再刊され[2]、同書に藤森研の「解題」も収められている。

原自身も自伝的著作『ジャーナリズムに生きて――ジグザグの自分史85年』（岩波現代文庫、二〇一一年）を出し、原寿雄を研究する条件は整っている。無論、本章は、原研究の一歩であり、彼の多数の著作、膨大な雑誌文献をすべて検討することはできない。ここでは筆名で原が最も早く自分のジャーナリスト観をまとめた小和田次郎『ジャーナリストへの条件』（蝸牛社、一九七八年）、本名で出した最初の単著である原寿雄『新聞記者』（東洋経済新報社、一九七九年）、そして『ジャーナリズムに生きて』の三冊を主要な分析対象とする。筆者は、原の思想は変化よりも一貫性が強いと考えるが、『ジャーナリストへの条件』と『新聞記者』は彼が編集局長の時に刊行したものであるため、より早い時期の思想をたどれる『デスク日記』も重視する(3)。

原は新聞ジャーナリズムの変革主体をジャーナリストに求めたように（条件、二三七頁）、ジャーナリズムの構成要素は、最終的には一人ひとりのジャーナリストである。次節以降では、原の思想形成を踏まえ、彼のジャーナリスト観を解き明かしていく。

第二節　思想形成

(1) 学生時代まで

本節では原の共同通信社のデスク時代までの思想形成を追う。特に学生時代までの軌跡を中心とする。細かい事実関係は今後の課題とし、今回は原の自伝的著作『ジャーナリズムに生きて』に依拠して、概観するにとどめたい。

原寿雄は一九二五年三月一五日、神奈川県平塚の大野村という農村で生まれた(4)。彼の海軍経理学校や東京大学法学部の学歴と、共同通信社に入社した経歴からすると恵まれた家庭環境を想像してしまうが、そうではなかったようだ。

原は小作農の長男で、兄弟姉妹は三人の姉と一人の妹がいた。大野村の中で原が住む集落は約一五〇戸で、自らの田畑を持たない小作農が大半を占め、地主は五戸ほどだったという。この村の小作農は収穫の四割前後を地主に納めていた。

原の祖父は小作農と屋根職の兼業で、父は屋根職を継がなかった。家に家系図はなく、原は先祖の話も聞いたことがなかった。父芳造は一八八四年生まれで、小学校を四年で卒業した（尋常小学校は一九〇七年から六年制）。母チカは父より六歳下で、義務教育を受けていない。文字が読めず自分の名前を書ける程度だった。原の家で『東京朝日新聞』（一九四〇年に『朝日新聞』の題号に統一）を購読していたことが注目されるが、原は父が十分読みこなせていたか疑わしいと述べている。姉三人はみな小学校を卒業して女中奉公に出て、中等教育を受けることができたのは農学校に進学した原と、女学校へ行った妹だけである。

原は、「満州事変」の始まる一九三一年に小学校に入学したと思われるが、小学一年から家の野良仕事の手伝いをした。小学校時代は、教科書以外の本や雑誌類を購入してもらった記憶はなく、国定教科書以外、ほぼ読書とは縁遠く、「知の世界と無縁だった」と表現している。このことから戦後は知識に対するコンプレックスがつきまとったという（生きて、iv、一二頁）。

小学校時代、原が影響を受けたのは教育勅語と二宮金次郎だったと振り返っている。ロシア人、中国人、朝鮮人に対する侮蔑感は徹底して叩き込まれた。「個人的に朝鮮人を憎んだ自覚はない」としながらも、ひどい人種差別の言葉が横行し、自らもそれを身体化し、やがて「皇国青年」へと成長していく（生きて、iii、二四頁）。

原の小学校の同級生で、中等教育に進学できたのは男女四二人の組中四人だけで、原もその一人になったのは、父親の決心が起点となった。父は学問がなければ駄目と口癖のように言っており、一人息子で大切にされたことも要因に挙げられる(5)。

近くに中学校はなく(6)、一九三七年と思われるが、神奈川県立平塚農学校に入学する。二年の時に化学の教員から「花は植物の性器だ」と言われ「人生観が変わるほどショックを受け」、この教員の合理主義に魅せられた（生きて、四五頁）。農学校四年の頃に海軍兵学校を受験して不合格となる。一九四一年、原が農学校五年の折にアジア太平洋戦争が起きる。開戦の朝、黒板に「我に大和魂あれば　彼にヤンキー魂あり　然して　彼我の勢力伯仲すれば何をもってか勝たん　曰く　機先を制す」と白いチョークで決意を記した。軍国主義教育に染められていたはずの自分自身に、大正デモクラシーを背景とする合理主義が抹消されていないことを原はこの一文に認めている（生きて、四五〜四六頁）。戦争の影響で一九四一年の年末に農学校を卒業した。

一九四二年一月から国鉄に勤務し、三か月の合宿研修の後に、同年四月から品川駅の改札掛になった。聖心女子学院の小学生が、普通車の三等ではなく、二等で通学するのに「ジェラシーと反発」を覚えた（生きて、四六〜四七頁）。原は両親が一人息子の軍人志望を嫌がったため、海軍学校の再受験を諦めていたが、一九四二年に『朝日新聞』で連載された小説「海軍」に影響を受け、再受験の気持ちを固める。改札の休憩時間中には表紙を偽装して英語の参考書を勉強した。二年足らずで国鉄の仕事を辞め、その後は農学校の農事実習の助手を務めて受験に備えた。

一九歳の原は受験の年齢制限があり、海軍経理学校しか受けられなかった。海軍経理学校がいかに難関か、原は詳しくは知らなかったようだが、原の入校した第三七期生は入学者が五〇〇人まで膨れ上がったこともプラスに働き、合格することができた。原によれば、海軍経理学校は旧制中学からの入学者が大半であるのに対して、農学校からの入学者は彼が最初で最後だったという。入学に先立ち、原は地元で挨拶をして、平塚駅まで見送られ、のぼりには「武運長久」と書いてあったような記憶があり、当時はうれしくて仕方がなかったのではないかと振り返っている(7)。

一九四四年一〇月一日に品川の海軍経理学校に入学した。当時は吉田松陰を志し、入校時に『留魂録』など数冊を持参する。原は「熱狂的な天皇教の軍国主義者」であった（生きて、六〇頁）。翌四五年八月に退校するまで、年長で生意気そうに見えたこともあり「同期最多のおよそ二千発の鉄拳を受けた」（生きて、五一〜五二頁）。

一九四五年二月に学校が兵庫県の垂水に移転したものの、垂水では「法学通論の牧野英一、民法の我妻栄、刑法の木村亀二、経済の舞出長五郎」ら有名教授の授業を受けることができた（生きて、五三頁）。授業は、訓練後の疲れ切った体で受講しなければならないが、原は号令掛として、また遠方まで講義をしにくる教授にすまないという気持ちから、積極的に質問を心がけたという。

「玉音放送」の後は悔しくて涙すると同時に、家に帰れると思いホッとした。原は自分では記憶にないと言うが、敗戦翌日に、教員に対して天皇制を含めて憲法改正の質問をした(8)。復員帰宅の際に持ち帰った本は北畠親房『神皇正統記』であった。

原は戦後、軍国主義者からリベラルな考え方へと転向した軌跡をうまく説明できないと言い、時代の変化に流されたと言うべきだろうと自己評価を下している。敗戦直後は実家で野良仕事を手伝いながら受験勉強をして、一九四五年一〇月に第一高等学校（以下、一高と略記）の二年に転入学する。転入学の試験でリンカーンの「人民の人民による人民のための政治」という人民主義を説いた言葉を知り、「強い感銘を受けた」という。原は、この時が軍国主義・天皇主義から自由主義・民主主義への転向の契機だったのではないかと後づけている（生きて、一四～一五頁）。

一高在学中は、薄い岩波文庫も利用したが、一日一冊を読むことを目標に乱読する。ただ、転入で、平塚から通学し、寮生活を送らなかったので、「ニセイチ」（偽一高生）の意識があり、溶け込めなかったようだ。「濃密な人間関係を嫌う個人的性向もあってか、心酔する先生もいなかった」と記している（生きて、六一～六二頁）。

原はさらりと書いているが、彼の自画像としてここは重要な記述である。『ジャーナリズムに生きて』では、全体として親しい友人や同僚の記録に乏しく、恩師も出てこない。もちろん文化資本に恵まれた「エリート」たちとの生育環境の違いも背景にあろうが、先の一文には、原の安易に群れない、後述するジャーナリストとしての自律の姿勢を感じることができるからだ。

一九四七年春に東京大学を受験して合格する。大学受験のための論文試作は、一高時代に受けた林健太郎の西洋史の講義をいかして「ルネッサンス」と「仏革命」を準備した（生きて、七九頁）。法学部政治学科で学んだが、丸山眞男の授業は一度も聞いたことがなかった。ただ、大学に入ってから社会科学に目を向けるようになり、川島武宜に最も影響を受けた。川島の民法の講義と、『日本社会の家族的構成』を通じて法社会学の面白さを感じ、原はジャーナリスト志望を加速させることになる。

そして大学二年で中央公論社を受験する。知の世界の象徴が『中央公論』であると感じたからだ。論文の下書きは、川島法社会学の応用で「日本的思惟の限界」を用意し、他に「二十世紀的封建主義」という論文も準備した。これらはリベラルな社会観に近づきつつあったことを意味していると回顧している（生きて、七九〜八〇頁）。しかし結果は不合格で、中央公論社の入社試験に落ちて原は泣いたという[9]。

原が『中央公論』に憧れたのも、知的劣等感を抜きには考えられない。彼は次のように記している（生きて、四二頁）。

学徒出陣の歌「ああ紅の血は燃ゆる」は、戦後になるまで知らなかった。戦没学生の手記『きけわだつみのこえ』も『雲ながるる果てに』も、読まなかった。親のすねをかじって勉強する学生に対して、百姓が一般的にもつ反発と劣等感は私にもあった。農村出身の警察機動隊員が、デモ学生にぶつかるときの感情に似ているかもしれない。戦時中は学徒へのわだかまりが抜けきれず、戦後は学生運動に興味を持たなかった。代わりに地元農民組合の書記をほんの一時期やって、組合員と一緒に農協へ抗議に行ったことがある。

一高から東大時代にかけて自身の知識や教養が「相当に遅れている自覚」は強く、「農に培われた土俗的思考力」と言い聞かせても自信はなく、我流に読書する他なかった。「「田舎者」意識が強くて、まっすぐ一高や東大に来た同級生」にはなじめず、戦後も海軍経理学校の同期生との交流の方が深かった（生きて、iv、六一、六二頁）[10]。しかし、逆に言えばこの自意識が、ジャーナリストに求められる反骨心や独立心を用意したと考えることもできる。

(2) 共同通信社に入社以後

共同通信社の入社試験を受けるきっかけは、大学で求人票を見たことによる。ジャーナリストの志望理由は「自由な空気への憧れ」が大きかった（生きて、八一頁）。一九四九年の夏に共同通信社の試験を受ける。作文テーマの「母」については「夕焼け富士を背に相模野で貧しく生きる百姓の母の苦労を書いた」（生きて、四九頁）。それから大学の卒業前年の一九四九年一二月一日に共同通信の社会部に入る。三か月は試用で、一九五〇年三月から同期より一足早く正社員となった。大学の方の成績は、良ばかりで、農業政策だけが優であった。

一九五〇年春の共同通信の定期入社は一〇人で、社会部配属は六人であったという。実態は思い描いていたものとかなり違い、GHQの検閲もあったが、それでも編集局は自由な空気に満ちていたと原は述懐している。この年にはレッド・パージがあり、毎夜のように労組の社会班会が開かれた。レッド・パージでは共同通信の社会部長である斎藤正躬が反対して辞職をした。新聞界で会社側職制のこうした抵抗は唯一の例であったようだ（日記、四巻、五二一～五二三頁）[11]。

原は入社して一年余りで、裁判、検察と法務府担当の記者クラブに配置される。司法記者は二年足らずで、その間、一九五二年の血のメーデーも現場で一部始終を眺めている[12]。一九五四年三月一五日には宿直勤務でビキニ被爆漁船員に関する取材を体験した。一九五五年四月から半年間、共同通信労組の専従書記長も務めた[13]。

そして原のジャーナリストとしての転機となる菅生事件の取材が始まる。一九五二年六月二日未明に大分県の菅生村の警察巡査駐在所が爆破された事件である。警察は、現場付近にいた共産党員ら五人を逮捕した。しかし、実際にはこの事件は警察自らが駐在所を爆破した疑いが濃厚である。原は一九五六年九月に『アカハタ』の菅生事件の疑惑についての連載記事を読み[14]、謎の多い事件と気づき、共同通信の社会部に特捜班をつくることを提案した。原や斎藤茂男を含む六人の特捜班である。

結果、共同通信の特捜班は、菅生事件当夜に現場にいた現職警官の戸高公徳を一九五七年三月一三日に都内で捕まえる。デスクと警察のやりとりで、警察組織に匿われていた戸高を共同通信が捕捉した経緯の内容は伏せられ、翌三月一四日の戸高との単独会見を報じた記事が三月一五日に配信される。記者たちは、社会部長に不信を募らせ、社会部職場集会を開いて、四月二一日に詳しい新たな記事を送り出した[15]。共同通信の社史でも「出稿の仕方にすっきりしない部分があったとはいえ、国家権力の陰謀を明るみに出した類例の少ないスクープとして、戦後の日本ジャーナリズム史に特筆されよう」と述べている[16]。

かくして共同通信の社会部が主役警官を突きとめて、冤罪を晴らしたわけだが、原は初の単著で「日本の警察、検察、裁判にたいする、それまでのあまい見方を切りかえさせられた」と書く[17]。ジャーナリズムの権力監視の意味を心の底から学んだ。同時に原はこの調査報道を通じてジャーナリストの醍醐味を実感したのである。

安保闘争の前後には新聞労連の副委員長を一九五八年六月から一九六二年一〇月まで務めた[18]。当初は一年の任期だったものの、後継者が見つからず長期間、新聞労連の専従になった。原は「記者修練に大事な時期をつぶされた思い」で「ジャーナリストになりそこなった」という後悔の気持ちを持ち続けたが、新聞界の問題や新聞経営の内面を知り、それが『デスク日記』の記述にも生かされることになる（生きて、一〇九〜一一〇頁）。ただ、現場取材の寿命が短い日本で、菅生事件のような調査報道に取り組む時間を殺がれたことが、原にとってマイナスに作用したのは想像に難くない。事実、原はデスク職に就いて現場取材の役目からほぼ離れた[19]。

その一方で、かつて入社試験に落ちた『中央公論』の一九五八年八月号に、原登志雄の筆名で「警察・検察・裁判所――菅生事件、ある記者の感想」を発表し、一九五九年一二月に初の単著『日本の裁判』をまとめることができたのもこの時期である。

一九六三年に社会部に復帰し、一九六九年にバンコク支局長に着任するまで、五年近く社会部のデスク（少なくとも『デスク日記』を書いた一九六三年一二月から一九六八年一〇月）を担った。この間に『デスク日記』が生まれる。記事の出稿採否を統括する現役のデスクが、報道の現場に作用する内外の言論圧力や自主規制の実態を綴った稀有な記録である。筆名の小和田次郎は、当時住んでいた神奈川県茅ケ崎市小和田の町名に由来し、次郎は太郎ほど正統派ではない異端意識でつけた。原は後年、「生きがいのあるデスク日記時代」、「デスク時代を一番楽しんだ」と言い（生きて、一三四頁）[20]、本業のデスクでも斎藤茂男と組み、安保問題とベトナム戦争の連載「在日米軍」、「自衛隊」、「ベトナム戦争と日本」、「続・ベトナム戦争と日本」を一九六五年から一九六七年に展開した。

原は『デスク日記』の活動もあり、社会部デスクから常駐特派員になる異例の人事で、バンコク支局長を命じられる。左遷ではないと対外的に説明できる地位でありながら、隔離的な処遇であった。当初は香港支局長となる予定が、外信部の反対で覆った。この間を含め、その後、社会党の『社会新報』編集局長、同志社大学教授、TBSのニュースキャスターの話などが舞い込むが、原は共同通信社での勤務を選択する。一九七二年に外信部長、一九七四年に総務局長、一九七七年に編集局長、一九八〇年に常務理事、一九八五年に専務理事と編集主幹を歴任する。一九八六年からは社団法人共同通信社の事業部門である株式会社共同通信社の社長に就任し、一九九二年には同社の相談役となり、一九九三年に退社した。以降、フリーのジャーナリストになる。

第三節　ジャーナリスト観

（1）自由の最重視

では原は、ジャーナリストの役割をいかに考えているのか。彼は「ジャーナリストというものは、社会的自由の尖兵たるべきポジションにいると思う」と述べている（条件、二〇頁）。また原は、『北海道新聞』の論説委員として鋭い批判的な言論で知られた須田禎一の「自由はジャーナリストにとっての酸素である」という言葉を引く（条件、一九頁）[21]。さらにジャーナリズムをめぐり「自由と民主主義が衝突したら、ためらいなく自由を取ろう」と提唱している点からも（生きて、二三九頁）、原が自由を最重視していることは明らかである。

この原のジャーナリスト観を象徴するのが、よく彼が引きあいに出す「自由かパンか」の選択である。原は、戦中、軍部に屈したのは社員の生活を守るためにやむをえない部分があったと述べた緒方竹虎（『朝日新聞』主筆・副社長らを歴任）を念頭に、ジャーナリストは「パンか自由か、という対決を迫られる職業」だと論じている（条件、八〜九頁）。すでに『デスク日記』で以下の言及がある（日記、二巻、四六頁）。

従業員のメシを確保するために操を売る—歴史的なこの公理を打ち破れるか否かは「メシをがまんしても真実の報道を！」という決意を、どれだけの記者が固め得るかにかかっているといえそう。

これを理想論と一笑に付すのはたやすい。しかし一笑に付した者の思考も同時に問われざるをえない。つまり、このような問題意識すらなければ現実に批判的に向きあおうとする際の歯止めがきかなくなるからである。

前坂俊之も「国家や国民の運命よりも、自社の延命が大事」という発想は、言論機関の使命放棄であり、かくなる「私企業の論理を超えないかぎり、言論の自由や平和は守れず暴力の前に屈することになる」と述べている[22]。『朝日新聞』も自社の戦時報道を検証した際、戦後に新聞社の幹部らが軍部に抗しきれない理由で「従業員やその家族の生活」や「新聞社の存続」を挙げたのは、「新聞の戦争への影響力を思えば、通用しない言い訳だ」と記した[23]。かくなる厳しい言葉を刻んだのは、一般企業とは比べられない重い社会的責任を新聞社が担っていることの表明に他ならない。

それではなぜ自由が重要なのか。原は「少数意見の自由を保証する言論報道の多元性を確保」し、一時代の支配的イデオロギーを批判的に見る目が養われるからと考えている（条件、六〇頁）。一九七三年に本多勝一と対談して、原は強いて自分の立場を規定するなら「ジャーナリスト党」であると言及した（条件、二〇九〜二一〇頁、生きて、一五三〜一五四頁）。ジャーナリストはいかなる政党にも従属せず、「誰に対しても批判の自由を確保するため」である（生きて、二四〇頁）。その試金石として天皇制・皇室報道が存在すると原は考えるのである（記者、七七〜七八頁）。

この立場から原は、『朝日新聞』の戦後の文化大革命の時に代表される「中国報道について書く自由を放棄したこと」に不満をもっており、その中国報道の自己検証を求めるために朝日新聞社社長に手紙を送った。これは新聞社に原が手紙を送った唯一の事例であるという（生きて、一五九頁）。

原がここまで自由を重視するのは、日本国憲法で言論・表現の自由が最大限、認められているにもかかわらず、「一九四五年までの言論不自由の歴史と伝統」から抜け切れていない現実を絶えず自覚してきたからである。その例証に、アメリカのジャーナリストが修正憲法第一条を「自由の護符」として駆使するのに対して、日本の記者が日本国憲法第二一条にさほど愛着を感じていない状況を挙げている（記者、七六、七八頁）。これは後で述べるように彼の歴史意識につながっていく。

（2）権力監視とジャーナリズムの限界

ジャーナリストの役割として原が具体的に重視するのは、国家の秘密を暴くことである。これは『デスク日記』から一貫している。原は、「記者活動とは要するに当局の秘密をバラすこと」であり、「『当局の隠したがるものこそホントのニュース』というのが、ニュースの原則に決まっている」と断言する。「当局の秘密を暴露する」ことで「実際には当局側も罰しにくくなる情勢を毎日つくり出すのが、記者活動」であると位置づけている（日記、二巻、二三一～二三三頁、日記、三巻、二二二頁、日記、五巻、一八五頁）。『デスク日記』はペンネームで書いただけに、原の本音が出ていると思われる。

原がことさら権力監視を重視するのは、それほど国家の秘密に迫ることが困難だからでもある。それを彼が再認識するのは、西山太吉が関わった沖縄密約事件（「外務省機密漏洩事件」）であった。秘密を暴かれる権力側の反発の凄さに接し、「当局の隠したがる秘密を入手、報道することが官庁取材のいわば一番基本的な仕事」だと改めて確認したのである（記者、一六九～一七〇頁）。

当然、国家機密をどこまで認め、機密をどの程度公開するのかというのは根本的な論点である。原もそのことを十分に認識している（記者、一七〇頁）。しかし、前提として、捜査権限もないジャーナリストが（生きて、八二、二二〇頁）、次々と国家の秘密を暴露できると考える方が現実を無視した空想論であるということは踏まえておかなければなるまい。ここでは以下の原の記述を引いておく（記者、一七〇頁）。

官公庁取材の新聞記者にとって、現状をみれば当局者たちのガードは極めて堅い。そこで、それ以上の課題はないといってもいいくらい、秘密にアタックしていかなければなるまい。そうしてさえ現状では、必要な秘密の公開の十分の一も不可能なほど、役所の秘密防壁は厚いというべきかもしれない。新聞記者ができるかぎり秘密の公開に努めなければ、内閣はじめ各省庁の秘密は、増殖の一途をたどるばかりである。

この厳しい現状を踏まえれば、ジャーナリストが秘密を素っ破抜く重要性が理解できよう。他方で、ただでさえ国家秘密に迫る困難さを抱える報道活動を、より制限すべきという潮流（二〇一四年に特定秘密保護法が施行された）が、いかに危険な選択で、主権者の知る権利を侵すものであるかを考える必要がある。

実際に、原が紹介するように、沖縄密約事件、ＮＨＫ番組改ざん問題、北海道警察の裏金事件に携わったジャーナリストが、いかに高い代償を払ったのかはよく知られていよう。彼が「現在の日本で表現の自由や知る権利を実現するためには、ジャーナリストたちの努力と人生をかけた並々ならぬ辛苦が存在することを、最低限、社会は知らなければならないと言いたい」（傍点は引用者）と記す所以である（生きて、二二八頁）。

原は、ジャーナリストとアカデミシャンの違いにも言及している。両者は共有する部分を多く持つが、決定的な違いはジャーナリストが絶えず現場をスタート地点にすることだと指摘する（記者、六一頁）。現場とは問題が発生する場であり、そこには危険を伴うことが多い。ジャーナリストは、研究者と比べて、危険な現場に挑む「一種の冒険意識」がより求められる職業であり（記者、七〇～七一頁）、上述したように記者人生を狂わすようなリスクがつきまとう。

原は、記者になって二～三年後に、戦時中に検事としてゾルゲ事件を担当したこともある吉河光貞から、優秀な人間が記者になるのに記者になってから知的水準が向上していないことを皮肉られ、憤慨した思い出を紹介している（記者、八頁、生きて、八七～八八頁）。このことも踏まえて彼は「真実の報道」のためには記者の勉強が不可欠であることを強調する（条件、三六頁）。相手の話したがらないことや、当人が自覚していない視点を引き出すためには、記者の「知識、見識、経験、人間的魅力」を含むすべてが試されるからである（条件、六四頁）。

では原の言う「真実」とは何か。それは問題の本質を最も表現している時に「真実」に近づくのではないかと原は記しており、あくまでも「真実の報道とは最後まで努力目標であり、過程にすぎない」と論じている（条件、四六～四七頁）。これは原の著書『ジャーナリストへの条件』が、『ジャーナリストの条件』ではなく、「への」と記されていることと関係しているかもしれない[24]。

その上で、重要なのは、原が読者にジャーナリズムの限界の理解を求めている点だ。原は、読者の新聞への期待が大きすぎる点を指摘する。例えば「新聞の力で革新政権つくってくれる」ような幻想は、本来のジャーナリズムの役割を見失っているという彼の思いが認められる（条件、二二八、二三二～二三三頁）。その背景として、原は日本社会の個人主義の未確立を挙げる（条件、二三三頁、記者、九六、一〇九頁[25]）。

原と対談する本多勝一も、企業内記者の限界は知れているのになお詰問されたり、踏絵を踏まされたりすることに対して、次のように述べている（条件、二二六頁）。

だから、範囲内でやれることはやるけれども、それプラス範囲外のことは別の「場」がやればいいという考え方ですわね。だって小和田さんも『デスク日記』でまさにそれをやってきたわけでしょう（笑い）。なにか最近やたらとそういう批判が多いんだな。「何といったって、お前は『朝日』にいるじゃないか」ってね。

本多は続けて「じゃ、やめてどうすりゃいいのか教えて下さいと申したいね、この「知れた限界」に」と応答している（同右）。

そもそも『デスク日記』が書かれた動機の一つに、このジャーナリズムの限界の理解を深めてもらうということがあった。「新聞も放送も、カッコつきの〝自由〟のなかで、カッコつきの〝真実〟の報道しかできないことを、読者、聴視者に明らかにすべきではないか」との思いが『デスク日記』を生んだのである（日記、五巻、二頁）。

原が意味を見出すのは「読者の常識に疑問を感じさせ、読者の価値観に動揺を与え、やがて価値観を変革するような契機になる記事」であるがゆえに、「「国会をデモで包囲せよ」と呼びかけるアジ記事を書くヒマがあれば、内閣のスキャンダルの事実を一つでもつかむ方にエネルギーを使いたい」と言い切る（条件、五八頁）。「新聞と読者との正しいあり方は、民主主義がすすめばすすむほど新聞を批判的に受け入れ、新聞を限定的に利用する、そういう読者との関係でいいのではないかと思う」と原が述べているのは（記者、一一九〜一二〇頁）、当然ながら言論の土壌は、ジャーナリストだけでなく、読者の主体性が相乗してこそ豊かなものになるという彼の思想を指し示すものである。

（3）「サラリーマン記者」に抗する思想

最後に原のジャーナリスト観がよくわかる「サラリーマン記者」の問題に焦点をあてる。原は、「サラリーマン記者の増大」を問題ととらえ、「真実の報道への壁」は「サラリーマン化」にあると指摘する（条件、二五、二九頁）。「サラリーマン記者」とは、例えばデスクや編集首脳部との衝突・対立を避けるために、あらかじめ問題となるような部分を削除した記事を書く「要領のよさ」を発揮するような記者である（条件、七七頁）。記者訓練は三年から五年、一〇年もすればその新聞社なりの記者が踏まえる枠がわかり、それが一人前の記者になるということであると同時に「サラリーマン記者」の形成過程でもある（条件、二二〇頁）。

一方で、原は、心情的には「良心的記者」が多いと指摘する（条件、七七頁）。ただし「サラリーマン化」が行き過ぎると、指示待ち、思考停止の傾向を強め、発表ジャーナリズムへの疑念が薄れ、日常の仕事をいかに上手くこなすかという思考に陥りやすくなるに違いない。同時に国家の秘密を暴くような志向も摩滅していくだろう。

無論、「サラリーマン記者」は営利企業に属する記者であるのだが、原は「対社会的な責任感」の強さと「真実の追求」という点で、銀行や商事会社のような「サラリーマン」とは大きく異なると考えている。原は、プロ意識が「サラリーマン化」の拒絶につながると述べている（記者、六三頁）。「サラリーマン記者」は他律に引っ張られる傾向があり、原が言うプロ意識とは自律の方向性を意味する。彼は、自律してこそジャーナリズムの自由を享受できると考え、他律に慣れた「サラリーマン記者」が権力規制に鈍感となる危険を警戒しているのである（生きて、二〇八、二四〇頁）。

それでは企業内記者が、他律に流されず、自律を保つ道はどこにあるのか。その一つの方法が『デスク日記』の実践であった。原は、実際に記事にならなかったプロセスを記録する努力の中で「記者としての眼を辛うじて保持」できたのではないかと振り返る。これは彼が述べるように、記録自体が、記者の堕落防止につながるのである（条件、六八、七五〜七六頁）。そのため『デスク日記』を書く間、彼は「こっちの方が本物のジャーナリスト活動か」と自らを奮い立たせた（生きて、一三四頁）。

『デスク日記』にも「サラリーマン記者」への批判は認められる。戦没者追悼式の記事で、厚生省の式次第に記載してある「国歌吹奏」に関して、君が代が当時「国歌」でなかったにもかかわらず、「国歌」と書く新聞社が多かった「記者のセンス」を原は嘆いている（日記、二巻、一四三頁）。同じく戦没者追悼式で厚生省の発表文にあった「支那事変」「大東亜戦争」の呼称を「日中戦争」「太平洋戦争」に書き直し、「政府発表通りに書いてしまう戦後派記者」の増加に言及する（日記、四巻、一四三頁）。

その他にも『デスク日記』を通読すればすぐに気づく点だが、原は「わが国」という表現を使わない。「わが国」

という言葉を原稿で発見して、「日本」と書き直した（日記、三巻、一四四頁）。これはナショナリズムに知らず知らずと足をすくわれることを原が警戒してきたからである（条件、一三、一五頁、記者、一九頁）。

首相や大臣に「さん」づけがあった場合は、「理性的な批判」を妨げる要因として修正し、国会議員を「先生」と呼ばないようにも助言する（日記、一巻、一八〇頁、日記、三巻、一九九頁）。『デスク日記』を読むと原自身も様々な批判や抵抗を現場で示していたことがわかる。日本の新聞が、海外のベトナム反戦運動は伝えるにもかかわらず、日本国内の政治的な大衆行動は黙殺する傾向を原は度々批判する（日記、一巻、一一三、一三三〜一三四頁、日記、二巻、一八四頁）。また、ベトナム戦争で残虐な写真を整理部が不掲載にした時も、残虐なのは現実そのものだと批判したり、残虐な写真を出すべきと強く主張したりした（日記、二巻、二一頁、日記、五巻、二八〜二九頁）。電通から圧力がかかった際も、原はデスクとして抵抗している（日記、一巻、二〇一頁、日記、四巻、一五三頁）。

これは『デスク日記』そのもので最も重要な箇所であると筆者は考えているが、原は以下のように書いている（日記、五巻、一三八頁）。

ジャーナリストは、自分の所属するマスメディアと外圧との力関係の計量学をマスターし、自信を持つ必要があると思う。ジャーナリズムの幹部が、お役所か銀行、商社かのように、トラブルを恐れて、平穏な日々を夢見るようになったらおしまいではないか。

『デスク日記』を記録したことは、ジャーナリストとして、本業の記事を書く行為とは別の責務の果たし方を提示し、「サラリーマン記者」に抗する自律の思想の所在を明らかにしたものと言える。

詰まるところ、原の思想を支えたのが歴史意識である。原は一九四五年八月一五日と、新憲法の二つが新聞記者活動の原点であると述べているからだ（記者、一〇三頁）。無論、敗戦直後に直ちにこの意識が備わったとは考えにくく、戦後の学生時代と、共同通信社に入ってから徐々にこの姿勢を強くしていったものと思われる。

原は自ら「戦中派」と称するが（日記、二巻、四頁、条件、六五頁）、五年間の『デスク日記』を読むと、憲法記念日の五月三日、広島に原爆が投下された八月六日、敗戦を迎えた八月一五日について、全五巻で同日の関連記述があるのは、原の強い「戦中派」意識を示している。五月一日のメーデーの記述も全巻にあり、一〇月の新聞週間も一巻こそ記載はないものの二巻から五巻まで言及がある。その他、日中戦争の三〇周年を迎えた七月七日や、アジア太平洋戦争の開戦に関する記述も目につく。

原は著書『新聞記者』の中で「私の11のモットー」を挙げ、記者に必要な一一の意識を論じている。その中でトップに挙げられているのが「歴史意識」なのである（記者、一〇頁）。「本当の歴史の記録者すなわち本物の報道者」という言及に、原のジャーナリスト観が端的に示されている（記者、六一頁）。「ジャーナリストは歴史観察の特等席を与えられる」立場にあるという彼の意識が（生きて、八三頁）、他律を免れる判断基軸を用意し、その実践が『デスク日記』にもつながっていたのである。

とはいえ「サラリーマン記者」に抗すると言っても、当然、企業内記者の限界は様々にあるし、原自身その理解を読者に求めてきたのも上述の通りである。その中でもアキレス腱は、天皇制・皇室報道であった。

原は子ども時代には、天皇批判の自由もあったと言い、「朕惟フニ屁ヲタレタ　爾臣民臭カロー　国家ノタメダ我慢シロ　鼻ヲツマンデ　我慢シロ」という「裏版教育勅語」を紹介している（生きて、三〇頁）。しかし、「風流夢譚」事件一つとっても、戦後日本で天皇制の批判を含めた自由な論議がマス・メディアで十分になされてきたとは決して言えない。一九六五年の六月頃、戦後二〇周年の八月一五日に向けた企画で、原は「二〇年目の天皇制」のテーマを提案したが、どうせ批判的なことは書けないという編集部内の強い主張で、断念せざるを得なかった

（日記、二巻、一四一頁）。

ただ、原は皇室報道に関して「一文一敬語」の原則は主張している。「敬語で批判的記事は書けない」という問題意識があるからだ。共同通信社の追加の入社試験の役員面接でも原は、面接者一四人全員に「天皇制をどうしたいか」質問をしている。共和制にすべきと明言した学生は一人だけで（この学生は合格したそうだ）、ほか全員は自分の意見の明示を避け、原は「君自身の考えを聞いているんだ」と追求している（生きて、一四二、一七九〜一八〇頁）。

原が共同通信社に入ってから「自分のジャーナリズム信条と社業としての仕事の対立を考えさせられた」「唯一」の事例として、昭和天皇の死去の際の写真集の出版販売を挙げている(26)。原は昭和天皇の戦争責任にこだわりがあったが、その思いを提携出版の相手である加盟社に押しつけるわけにもいかない。結局は、「皇室敬語を思いっきり削ること」を条件に現場の裁量に委ねた（生きて、一九三〜一九四頁）。

第四節　ジャーナリストの歴史研究の課題

最終的に「サラリーマン記者」に抗する根源的な部分は、自らの頭で思考し、行動・表現できるかに左右されよう。企業内記者の立ち位置を知るためには、天皇制批判のタブーを含めたジャーナリズムの限界の自覚も必要になる。原寿雄のジャーナリスト観を検討してわかるのは、自分の中で判断基準となる確たる信念や思想があるかどうかが、企業内記者の可能性を生かす分水嶺になるということである。だからこそ個々のジャーナリストの信念や思想を研究することに意味があるのだ。

原のジャーナリスト観とは、ジャーナリズムの限界と、ジャーナリストの自律という論点を潜り抜けて、結局はそれを受容する読者の主体性をも問い直すものである。原の新著でも「ジャーナリストは世論に流されず、世論に抗しても世論を鍛えるべき社会的ポジションを委託されている」と書いているのはその証左である。(27)

また原のジャーナリスト観を通じて、彼の思想を支えてきた歴史意識が鮮明となった。「戦中派」として激動の時代を体感してきたことが大きいが、それを咀嚼する上でも、原の父親の決断によって、高等教育を享受できたことも見落とせない。さらに、アジア太平洋戦争だけでなく、戦後、原が若手記者時代にレッド・パージ、血のメーデー、菅生事件、安保闘争などの現場に居合わせたことも、歴史の記録者であるというジャーナリスト観を育成したと言える。原のジャーナリスト人生は、「言論自由の歴史と伝統」を根づかせようとした試みでもあった。特に『デスク日記』のような実践は、記録を残すことで、ジャーナリズム史の研究を大きく進展させる。この意味で、同様の試みがジャーナリズムの現場で生まれることを願いたい。

歴史意識は、現場で生じる多様な現実（未生の可能性）を位置づける判断力を記者に与える。それだけでなく歴史意識は、現在と距離を置く相対化の視点をもたらすために、取材対象者との同化を防ぐことに役立つ。政治部記者が、取材対象者との距離を近づけすぎたために、政治家や官僚の権力監視を見誤る事例を想起すれば、その意味が理解できよう。つまりジャーナリズム史研究の知見は、ジャーナリストが自らの思想や歴史的判断力を養う基底の部分で貢献できるということである。

最後に、原が記した「ジャーナリストは徹底した質問者、クエスチョナーでなければならない。この条件を備えてこそ、最後まで真実の追及に徹底し得る」という一文を確認したい（条件、六三頁）。原が言うように、ジャーナリストの取材の要諦は質問に始まり、質問に終わる。その際、ジャーナリストが核心を衝く質問を臆せずに繰り出すことができるかは、個々人の勇気や気骨に規定される部分が大きい。

本章で分析した主要文献では、勇気という言葉はほとんど出てこないが、ジャーナリストの歴史研究を考える際に、この勇気という資質をいかに掘り下げることができるかが重要な課題になる。原の思想形成に照らせば、知的コンプレックスや「田舎者」意識が、彼の反骨心や独立心と無縁であったとは考えにくい。

今後の課題として、同時代のジャーナリストと比較しながら、研究対象とするジャーナリストの自律を支える資質がいかに形成されたかを分析することが挙げられる。原に関しては、資料上の制約もあるが、学生時代とデスク時代を結ぶ労働組合の経験の意味を明らかにすることで、彼の思想形成の内実に迫ることができよう。

様々な圧力・力学の中でジャーナリストは研究者よりもはるかに緊張関係に立たされており、一層勇気を試される立場にある。それゆえに記者個々人の勇気の行使とその活動を容認・否認する同僚性や編集陣の組織の実態に注目することで、ジャーナリストの歴史研究は新たな舞台に進むことができるはずだ。

〈注〉

（1）この問題は、根津朝彦（二〇一一）「荒瀬豊の思想史研究――ジャーナリズム批判の原理」『国立歴史民俗博物館研究報告』一六三集、で触れた。

（2）帯紙に池上彰は「新聞記者になりたかった僕は、学生時代、『デスク日記』をむさぼり読んだ。ジャーナリストのあり方を学んだ教科書だった」と記している。

（3）これらの原の著作から言及・引用する場合は、煩雑なため、『ジャーナリストへの条件』は（条件、××頁）、『新聞記者』は（記者、××頁）、『ジャーナリズムに生きて』は（生きて、××頁）、『デスク日記』は（日記、×巻、××頁）と本文に略記する。なお、原寿雄の最初の単著は、ペンネームで出した原登志雄（一九五九）『日本の裁判――裁判を国民の手に』三一書房、であり、原の同僚である斎藤茂男が一部執筆している。

（4）正式には原壽雄だが（『朝日新聞』二〇一一年七月二九日付夕刊、注で言及する『朝日新聞』はすべて河原理子「ジャーナリズム列伝　原寿雄（元共同通信記者）」の記事である）、本章では原寿雄で統一する。

（5）同右。

（6）『朝日新聞』二〇一一年八月二日付夕刊。

（7）『朝日新聞』二〇一一年八月三日付夕刊。
（8）『朝日新聞』二〇一一年八月五日付夕刊。
（9）『朝日新聞』二〇一一年八月九日付夕刊。読売新聞社に入社する渡邉恒雄も、原が受験した一～二年後に中央公論社を受験したと思われる（根津朝彦〔二〇一三〕『戦後『中央公論』と「風流夢譚」事件――「論壇」・編集者の思想史』日本経済評論社、三〇四頁）。
（10）『朝日新聞』二〇一一年八月八日付夕刊。
（11）斎藤正躬は一九五二年に共同通信に復職する。斎藤は原の結婚式の仲人を引き受け、披露宴の挨拶で憲法二四条を読み上げた。原はその感銘を記している（記者、七六頁）。なお原が結婚したのは一九五五年四月である（原寿雄氏からの二〇一五年一〇月一三日の電子メールでのご教示による）。
（12）このデモに参加して怪我をした学生の何人かは、共同通信の社会部含めて、新聞社や放送局に就職したという（生きて、八八頁）。血のメーデーの体験が、その後の報道人としてのアイデンティティにどのように左右したかは興味深い問題である。
（13）共同通信労働組合五十年史編集委員会編（一九九七）『共同通信の労働運動五十年の歩み』共同通信労働組合、三八五頁でも確認でき、原は一九五八年には一年間、共同通信労組の副委員長を務めている。
（14）『朝日新聞』二〇一一年八月一二日付夕刊。
（15）『朝日新聞』二〇一一年八月一六日付夕刊。
（16）共同通信社社史刊行委員会編（一九九六）『共同通信社50年史』社団法人共同通信社・関連会社、一四一～一四三頁。
（17）原、前掲『日本の裁判』五頁。原登志雄（一九五八）「警察・検察・裁判所」『中央公論』一九五八年八月号、六七頁でも、原は新聞記者になった当初から警察・検察・裁判所に全幅の信頼を置かなかったが、「菅生事件を知って以来、この信用度、いや不信用度がかなり激増した」と書いている。
（18）日本新聞労働組合連合編（一九八〇）『新聞労働運動の歴史』大月書店、三七六頁。
（19）他にも原は、大卒新人の地方勤務制度がない時代に入社したため地方記者の経験がないことを自らのキャリアの欠落点と認識している（記者、二一〇頁、生きて、一六九頁）。
（20）『朝日新聞』二〇一一年八月二二日付夕刊。
（21）須田禎一（一九七一）『ペンの自由を支えるために』評論社、一〇頁。

（22）前坂俊之（二〇〇七）『太平洋戦争と新聞』講談社学術文庫（初出は一九八九年と一九九一年）、二九頁。
（23）朝日新聞「新聞と戦争」取材班（二〇〇八）『新聞と戦争』朝日新聞出版、二四三頁。
（24）もっとも同書の中で「ジャーナリストの条件」という表現も見られるので、深読みかもしれない（条件、六一～六二頁）。
（25）この問題は、民主主義が平等主義・集団主義、自由主義が個人主義に親和性があることに関わっている。根津朝彦「多田道太郎の自由主義」（出原政雄編〔二〇一五〕『戦後日本思想と知識人の役割』法律文化社）も参照のこと。
（26）ミクロなレベルで言えば、実際には自身の信条と社業の対立はもっと紆余曲折があったのではないかと疑問が湧くが、こう言い切れるのは幸福なジャーナリスト人生であったと言える。原の天皇制・皇室報道に関する考え方は、原寿雄（一九九四）『ジャーナリズムは変わる』晩聲社、所収の「皇室報道は変えられる」も参照のこと。
（27）原寿雄（二〇一五）『安倍政権とジャーナリズムの覚悟』岩波ブックレット、六七頁。

第四章　メディア・リテラシーから統計リテラシーを考える

長澤克重

近年のビッグデータ利用の進展とともに、統計学に関する注目が高まっている。そのような社会的変化を反映して、データアナリスト育成や統計データ分析の専門家育成に対する社会的要請も高まっている。そこで語られている統計分析能力や統計リテラシーとは、ビッグデータ解析(1)に代表されるようなＩＴを駆使したデータ分析に直接役立つ能力をさしているものと思われる。他方で、統計データが様々な政策決定やプロジェクト推進の正当性を示す根拠や説得の道具として使われている今日において、データ分析の専門的能力だけでなく、統計データを吟味してそれを批判的に読み解き利用するための能力の育成もまた急務である。とりわけ、データ分析家ではない一般市民にとっては、使われている統計データの正確性や妥当性について理解し判断する力はますます重要になっている。このような、一般の統計利用者における統計データ利用の能力としての統計リテラシー育成は、昨今の統計ブームにおいては置き去りにされているようである。

本章の目的は、一般市民の批判的な統計利用能力としての統計リテラシーに焦点を当てて、メディア・リテラシーのキー概念に依拠しながら考察することである(2)。

メディアで報道される様々な統計データを理解し読み解く能力は、広く考えるならばメディア・リテラシーに含まれると理解することは可能である。しかしながら、統計調査や統計分析に関わる独自の概念や方法を考えると、統計リテラシーとして相対的に独立して考察した方が適切であろう。その際に、メディア・リテラシーの基本概念は有益な示唆を与えるものであり、これに手がかりとして統計リテラシーの基本概念を考える試論的考察を行いたい。

第一節　統計ブームと統計教育

(1) ビッグデータとデータサイエンティスト

ここ数年、統計学に対する社会的関心の高まりが感じられる。それは「統計ブーム」とよんでもさしつかえないような雰囲気である。二〇一三年に出版された『統計学が最強の学問である』(西内、二〇一三)という書籍が出版数か月で二五万部を超えるベストセラーとなったことは、そのような状況を如実に示している。さらに、ビジネス雑誌でも統計学についての特集が組まれ、関連書籍も相次いで出版された。[3] 背景にはいわゆる「ビッグデータ時代」の到来と言われる大規模な社会的変化がある。ITの飛躍的進歩によって、これまでは不可能であった大量のリアルタイムデータの処理が可能になり、顧客やマーケットに関わるビッグデータの統計的分析から得られた知見をビジネスチャンスに結びつけることがあらゆるビジネスに必要とされるようになった。携帯電話やカーナビのGPS機能をもとにしたビッグデータ分析では、震災時の避難者の移動状況、帰宅困難者や道路の渋滞発生の様相など、地震発生後の混乱の全貌が明らかにされた。[4] また増加する訪日観光客の国内での移動ルートや訪問する観光地についても、GPSデータから大まかなパターンが明らかにされており、訪日外国人旅行者数二〇〇〇万人への増加を目標として、ビッグデータを観光行政立案に活用する取り組みが始まっている。[5] さらにはスポーツにおいても統計的データ解析の利用は進んでおり、野球、サッカー、バレーボールなどのプロスポーツにおいて、競技データ分析が効果的に活用された実践の蓄積が進んでいる(6)。

このような時代的背景のもとで、統計学の専門的知識を持った人材育成への要請も高まり、高等教育においても統計教育充実に向けた動きが進んでいる。数年前から文部科学省によってすすめられている大学学部教育の質保証の取り組み(7)と相俟って、大学の統計教育における質保証のための標準カリキュラム策定が進められつつある(8)。この取り組みを担っているのは、大学、統計学関連の諸学会、統計関連諸団体から構成され、統計教育の高度化と質保証のPDCAサイクルを目指す「統計教育大学間ネットワーク（JINSE）」である。JINSEが二〇一三年度に作成した大学基礎科目としての統計教育の標準カリキュラムとして検討されている内容は、標準的な数理統計学の基礎から構成されている(9)。統計学が一般的には数理科学分野に分類されることを考えれば当然のことであり、時代の要請に応えてデータサイエンティスト育成に資する統計学教育の充実をはかることは望ましいことである。ここで問題にすべきことがあるとすれば、大学において統計学を履修しないであろう多数派の（文化系学部においてはほとんどの）学生にとっての統計的素養の涵養はどうあるべきか、ということであろう。

（2）非データサイエンティストのための統計リテラシー

数理科学を専門としない学生についても、前述の標準カリキュラムに沿った数理統計学の基礎的能力を修得しておくことが望ましいが、卒業後の職業生活においてデータ解析に直接に携わる仕事や、統計を頻繁に利用する仕事につくものはまれであり、就職という観点から見れば統計学を学ぶインセンティブは高くない。大部分の学生にとって卒業後に想定される統計との関わり方とは、仕事においては政府や調査機関が収集したデータの集計・分析された結果が示された報告書を活用し、日常生活においてはメディアが報道する統計データに一般市民として触れるという、一般の統計利用者としての関係であろう。

このような一般的な統計利用者にとって実践的でかつ最も必要な統計リテラシーとはどのようなものであろうか。実際の統計調査やデータ分析に携わることのない統計利用者にとっては、利用しようとする統計がどの程度信頼するに足るものなのか、調査と集計・加工のプロセスでどのようなバイアスと誤差を含み得るのか、という点についての知識は必要であろう。さらにバイアスと誤差については、コストをかければ縮小され得るものと、調査対象の一側面を統計という数量で表象することから不可避的に生ずるものとに分けて理解する必要があろう。統計という一見厳密に思われる数値情報が示すものは、現実の限定された一面でしかなく、場合によってはかなり歪んだ、誤った情報を与えている可能性がある。また、例え適切に調査・集計されたデータであっても、データの特徴の記述方法やグラフ表示の方法が不適切である場合が少なからずある。場合によっては、統計数値の意味を歪曲して利用されていることもある。様々なグラフ表示の方法や基本的な記述統計量（平均、分散、相関など）について、基本的な知識と誤用・濫用されやすい利用ケースの知識があれば、日常で接する統計利用の適切性について基本的な判断が下せるであろう。

簡潔に言うならば、統計という数値情報の性質を知って、その誤用・濫用から自分の身を守るための能力としての統計リテラシーである。

(3) 一般の統計利用者のための統計リテラシー

統計の誤用・濫用を防いで統計の不適切な利用を見抜くための知識、という意味での統計リテラシーについては、古くから「統計にだまされないための知識」や「統計のうそ」を指摘する啓蒙書などを通じて広められてきた。(10) 昨今の統計ブームにおいても様々な論者が、日常生活における誤用、メディアにおける誤用や濫用などについて、実例を交えた具体的な指摘を行っている。(11)

谷岡（二〇〇〇）は、世の中の社会調査の多くにウソが含まれていることを、学者、政府・官公庁、社会運動グループ、マスコミにおける具体的な統計利用を挙げて指摘している。また、統計利用の際に生じるバイアスをモデル構築段階と検証プロセス、プレゼンテーションの各段階において整理し、実例を示して指摘している。そして統計のウソを見極めるためにリサーチ・リテラシーの必要性を説いている。谷岡（二〇〇七）は、社会科学における事実の認定プロセスについての方法論を説明し、マスコミによる事実の歪曲とそこで使われる統計の不適切な使用について指摘している。また前著と同様にリサーチ・リテラシーの必要性を説いている。

Best（2001＝2002）は、社会学者の立場から、社会問題を作り出す上で統計がどのような役割を果たしているか、その際にどのような問題が生じるのか、という点に焦点をあてて論じている。おかしな統計が作られる根源（当て推量、定義、計測、標本抽出）、数字をおかしくする方法（一般化、変換、混乱、複合的な誤り）、不適切な比較の問題、について論じ、社会統計をめぐる紛争（特定の数字をめぐる論争、データ収集をめぐる論争）の論点を解説している。Best（2008＝2011）では、怪しい数字を見抜くための視点を網羅的に整理し、実践的な解説を行っている。

田村（二〇〇六）は、世論調査における調査方法の問題、家計調査や各種ランキングにまつわる問題を指摘し、データの正しい見方について論じ、また中央官庁再編や官から民への変革課題の議論が、必ずしも適切なデータに基づいて議論されていない実態を明らかにしている。

本川（二〇一三）は、統計を使いながら、日本社会に流布している様々なステレオタイプの誤りを、事実に照らして明らかにしている。そして、データの誤用やデータの欠落（不在・見落とし・無視）が誤解に結びつくプロセスを明らかにし、さらに誤解が生まれる心理的・社会的な要因を指摘している。

以上は、比較的新しく出版された正しい統計利用を広めるための啓蒙書であるが、論点は多岐にわたっており、また取り上げられている統計も官庁統計から、マスコミや調査機関の社会調査データ、社会運動団体による独自調査など、様々である。しかしながら、問題ある社会調査の見分け方、統計を理解する際に誤解が入りやすいポイント、統計分析結果の理解において誤りがよく見られる点などについて、ある程度共通する指摘が見られる。

これらの論者の主張を参考にしながら、一般の統計利用者に求められる統計リテラシーを考えてみると、統計と統計利用を批判的に検討する際に基本となる視点としては、①統計の作成過程における適切性、②統計の利用過程における適切性、の二つの側面について検討が必要であることがわかる。

まず、統計の作成過程における適切性とは、統計調査が適切な概念規定と調査方法に基づいて実施されているか、ということである。この点については戦前の統計学者、蜷川虎三において既に意識されていた。蜷川の言葉で言えば「統計の信頼性」と「統計の正確性」に関わる論点である。[12] 具体的には、統計調査における調査設計（調査目的、調査対象、調査項目の決定）、調査準備（調査票作成、調査組織と集計計画の策定）、実査段階（調査票の配布、記入、回収）、整理・集計（回収した調査票の検査・補正、集計、集計表・グラフの作成）の各段階が、適切な方法に基づいて実施されているかということである。

次に統計の利用過程における適切性とは、統計利用において、その統計に使われている概念の定義や調査方法、集計・分析結果が正しく理解されて利用されているか、ということである。例え作成過程が適切に行われた統計であっても、得られた統計数値の利用過程において誤用や歪曲などが行われると、まったく誤った情報を社会に伝えることになる。さらに、誤用・歪曲された統計が濫用されると、事実から遠い偏見あるステレオタイプが社会的に形成されることになりかねない。

よって、一般の統計利用者のための統計リテラシーを考える際には、統計作成過程と統計利用過程の二側面についての視点が不可欠である。その場合、標本調査法やそれに伴う誤差についての理解、基本統計量（平均、分散、標準偏差など）や統計分析の基本的な概念・手法（相関、回帰、検定など）についての知識がある方が望ましいであろう。

第二節　メディア・リテラシーの基本概念と統計リテラシー

(1) メディアと統計

日本にメディア・リテラシーの概念が導入され始めた一九九〇年代以来、メディア・リテラシーという用語は様々な理解の幅を含みつつ、日本の社会と学校教育の現場に定着してきた。本節では、メディア・リテラシーの基本概念(13)を手がかりとして、前述した一般の統計利用者を念頭に置いた統計リテラシーにおける基本概念を試行的に考察してみる。メディア・リテラシーの基本概念は、幅広い実践から構成されるメディア・リテラシーの学びを系統立ったものにするための理論的枠組みである。統計の誤用・濫用から自らを守るための統計リテラシーを考える際にも、系統だった理論的枠組みがあることが望ましいであろう。

メディア・リテラシーの基本概念が統計リテラシーにとって有益な参照基準となる理由は以下の通りである。まず、統計はメディアと同様に人の手によって作られたもので現実そのものが反映されたものではない、ということである。メディアのニュースが映し出す現実は、特定の価値観に従って現実の一部を切り取って作られたリプレゼンテーションであるように、統計もまた、特定の理論に依拠して作成された調査票によって集められたデータが、現実の社会現象としてリプレゼンテーションされたものである。すなわち、「統計は――犯罪発生率、失業率、人口といった公式統計さえ――社会的活動の産物(14)」であり、メディアも統計もともに構成されたものであるという共通点を持つ。さらに、構成されたものとしての統計には、一定の価値観やイデオロギーが反映されている。

統計調査を行うためには調査項目を特定の理論に従って概念定義する必要がある。例えば労働力調査における失業や労働時間の定義、消費者物価指数の定義には、概念規定に使われる特定の社会科学の理論や調査主体の価値観やイデオロギーが反映されており、集計された結果にもそれが反映される。

また、統計の利用のされ方についても、利用者の価値観が反映される。同一の統計データを利用しても、利用する人によって導かれる結論は異なる場合がある。例えば、時系列データを利用する際に、全体のトレンドを無視して自らの仮説に適合する部分だけを切り出して使うことは可能である。さらに、データをグラフ表現する際に、特定部分の変化のみを強調するために単位やデータ区間を設定して、印象操作を行うことも可能である。(15)

このように、統計がメディアと同様に社会的に構成されたものであることから、メディア・リテラシーの基本概念の枠組みを統計リテラシーの基本枠組みとして援用できる可能性は小さくない。とはいえ、統計とメディアは基本的にはまったく異なる事柄であり、メディア・リテラシーの基本概念をそのまま読み替えて利用できるということではない。メディア・リテラシーの基本概念が対象とする「メディア」という言葉は様々な意味を含んでおり、例えば「媒体」「テクスト」「メディア企業」という意味で使われている。この中では、メディアと統計との共通点が無理なく見出せる概念は「テクスト」だけであると思われる。統計を現実の一面を数値情報として表すコンテンツであると理解することは可能である。統計においては、「媒体」は統計データが提供される様々な形態（書物、CD―ROM、ウェブサイトなど）、「統計企業（調査機関）」は統計調査を実施し統計を作成する政府や調査機関として理解することも不可能ではないが、統計リテラシーの基本概念を考える上では、主要な部分とはならない。

以上のことから、メディア・リテラシーの基本概念をもとに統計リテラシーの基本概念を考える際に、「テクスト」としてのメディアについて語られている部分については、統計リテラシーのための基本概念として援用することが容易であり、この部分を中心に考察を進めていく。

（2）メディア・リテラシーの基本概念

浪田（二〇一二）に従ってメディア・リテラシーの五つの基本概念を再確認しておく。ここでは、カナダのオンタリオ州教育省によって整理された五つの基本概念のみを提示しておく。

①メディアはすべて構成されたものである
②メディアにはものの考え方や価値観が含まれている
③メディア・テクストの解釈は、オーディエンスによって個人差がある
④メディアには商業的、イデオロギー的、政治的な意味合いが含まれる
⑤メディア媒体は、それぞれ独自の語法、スタイル、形式、技法、慣習、美的特徴を持つ

この中で、①〜③は「テクスト」としてのメディアに関わる基本概念であり、④は主に「メディア企業」としてのメディアに、⑤は「媒体」としてのメディアに関わるものと理解できる。

第三節　五つの基本概念の統計リテラシーへの適用

本節では、メディア・リテラシーの五つの基本概念が、一般の統計利用者のための統計リテラシーにどこまで活用可能か、できる限り援用することで開けてくる視野について考えてみる。ここでは五つの基本概念における「メディア」という言葉を、できる限り「統計」という言葉とそのまま置き換えることで、統計リテラシーの基本概念の可能性について考えてみるが、置き換えることによって必ずしも意味をなさない概念がある。その部分についてては（例えば五番目の基本概念）、統計リテラシーとしても理解可能なように、一部内容や表現を変えて検討をしてみる。

（1）構成されたものとしての統計

メディア・リテラシーの一番目の基本概念を統計リテラシーの基本概念として援用すると，「統計はすべて構成されたもの」となる。統計とは，統計調査によって得られた社会とその現象を表す数字である。統計によって社会を見ることは，統計調査という一種のフィルターを通して構成された社会を見ることに他ならない。そのフィルターの特性に応じて，統計として表れる社会の姿は異なってくる。どのように正確な統計であっても，それが示す社会や社会現象は，統計調査を通して構成されたものである。

統計調査を行う際には，まず調査目的を定め，その調査目的に応じた調査対象と調査項目を確定する必要がある。調査対象と調査項目が理論的に正しく概念規定されていることが，統計の信頼性を確保する上での前提である。例えば，労働時間に関する統計調査を行う場合，労働時間の定義については様々な定義があり得る。賃金が支払われている時間だけを労働時間と定義するのか，いわゆるサービス残業も含めた実際に労働を行っている時間と定義するのか，始業時間前の作業準備の時間も含めるのか，などによって当然，得られる調査結果は異なってくる。また，調査対象についても，雇用者のみを対象とするのか，自営業主も含めるのか，会社役員も含めるのか，定義は様々であり得る。調査目的に応じた適切な概念規定を行うことが必要である。

このように，統計とは調査対象と調査項目を定めるための理論的枠組みによって構成された数値ということが言える。どのような理論的枠組みを採用するかに応じて，結果として得られる統計およびそれによって表象される社会と社会現象は変わってくる。

次に，実査の段階においては，統計調査は自然科学の実験・観察とは異なって人を介した調査であるため，調査者と被調査者の社会的関係を反映したバイアスが生じる。調査者としての政府，被調査者としての国民，というような支配・被支配の点から見た対立関係がある場合，例え回答に対する法的強制性が背後にあったとしても，実査において調査拒否、回答漏れ、過大申告・過小申告などの虚偽回答があることは当然想定されるし、場合によっては調査反対運動などが起こり得る。(16)

調査が終わって回収した調査票を点検して集計する際にも、様々な誤差が入り込む。単純な計数ミスのほかに、無回答や記入漏れの調査票の取り扱い、既存の分類に当てはまらない回答の分類、など一定の判断が求められる場面において、判断を下す調査者、集計作業者の主観が集計結果に入り込む余地がある。

以上のような統計の作成過程におけるバイアスや誤差の問題については、既に述べたように、戦前の統計学者蜷川虎三によって「統計の信頼性」「統計の正確性」の問題として論じられてきた論点である。

統計という、一般には客観的と思われている資料であっても、実際には、特定の理論によって構成された現実を反映したものであり、集計の際には、どのような集計をするのか、何を公表して何を公表しないのか、という時点において、統計作成者の価値観が色濃く反映される。結果として、われわれが統計によって理解している「現実」は、実際とはかなり異なった様相を示しているのかもしれない。

われわれが社会現象を理解する証拠資料として統計を使用する場合、統計調査を構成している理論、および実査・集計段階において入り込む歪みによって、現実を見る視野が制約されることは避けられない。影響力の大きいメディアや教育の中で繰り返し用いられる統計調査・世論調査の結果によって形成され定着するわれわれの現実認識・社会認識・歴史認識は、その点で統計によって作られた疑似環境であると言える。また、ある事象についての統計調査が行われているか否か、すなわち、その事柄についてデータが存在するか否か、ということ自体が、ある社会現象の存在を決めており、これも一つの疑似環境である。(17)

（2）統計に含まれるものの考え方や価値観

メディア・リテラシーの二番目の基本概念からは、「統計にはものの考え方や価値観が含まれている」という基本概念が導かれる。ものの考え方や価値観が含まれると言った場合、以下の二つの側面から考えることができる。すなわち、①統計の作成過程において含まれるもの、②統計の利用過程において含まれるもの、である。①については、前項（1）で既に見たように、統計が構成されているものである時点で、いかに適切に作成された統計であっても、特定の理論や集計者の主観を反映せざるを得ないことは明らかである。問題は、不適切な作成過程に反映しているものの考え方や価値観であろう。②における問題は、適切に作成された統計が、利用者の特定の考え方や価値観によって誤用・歪曲されて広まることであろう。

統計の作成過程においては、様々な問題が起こり得るが、単なる誤謬でなければ、問題の背景に特定の考え方や価値観が反映している場合がある。統計調査を行うためには、まず調査項目を確定しなければならない。具体的に調査票に質問項目として記載される事項の概念定義が必要であり、ここに調査者のものの考え方や価値観が反映される。例えば児童虐待を調べる場合、親・保護者から子どもへの具体的にどのような行為を児童虐待と定義するのかである。それは物理的な暴力から精神的暴力、ネグレクトまで幅広いが、調査項目として確定できるように範囲を確定する必要がある。その定義が広すぎても、また狭すぎても問題がある。新たな社会問題を作り出そうとする社会活動家は、より広い定義をとりたがるかもしれない。児童福祉政策を策定し福祉予算を確保しなければならない政策担当者は広い定義に反対するかもしれない[18]。また、調査票の質問文や選択肢の内容によって一定の回答を強制する強制的選択、前段の質問によって回答者に先入観を植えつけ、最終的な調査項目の回答に影響を与えるキャリーオーバー効果の創出など、調査票作成段階でも調査者の価値観が回答を歪める場合がある。標本調査の場合には、全体を代表しない偏ったサンプルの調査結果は当然偏ったものになるが、偏ったサンプルを意識的あるいは無意識に選択する時点で調査者の価値観は反映されている。[19]

統計の利用過程においても、統計数値や統計分析結果の解釈や選択において、調査者の価値観や考え方が反映してくる。問題となるのは、不適切な解釈と選択である。調査者の偏見や思い込みが強い場合、不適切な統計分析方法によって調査結果の中から自らの主張にあう結果のみを取り出していることがある。例えば、谷岡（二〇〇〇）では、相関関係にあらわれた因果関係の誤った解釈の例として、逆方向の因果関係、見せかけの相関（隠れた第三の変数の存在）など、モデル構築上に入り込むバイアスについて実際の分析結果をあげて説明している。[20]このような誤用においては、正しいモデル構築を行い科学的な分析結果をえることが目的ではなく、自らの仮説・主張に適合する結果が得られた段階で方法的な検討がストップされ、統計的分析方法が主張の正当性を支える見せかけの科学的方法として利用されている場合がある。また、Best（2001＝2002）では、統計数字の意味をよりわかりやすく理解するための比較（例えば社会問題が悪化していることを示すための）において、全体のトレンドを無視した都合の良い二時点間を取り出した比較、そのまま比較するのが不適切な集団間の比較など、誤用と思われる比較から生まれる誤った解釈について指摘されている。[21]

以上のように、統計に含まれる特定の考え方や価値観を探るためには、そもそも統計が作成される過程を検討するとともに、調査結果を分析する際の統計的分析方法の使われ方とそこから導かれている結論についても検討することが必要である。

（3）統計の解釈における個人差

メディア・リテラシーの三番目の基本概念から導かれる基本概念は、「統計の解釈は統計利用者によって個人差がある」である。メディア・リテラシーにおけるオーディエンスに対応する概念は統計利用者である。この基本概念の意味する内容は、メディア・リテラシーと統計リテラシーの間で大きな差異はないように思われる。すなわち、この場合の統計はテクストとしての統計であり、統計作成者が送り出したテクストとしての統計（特定の意図をコード化している場合もそうでない場合もある）に対して、統計利用者はそれぞれの立場から解釈をして意味を構築しているということである。

政府が発表する様々な統計数字はメディアを通じてオーディエンスとしての利用者に伝えられる。それは単に統計調査の結果得られた数字を伝える場合もあろうし、調査結果に特定の解釈を加えた記事（所得格差の拡大・縮小、公共事業やイベントの経済効果など）であるかもしれない。そのような数字に対して、統計利用者が同意・不同意・疑問など、それぞれの立場から意味の構築を行っていることは、メディア一般におけるオーディエンスによるテクスト解釈と同様である。

Best（2001＝2002）は、統計数字をめぐる社会的論争において、社会統計には解釈の問題があることを子どもの貧困についての統計の解釈を例に説明している。子どもの貧困の増加を示す一つのデータに対して、ある論者には、「子供の貧困の最終的解決法は、子供が確実に完全な家庭で育てられるようにする伝統的な価値と美徳に回帰すること」と主張しているように理解され、他の論者には「構造的不平等に子供の貧困の原因があると考えている」ように推論できると理解される、という例を示し[22]、このことから、事実は自ら何かを語るわけではなく、「私たちは数字を事実と考えるかもしれないが、人々が事実に意味を持たせるのであり、分析者が社会統計に与える意味は分析者のイデオロギーによって決まるのだ[23]」としている。

（4）統計に含まれる商業的、イデオロギー的、政治的な意味あい

四番目の基本的概念「メディアには商業的、イデオロギー的、政治的な意味あいが含まれる」からは、「統計に

は商業的、イデオロギー的、政治的意味あいが含まれる」が基本概念として導かれる。メディア・リテラシーにおいては、メディアの送り手における商業的側面に関することがらである。メディアにおいては、公共放送など一部のメディアを除くと、大部分は企業の営利活動としてコンテンツの制作と流通が行われている。営利活動であるから、商品としてのコンテンツは利潤を生み出すためにより多くの顧客が見込めるターゲット・オーディエンスを対象として、そこに受け入れられる内容と採算にあうコストで制作される。コンテンツの内容に関しては、クライアントとメディア企業の所有者の意向も考慮される。

統計においては、膨大な公的統計の生産者は政府であり、政府の統計生産においては利潤追求の動機はないが、財政危機による政府予算の削減が統計調査におけるコスト削減としてあらわれる場合がある。調査規模の縮小（調査対象、調査項目の削減など）、調査周期の長期化、調査の民間委託、調査の廃止など、統計の結果に直接影響を及ぼす点で無視できない要因である。調査コストの削減は、目的の曖昧な調査の廃止、調査項目の絞り込み、類似調査との合併など、被調査者の負担を減らし必要な合理化を促す効果もあるが、時系列データの中断、統計の信頼性低下など、利用者にとって必要な情報が入手困難となるデメリットもある。

民間の調査機関やメディア企業などの営利組織が調査・作成する統計においては、メディア・リテラシーの基本概念があてはまる部分が多いだろう。この場合、統計調査はクライアントの要求にそった目的・内容となるのは当然である。民間企業がクライアントであれば、より多くのクライアントを獲得するために、利潤を生み出すことに直結するデータ（潜在的）顧客情報、市場調査、消費者行動、景気動向、など）が最も多く生産されることになろう。今日のビッグデータブームの背景にある現実は、まさにこのようなクライアントと調査機関の関係である。よって、民間の調査機関が生産する統計データは利潤獲得に結びつく分野に集中する傾向があるとともに、場合によっては、クライアントにとって不都合な調査結果については利用されていない可能性もあるだろう。

公的統計の場合は、政府の政策運営に必要な実態把握という目的で調査が企画・実施されるが、多くの営利企業にとって共通に必要となる情報、例えば基本的な経済統計（国民経済計算、物価、産業統計など）、労働統計（賃金、雇用、労働時間など）は、公的統計として調査公表される。このような統計の場合、コストが許す限りで必要な事項が調査されるであろうが、政府の政策運営にとって不都合な項目については調査が抑制される可能性はある。

おそらく最もイデオロギー的な利用をされる統計は、社会運動団体によって作られる統計であろう。また、研究者が作成する統計であっても、自分の立場に幅広い人々からの支持があることを証明するためのアドヴォカシー・リサーチであれば、その傾向は強いであろう。Best（2001＝2002）は、社会問題の創造と解釈をめぐって統計に関わる問題を取り上げたものであり、特に社会運動活動家が統計を作り出し解釈する際によく見られる問題について整理し具体的に指摘している。

（5）統計の表現における独自の形式と技法

メディア・リテラシーの五番目の基本概念については、四番目までの基本概念とは異なって、「メディア」を「統計」と読み替えることでは意味が通らないが、メディア上で表現される統計は、同じ調査結果であっても、表現されるメディア媒体の特徴が付与される、という意味で利用することは可能である。すなわち、「統計は、それが表現されるメディア媒体独自の特徴を反映したリプレゼンテーションとなる」。例えば、同一の統計調査の結果でも、新聞ではよりフォーマル、アカデミックに見えるかもしれない。テレビでは、よりビジュアルなグラフィック表現などを交えて視覚的に理解しやすい表現になっているかもしれないが、大衆的な印象を与えるかもしれない。ラジオでは数字の読み上げしかできないため、最も重要な数値のみで詳細までは表現されることは難しい。インターネットではより詳細な集計結果、調査方法に関する情報も含めて、最も詳細な情報を視覚的に理解しやすい方法で、かつインタラクティブな形態で表現することが可能である。雑誌ではある特定の分野について専門的内容として表現されているかもしれない。

または、もとの基本概念からは大きく改変されることになるが、「統計の表現は、独自の形式や技法がある」とすることも考えられる。同じ調査結果、データでも、表現の方法によって印象は異なる。例えば、数字だけの表、グラフ、グラフでも種類によって目的とする表現内容は異なり、色分けの有無、数式の有無、などによって印象は異なる。場合によっては不適切なグラフ表現によって印象操作がなされる可能性もある。統計のグラフ表現をめぐる問題については、古典的な統計利用上のトピックスであり、Huff（1954＝1968）、谷岡（二〇〇〇）、谷岡（二〇〇七）、竹内（二〇一四）など数多くの統計学関連の書籍で取り上げられている。

本章では、一般の統計利用者のための統計リテラシーを考える上で、メディア・リテラシーの基本概念が参考になると考え、試論的に五つの基本概念について読み替えを行ってみた。統計の作成過程と利用過程においてどのような問題が生じるか、統計利用者はどのような点に注意して統計を解釈・利用すべきか、というテーマについては、多くの書籍で語られてきており、ある程度共通の論点やトピックスは形成されている。本章はそのような論点を、メディア・リテラシーの基本概念にそって試論的に提示しなおしたものである。あるものはうまく統計リテラシーとしてフィットしたが、必ずしもそうならなかったものもある。メディアと統計の性格の違いを考えれば当然であるとも言えるが、それほど有効でなかった基本概念については、統計学に固有の視点に焦点をあてて独自に作り直すことで、より統計学にふさわしい基本概念となろう。

新聞やテレビのニュースに統計があふれ、あらゆる分野でデータが求められる今日、自分の専門領域であればある程度の統計の知識はあるであろうが、そこから一歩離れれば、メディアで報道される統計数字の真偽、信頼性について判断を下すのは困難であり、統計学と親しむことのない一般の統計利用者であればなおさらである。あらゆる分野の統計について知識を持つことは不可能である。統計の利用者にとって必要なことは、メディア・リテラシーと同様に、統計がどのように構成されるのか、統計にはどのようなものの考え方や価値観が反映しているのか、統計にはどのようなバイアスが生じがちであるのか、基本的な統計分析方法はどのように解釈すればよいのか、という知識を持つことであろう。そのような統計リテラシーによって、統計の誤用や濫用から自分と社会を守ることができるのではないだろうか。

〈注〉

（1）ビッグデータとは、総務省（二〇一二、一五三～一五四頁）によれば、データの利用者やそれを支援する者それぞれの観点から見てその特徴は異なるが、共通する特徴として、多量性（典型的なデータベースソフトが把握・蓄積・運用・分析できるレベルを超えたサイズ）、多種性、リアルタイム性等が挙げられるとしている。例えば、オンラインショッピングの個人購入履歴、ソーシャルメディアの個人プロフィールやコメント、GPSデータ、各種センサーデータなどがある。

（2）統計リテラシーについては、様々な論者が考察しているが、メディア・リテラシーの観点から統計リテラシーについて考察したものはまだ見当たらない。

（3）例えば、「特集　最強の武器『統計学』」『週刊ダイヤモンド』ダイヤモンド社、二〇一三年三月二〇日号、「使える統計学」『週刊エコノミスト』毎日新聞出版、二〇一三年六月四日号、「使える！　ビッグデータ」『週刊東洋経済』東洋経済新報社、二〇一三年四月二〇日号、など。

（4）NHKスペシャル「震災BIG DATA」（二〇一三年三月三日放送）。

（5）観光庁では二〇一五年五月より「観光ビッグデータを活用した訪日外国人旅行者の行動・ニーズ調査」を開始している。（観光庁WEBサイト：http://www.mlit.go.jp/kankocho/news04_000109.html　二〇一五年九月三〇日閲覧）

（6）プロスポーツにおける利用としては、各種の球技でかなりの実践が蓄積がなされている。例えば、サッカーについては「統計学が解き明かすサッカーの新時代」『週刊ダイヤモンド』ダイヤモンド社、二〇一四年六月一三日号。野球における統計学利用は、セイバーメトリクスという独立した学問分野を生み出している。入門レベルでセイバーメトリクスを解説したものでは、鳥越（二〇一四）。

（7）中央教育審議会（二〇〇八）「学士課程教育の構築に向けて」（答申）。

（8）大学教育における統計学教育の質保証と標準カリキュラム策定の動向については、宿久（二〇一五）が統計教育大学間連携ネットワーク（ＪＩＮＳＥ）の取り組みをまとめている。

（9）宿久（二〇一五）では、現在検討が進んでいる統計学基礎のカリキュラムの骨格が紹介されている。

（10）代表的なものとして、Huff（1954＝1968）、足利（一九六〇）。

（11）谷岡（二〇〇〇）、谷岡（二〇〇七）、竹内（二〇一四）、Best（2001＝2002）、Best（2008＝2011）、神永（二〇〇九）。

（12）蜷川（一九三二、一四四〜一四六頁）によれば、統計の信頼性とは「統計が、正に語るべき大量を語つてゐるかどうかの問題」であり、大量観察（＝統計調査）の対象である大量が理論的に正しく概念規定されているかの問題である。また、統計の正確性とは「統計が規定したる大量を、其の規定した通りに反映してゐるかどうかの問題」であり、理論的規定によって想定されたとおりのものが統計としてえられているかという、調査票の作成過程と実査過程における問題を指している。

（13）現在の五つにまとめられたメディア・リテラシーの基本概念については、浪田（二〇一二）を参照。当初の八つの基本概念については、Masterman（1985＝2010）、鈴木（一九九七）を参照。

（14）Best（2001＝2002, 訳42頁）。

（15）例えば、田村（二〇〇六、六二〜七二頁）は、家計調査データを使って「〇〇日本一」という地域振興を行う自治体の統計利用の問題点について批判的に検討している。また谷岡（二〇〇七、五七〜六二頁）は、グラフやイラストを使った印象操作の例を指摘している。

（16）大規模な事例としては、一九八三年の旧西ドイツにおける国勢調査のボイコット、そしてその結果としての国勢調査中止事件がある。この問題の背景と経過に関しては、濱砂（一九八四）が詳細にまとめている。

（17）Best（2001＝2002, 訳三〇〜三一頁）は、「統計は新たな社会問題をつくりだす――あるいは社会問題をめぐる主張を弱める――うえで重要な役割を演じる」として、新たな社会問題にメディアの関心を引こうとする活動家が、しばしばメディアから統計を求められることを指摘している。

（18）Best（2001＝2002, 訳六〇頁）は、一般に新たな社会問題を作り出そうとする活動家は、広すぎる定義よりも狭すぎる定義を困ったことと見なす、と指摘している。
(19) 例えば、調査者が望ましいとする考えを持っていると思われる集団を中心に調査対象に設定するような場合である。
(20) 谷岡（二〇〇〇）、一二四〜一四一頁。
(21) Best (2001＝2002, 訳一二七〜一六四頁).
(22) Best (2001＝2002, 訳一九八頁).
(23) Best (2001＝2002, 訳一九九頁).

〈参考文献〉


足利末男（一九六〇）『統計うそ・まこと』三一書房。

神永正博（二〇〇九）『不透明な時代を見抜く「統計思考力」』ディスカバー・トゥエンティワン。

『週刊エコノミスト』毎日新聞出版、二〇一三年六月四日号。

『週刊ダイヤモンド』ダイヤモンド社、二〇一三年三月二〇日号。

『週刊東洋経済』東洋経済新報社、二〇一三年四月二〇日号。

鈴木みどり編（一九九七）『メディア・リテラシーを学ぶ人のために』世界思想社。

竹内薫（二〇一四）『統計の9割はウソ』徳間書店。

総務省（二〇一二）『情報通信白書　平成24年版』ぎょうせい。

田村秀（二〇〇六）『データの罠――世論はこうしてつくられる』集英社。

谷岡一郎（二〇〇〇）『「社会調査」のウソ――リサーチ・リテラシーのすすめ』文藝春秋。

谷岡一郎（二〇〇七）『データはウソをつく』筑摩書房。

鳥越規央（二〇一四）『勝てる野球の統計学――セイバーメトリクス』岩波書店。

西内啓（二〇一三）『統計学が最強の学問である』ダイヤモンド社。

蜷川虎三（一九三二）『統計利用に於ける基本問題』岩波書店。

浪田陽子（二〇一二）「メディア・リテラシー」浪田陽子・福間良明編『はじめてのメディア研究』世界思想社。

濱砂敬郎（一九八三）「統計調査におけるプライバシー問題の新局面――西ドイツの１９８３年国勢調査中止問題について」『統計学』第47号。

本川裕（二〇一三）『統計データが語る日本人の大きな誤解』日本経済新聞出版社。
宿久洋（二〇一五）「大学における統計教育カリキュラムの標準化を考える」『統計』日本統計協会、二〇一五年三月号。
Materman, Len（1985）／宮崎寿子訳（二〇一〇）『メディアを教える――クリティカルなアプローチへ』世界思想社。
Best, Joel（2001）／林大訳（二〇〇二）『統計はこうしてウソをつく』白揚社。
Best, Joel（2008）／林大訳（二〇一一）『あやしい統計フィールドガイド』白揚社。
Huff, Darrell（1954）／高木秀玄訳（一九六八）『統計でウソをつく法』講談社。

第Ⅱ部　メディア・表象・空間を読み解く

第五章　終戦記念番組としてのテレビドラマ

増田幸子

日本では、八月を中心に戦争と平和に関連した報道がマス・メディアをにぎわす「八月ジャーナリズム」と呼ばれる状況が存在する。二〇一五年、安全保障関連法案の成立をめぐって新聞やテレビのマス・メディアで「戦後七〇年」という言葉が再三にわたって引き合いに出されたが、近年これほど、戦後の節目であることが強調された年も珍しい。これもまた八月ジャーナリズム現象の一端だったのか否かの議論はさておき、「戦後七〇年」という言葉が様々な場面で飛び交ったことは事実だろう。

本章では、ジャーナリズムからほど遠いように見えるフィクションのテレビドラマをとりあげ、特に「戦後〜年」や「終戦記念」として企画され、八月を中心に放送されるテレビドラマについて、八月ジャーナリズムに関連した問題意識を継承しながら、その推移と系譜を検討してみたい。

第一節　テレビドラマにおける終戦記念ドラマの位置

（1）「八月ジャーナリズム」と終戦記念ドラマ

①本研究の視座

まず、簡単に「八月ジャーナリズム」について確認しておく。毎年八月になると、新聞やテレビなどの各メディアが終戦／戦後特集や戦争／平和に特化した報道を行う傾向を指した言葉である。とりわけ、八月六日広島・八月九日長崎への原爆投下から八月一五日の玉音放送の期間に集中するメディアの取材・報道姿勢を意味しているが、学術的定義による用語というより、むしろメディア自身によって使用され習慣化されてきた現象として、ここでは理解をとどめておく。

メディアと戦争に関連した研究は数多く存在するが、本章の主要な先行研究として以下の三つを挙げておく。新聞記事や写真などの検証を通して、一九四五年八月一五日が「終戦記念日」としてどのように神話化されていったのかを追究した佐藤卓己（二〇〇五）、反戦文学や戦争映画などにおける「反戦」の語りとその大衆的な受容を、輿論（ヨロン）と世論（セロン）のせめぎ合いから考察した福間良明（二〇〇六）、テレビのドキュメンタリー番組が戦争をいかに描いてきたか（＝何を描いてこなかったのか）を追った桜井均（二〇〇五）である。本章では、これらの議論の焦点や問題意識を継承しながら、終戦記念番組としてのテレビドラマの系譜を整理していく。

②研究対象とする終戦記念ドラマ

日本のテレビ放送は一九五三年にNHKと日本テレビの二局による放送が開始されてから六〇年以上が過ぎたが、テレビドラマの歴史もテレビの技術や内容の発展とともにあったといえる。本章では地上波のみに絞り、NHKと民放の五つのキー局、すなわち日本テレビ放送網：NTV／YTV、テレビ朝日：EX（旧ANB）／ABC、TBSテレビ：TBS／MBS、フジテレビジョン：CX／KTV、テレビ東京：TX（旧12ch）で放送されたドラマを分析対象としている。

現在の地上波のテレビドラマをその放送形態から分類すると、連続ドラマ、単発ドラマ、帯ドラマに大別できる。(1)テレビドラマ放送の当初には、連続ドラマで「戦争」を描く作品も見られるのだが、本章では単発ドラマの二時間枠を踏襲して企画されたスペシャルドラマを、終戦記念ドラマとして位置づけておく。[2]とはいえ、草創期のテレビドラマはその映像が残っておらず、映像テクストをすべて視聴した上での研究自体が困難であることはここで断っておきたい。

(2) 研究方法

まず、テレビドラマデータベース[3]や『テレビドラマ全史』(一九九四)、『テレビ史ハンドブック』(一九九八)に収録された番組タイトルと番組解説をもとに、戦争に関連したテーマで制作された単発ドラマを抜き出した。その際、「終戦記念」「戦後〜年」と銘打った特集ドラマと、[4]銘打っていないが、明らかに戦争に関連した特別企画ドラマであると判断でき、八月のゴールデンタイム(午後七時〜一一時)に放送されたものを基準に選び出し、二〇一五年八月放送分までを含めて終戦記念関連ドラマの一覧表を作成した。

次に、アーカイブやVHS／DVDソフトを利用して可能な限り実際の作品を視聴し、視聴できないものについては新聞のドラマ評や台本などに目を通し、その作品のテーマやトピックを把握した。この作業後、テーマ別に分類したのが表5-1である。表5-1作成の過程で「八月」や「終戦」以外でもが記念番組として考えられるドラマが存在したので、表5-1の一覧には、三月(東京大空襲など)と一二月(開戦記念日など)に放送されたり、他の記念番組(テレビ局開局記念番組など)で戦争を扱っているドラマも入れて作成してある。

さらに本章では、ドラマという映像テクストだけでなく、『朝日新聞』の八月のラジオテレビ欄とテレビを中心としたメディア評に目を通し、終戦関連番組としてのテレビドラマがどのように語られているかも検討した。

以下では、八月放送の終戦記念ドラマを主軸としながら、まず歴史的な推移を概観し、次に終戦記念ドラマが描いてきたテーマについて整理してみる。

表5－1　終戦記念関連ドラマのテーマ別分類

年	戦犯／軍人／政治家	原爆／被爆	前線／特攻／学徒出陣	銃後／女たちの戦争・戦後	メロドラマ／戦時の恋	ミステリー／戦時の混乱	戦争と動物	国外／捕虜／引揚·残留孤児	海外合作／その他
1958	▽								
1959		◎*							▽
1960	▽		○	○					
1961		○	○▲					◎*	
1962								▲	
1963		○	▲						
1964			◎*		○				△
1965	◎	◎	○	◎	◎	◎*			
1966					○				
1967									
1968									
1969		◎		◎					
1970									
1971	○								○
1972				○					
1973							○		
1974				◎					
1975								▲	
1976	▽								
1977	○								
1978									
1979	◎○▽								
1980		○							▽
1981	◎		▽	▽	○			○	
1982				○	○	△			▲
1983	▽	○○		○		◎			
1984	○	○	▽			▽			
1985	◎	○							▽
1986		○*							
1987	◎							▽	▽
1988		○○*				○		▽	△▽
1989	○	◎○○							○○▽▽▲
1990		○	◎◎	▽	◎				◎○△
1991	●*	○		◎●*○		●*○	○	◎	◎◎▽
1992	◇▽▲						◎	○	◇*
1993				○				◎▽	▽
1994	○▽								
1995	◇	●○	●	◎◎		◎			◎◎●○
1996				◎				▽	▲
1997				◎					
1998				◎	◎				
1999				◎					▽△
2000									
2001				○					
2002									○
2003				○					▽▽
2004								▽▽	
2005	◇◇	○*	◇	◎◇●			◎	◇◎	◎
2006			▽	◎○				▲	
2007	◎		◎				○	▽▽	○*
2008	▲▲	○*		○*△△				▽▲	
2009	◎△							▽	○▽
2010			◎				▲	◎	
2011				◎			◎	▲	◎
2012			▲					▽	
2013	◎		▲	◎				○	
2014		○	◎▲	△				◎	
2015		◎	◎					○	

注：◎終戦記念（＊～にちなんで等）＋８月放送　○８月放送（＊開局記念等）
●終戦記念（＊開戦記念）＋12月放送　◇終戦記念（＊記念はずし）＋他月放送
△３月放送　▲12月放送　▽他記念＋他月放送
出所：筆者作成。

第二節　終戦記念ドラマの歴史的推移

日本のテレビ・ドキュメンタリー番組に関しては、桜井がテレビ・ドキュメンタリーの系譜を四期（一九五〇年代後半～六〇年代後半、一九六〇年代後半～七〇年代後半、一九八〇年代～九〇年、一九九〇年前後～二〇〇五年）に分けて時代背景と番組の傾向を論じている（桜井、二〇〇五、viii～x頁）。本章では、その年代区分に準じて記述するという方法をとるが、二〇〇六年以降は第五期（二〇〇六年～二〇一五年八月）として設定した。

(1) 終戦記念ドラマの誕生

①『私は貝になりたい』の衝撃

ここでは一九五三～一九六七年までを区切りとした。まず、テレビに関連した日本社会の動きを振り返ってみる。一九五五年には白黒テレビが三種の神器の一つとなり、一九六〇年にはカラー放送が開始されている。『経済白書』（一九五六）に「もはや戦後ではない」と記載され、日本が戦後の復興から経済成長への道を歩き始めた時期と言える。一九五四年にラジオ放送番組が「お盆行事」編成から「終戦記念日」編成へと変わり、一九五五年には「終戦十周年特集」を新たな伝統として開始し、翌五六年から「八月ジャーナリズム」は本格化したと佐藤は言う（佐藤、二〇〇五、一一二～一一七頁）。

テレビドラマはどうかと言えば、一九五三年のテレビ放送開始当時から、時代劇やホームドラマなどの多様なジャンルが存在したが、通常三〇分枠で生放送であった。そんな中で、「反戦」というメッセージ性の強いテーマをテレビドラマに取り入れ、社会に衝撃を与えたのは『私は貝になりたい』（一九五八年一〇月三一日　KRT［現T

BS」）である。この作品は単発ドラマの時間枠を超えた一〇〇分という時間、前半部をVTR、後半部を生放送という構成など、制作方法と放送形態の面でも新しい試みであった。その影響力ゆえに、テレビドラマの歴史を「貝」以前と以後という区切り方で語るようになったという（佐怒賀、一九七八、一一〜一七頁）。テレビドラマの「名作」として後に何度もリメイクされることになる『私は貝になりたい』[5]だが、当時は終戦記念の番組ではなかった。

②終戦記念ドラマの登場

終戦記念画番組と銘打った特集ドラマが明確に現れるのは、戦後二〇年にあたる一九六五年である。「貝」以後から一九六五年までの、新聞のラジオテレビ欄や関連記事の見出しを拾ってみると、「終戦記念特集番組」（『朝日新聞』一九五九年八月九日朝刊）、「終戦記念日にちなんで　各局の放送番組から」（『朝日新聞』一九六二年八月一五日朝刊）、「終戦記念番組二つ」（『朝日新聞』一九六四年八月一四日朝刊）などが並ぶが、これらは特集番組編成の記事であり、ラジオやテレビ報道（ドキュメンタリー）特集に関するものである。

一九六五年には一つのドラマに「終戦二〇周年記念番組」（『朝日新聞』一九六五年八月一四日朝刊）、「終戦記念特別番組」（『朝日新聞』一九六五年八月一五日朝刊）などと銘打たれた四作品が並ぶ。夫の戦犯容疑を逃れて講和条約調印まで逃亡生活を送る家族を描いた『太陽がまぶしい（前編・後編）』（『朝日新聞』一九六五年八月一五日／二二日TBS）をはじめとして、原爆や戦争によって引き裂かれた恋や帰らぬ夫を待つ銃後の妻などがテーマの作品である。桜井は、この時期のテレビ・ドキュメンタリーの語りについて、軍国主義の被害者としての体験、遺族の語りが主流であると同時に、講和条約調印後アメリカの核の傘の下に入ったことと原爆体験とが矛盾して語られなかったと述べているが（桜井、二〇〇五、viii〜ix頁）、ドラマもまた同じような傾向を示していると考えられる。

（2）政治の季節と経済成長期の狭間で

①テレビドラマへの無関心

ここでは、一九六八〜一九七九年までを区切りとしているが、世界的にはベトナム戦争と反戦運動に代表される「政治の季節」である。日本もまた、日韓基本条約（一九六五）・沖縄返還（一九七二）・日中国交樹立（一九七二）など、七〇年安保に前後して政治的なエポックが連続し、それとともに、高度経済成長を続けたが、一九七三年の第一次オイルショックでかげりを見せる。その間にも浅間山荘事件（一九七二）、ロッキード事件（一九七六）といった後のテレビ（中継）報道に影響を与える事件が起きるなど、まさに政治と経済における激動の時代であったと言える。当然メディアの関心はもっぱらそのような現時点の出来事に集中しており、フィクションでエンターテインメント領域のテレビドラマには無関心であった。

八月一五日のテレビラジオ欄を見ると、「きょう終戦記念日　各局が特集番組」（『朝日新聞』一九六八年八月一五日朝刊）、「終戦特集　苦い教訓をどう生かす　体験や今後を語り合う」（『朝日新聞』一九六九年八月一五日朝刊）というように、一九七〇年まではワイドショーの中の特集を中心にした番組編成になっているが、その後は「終戦記念日」の見出しが番組編成として掲げられなくなったり、「戦後三〇年　終戦の日特集」（『朝日新聞』一九七五年八月一五日朝刊）のように「終戦の日」という表現が使われるようになったりしていて、「終戦記念番組」そのものが定型化されたとは言えない状況である。しかも、これらの終戦関連番組は、新たに発見された記録や証言などをもとにしたドキュメンタリーが主流であり、終戦記念ドラマについての言及は見られず、ドラマに関してはほとんど何も注目されていないことがわかる。

それどころか、ドラマ制作の停滞（マンネリ化、制作数の少なさ、問題意識の欠如など）を憂うような記事が存在している。例えば、『朝日新聞』一九七四年八月二六日夕刊のコラム「テレビはいま……」では、終戦記念番組に関して「定型化、薄れる共感」の見出しの下に、「数少ない戦争関連ドラマ『手紙』の一場面」とのキャプション付きのドラマの写真が掲載されている。さらに、翌年の一九七五年八月一日朝刊のテレビラジオ欄のコラム「記者室で」では、「終戦番組、がんばる地方局」という見出しで、終戦番組に対する三人の記者の対談が掲載されているが、民放のドキュメンタリー番組を高く評価する一方、「……戦争を真正面から扱ったドラマはすっかり影をひそめてしまった……戦争体験をドラマにする難しさはわかるが、何も特別にわくをつくらなくてもレギュラーの連続ドラマの中で、戦争や軍隊といったテーマを扱うことだって出来るんじゃないのかな」と述べている。テレビの番組編成は一九六九年七月から三か月単位になり、連続ドラマはそれまでの六か月二六回から三か月一三回となっていたが、終戦特別企画に限らず、この時期のテレビドラマ制作は転換点を迎えていたのだということが容易に想像できる。

②少ない終戦記念ドラマと新しいドラマ制作の動き

このような状況もあってか、この時期の終戦記念ドラマと言えば、東芝日曜劇場が(6)、八月に一話完結の終戦特集として放送した例がいくつかあるだけである。それらは明るく生きる被爆女性の二四年間を描いた『その夏の日に』（一九六九年八月一〇日TBS）や姑をよろこばせるため、戦死した夫からの手紙を書き続ける妻を描いた『手紙』（一九七四年八月一一日TBS）(7)のように、ホームドラマのジャンルを踏襲して、戦後の女性の生き方が主なテーマである。さらに、戦後三〇年にあたる一九七五年は、ニュースやドキュメンタリーで、終戦の日特集として八月一五日に六番組も特集が組まれているにもかかわらず、ドラマに関しては終戦企画で制作された番組はない。

ただ、一九七五年のドラマの動きとしてここで取り上げたいのが、日本初の独立制作プロダクション・テレビマンユニオンによって制作された『太平洋戦争秘話「緊急暗号電、祖国ヨ和平セヨ！」～欧州から愛をこめて』（一九七五年一二月八日NTV）である。この単発ドラマは、戦争末期にスイスで和平工作を続けていた海軍駐在武官の実話をドキュメンタリードラマ化したもので、最後の場面では放送当時存命だった本人が登場し、ナビゲーターの伊丹十三と現地のスイスで対面する。当時初の小型ビデオカメラを用いながら海外にロケし、再現ドラマの最中にナビゲーターが突然分け入るというような構成と表現方法は画期的であり、後のテレビ番組の制作に先駆的役割を果たした。さらに、テレビマンユニオンはのちの長時間ドラマブームの先駆けとなる日本初の三時間ドラマ『海は甦える』（一九七七年八月二九日ＴＢＳ）も制作している。この作品もまた、ドラマのマンネリ打破を目標に制作されたとあるが（『朝日新聞』一九七七年八月二六日夕刊）、これらのドラマは、この時期に顧みられなくなっていたテレビドラマ制作に明らかに一石を投じたと言えるだろう。

（3）迷いと挑戦の中の終戦記念ドラマ

①ドキュメンタリー主導の終戦記念番組

世界では米ソの冷戦が進み、日本ではバブル景気にわきながら、昭和という時代が終わるのがこの時期（一九八〇～一九八九年一月七日）である。歴史ドキュメンタリーはその手法が開発され、戦後三五年・四〇年に公文書の機密が解除されたこともあって、戦争責任の問題に目が向くようになったが（桜井、二〇〇五、ⅸ～ⅹ頁）、ドラマの場合はどうかと言えば、昭和の最後の一〇年間に、終戦記念ドラマは一年おきに一本ほどのペースで制作され、八月放送のドラマは毎年一本放送されている。

戦後三五年の一九八〇年には「バラエティーに富む終戦番組」（『朝日新聞』一九八〇年八月一五日夕刊）とテレビ番組欄に見出しを掲げて、下火になっていた終戦記念番組が三五年目の節目で沖縄や女性に焦点をあてた新しい企画を評価しているが、これはドキュメンタリーについてであり、ドラマについての言及は見当たらない。また、一九八三年八月五日夕刊のコラム「ＴＶアラカルト」では、「原爆・終戦記念日の特集　各局の対応に差」と終戦記念特集に対するテレビ局側の温度差を報じている。

八〇年代には、週に一回のコラム「番組談義」で二人の記者の談話が掲載されており、新しい視点から制作されたドキュメンタリーについて頻繁に言及される一方、「……ドラマの方ではとくに話題作はないよう……」（『朝日新聞』一九八二年七月三〇日夕刊）、「……ドラマはとくにこれというほどのものはないようだね」（『朝日新聞』一九八三年七月二七日夕刊）など、総じて、ドラマに関しては、大きく目新しい企画でないと注目されない様子がうかがえる。

節目の戦後四〇年・一九八五年には「あの戦争は何だったのか　終戦四〇年で多彩な特集番組」（『朝日新聞』一九八五年八月二日夕刊）と、終戦特集番組の企画の取り組みを肯定的に評価している記事が掲載されている。ドキュメンタリー、ドラマ、映画、アニメといった盛りだくさんの番組が紹介されているが、多くのドキュメンタリー番組の中には、中国やアメリカでの取材やポーランドとの合作もあり、映画にいたっては過去の戦争を描いた邦画や洋画のテレビ放映だけでなく、『東京裁判』（小林正樹監督、一九八三年）をノーカットで八月一一日と一二日の二日間にわたってテレビで初放送するなど、多彩な取り組みがうかがえる。一方で、この節目の年に制作されたと考えられるドラマは『そして戦争が終わった』（一九八五年八月六日ＴＢＳ）の一本のみである。つまり、放送する番組は挑戦的で多様になってきているが、終戦記念ドラマとしての新企画はあまり実現していないということになる。

そんな中で、この時期の終戦記念ドラマと言えるのは四本である。特徴的と考えられるのは、その内の三本が終戦に関わった政治家や軍人の苦悩を、家族（二本は妻）の視点から描いたものであり、ドキュメンタリー的な作りになっていることであろう。前述の『そして戦争が終わった』は天皇の聖断で戦争を集結させた鈴木貫太郎内閣の組閣から総辞職までを描いているが、この作品は終戦四〇周年特集であるのと同時にＴＢＳの開局三五周年記念ドラマでもある。同様に、降伏文書に調印した時の外務大臣・重光葵を妻の目から描いた『日本の夏』（一九八七年八月一四日ＴＮＣ）も終戦特集ドラマであるとともにテレビ西日本開局三五周年記念番組であり、この二つの作品には「終戦」そのものをテーマにした終戦記念ドラマの型と言うべき共通点が見られる。

②八月放送ドラマを中心とした新視点

この時期の八月放送のドラマには、被爆・銃後の女性を中心とした物語、戦時下の若い男女の恋など、従来のテーマで制作された作品がほぼ毎年二、三本並んでいる。特に注目したいのは、日本テレビによる『二四時間テレビ』の中で放送された『黒い雨・姪の結婚』（一九八三年八月二〇日NTV）と日本テレビ開局三五年記念特別番組『明日・一九四五年八月八日・長崎』（一九八八年八月九日NTV）である。従来の原爆の悲惨さや被害者の視点から抜け出ていないとはいえ、どちらも原作本からの初ドラマ化であり、庶民（女性）の視点から原爆を通して平和を問おうとしているところに共通点がある。

女性の視点ということで言えば、日米二つの祖国を持った外交官の娘を通して戦争を描く『マリコ』（一九八一年八月一五日NHK）や戦後から朝鮮戦争までを舞台にした日本人女性と米兵との愛『遥かなり、マイ・ラブ～娘たちの戦後』（一九八一年八月二四日TBS）、旧満州でソ連兵の子を産んだ日本人の母とその娘の半生『母と娘の刻印』（一九八三年八月一一日YTV）など、その設定から視点の広がりが海外に向けられている作品も制作されている。

実はこのような傾向は、八月放送以外の企画ドラマにおいても、『赤い夕日の大地で～家路』（一九八七年二月二四日NTV）、『帰郷』（一九八八年六月三〇日YTV）といった残留孤児[8]・旧満州引揚げをテーマにした作品や日中合作ドラマスペシャル『家族の肖像』（一九八七年四月二日YTV）など、ドラマ制作や企画の面で新たな動きとして現れていることを付け加えておく。内なる視点で描かれがちだった「戦争」が外との関わりから捉えられ始めたと言っていいのであろうか。

（4） 時代の節目と終戦記念ドラマ

平成元年の一九八九年から二〇〇五年までのこの時期には、エポックメイキングな出来事が続くが、国内ではバブル経済崩壊後「失われた一〇年／二〇年」とのちに呼ばれる停滞期に入り、戦後五〇年にあたる一九九五年には阪神淡路大震災／地下鉄サリン事件が起こる。海外では一九八九年ベルリンの壁崩壊後、一九九一年に冷戦が終結し、二〇〇一年にアメリカで同時多発テロ発生というように、国内の社会秩序や国際的な権力構造が新たな局面に対峙した時である。

終戦記念ドラマの制作数から見ると、①平成移行後の数年、②戦後五〇年、③戦後六〇年に集中しているのがわかる。特集ドラマの流れがわかるように、一九八九年（平成元年）から二〇〇五年（戦後六〇年）までの終戦記念ドラマと八月放送ドラマのタイトルを表5-2に一覧化したので、以下では、この三つの時代的な節目を中心に述べていく。

①平成移行後の数年

一九八九年は六本（内八月放送は五本）、一九九〇年は六本（うち八月放送は二本）、一九九一年は一一本[9]（うち八月放送は四本）という数である。『朝日新聞』のコラム「ＴＶアラカルト」の中では、「『平成』になって初めて迎える終戦記念日……昭和が終わったことで『戦後』という言葉すら、もはや『死語』に近いが、各局では、『戦争体験を風化させてはならない』と、それぞれの視点でドラマを作った」（一九八九年八月一一日夕刊）と昭和を総括する形で終戦記念を扱う記述がある。このコラムでは、ドラマで戦争と平和を問いかける制作側の態度を評価し、一五日に放送される三局の作品を紹介しているが、表5-2を見ればわかるように、このうちの二作品は終戦記念ドラマと特別に銘打ってはいない。すなわち、一九八九年八月放送ドラマは終戦の記念化というより、むしろ昭和の記念化と呼ぶのがふさわしいと言えるだろう。

一方、一九九〇年の作品は「終戦四五年」が、一九九一年一二月放送のものは「開戦五〇年」が銘打たれている。コラム「TVアラカルト」では、「太平洋戦争の敗戦から四五年。今年も八月一五日の終戦記念日をはさんでテレビ各局は様々な〝終戦特番〟を放送する」と述べ、同年にフジテレビとTBSが戦艦大和をテーマに制作したことに触れて「……くしくも競作の形となった。……ベテランの二人に共通しているのが『あの時代を語り継ぐのはわれわれの責務』という意識だろう」と結んでいる（『朝日新聞』一九九〇年七月二七日夕刊）。「風化」や「語り継ぐ」という言葉が頻繁に見られるようになるのも平成に入ってからである。

一九九一年は湾岸戦争がテレビで生中継された年でもある。『朝日新聞』一九九一年八月二日夕刊のコラム「TVアラカルト」では、テレビ朝日系のドキュメンタリー・シリーズ「父が語り継ぐ戦争」を取り上げて、そのプロデューサーが今回の企画を湾岸戦争から思い立ったことを伝えているが、ドラマ企画については、このような制作側のコメントはなかなか見られない。だが、同年八月七日夕刊の娯楽面には「『真珠湾』から半世紀　TV各局特別番組　加害責任にスポット」の見出しで掲載され、写真付きで終戦記念ドラマ『愛と哀しみのサハリン』（一九九一年八月七日NTV）が紹介されている。これは、結婚式の最中に日本軍の強制連行によって引き裂かれた朝鮮人夫婦の激動の半生を描いたものである。サハリンや韓国でロケし、韓国放送公社、サハリン・テレビラジオ委員会の協力で制作されており、物語は純愛ドラマの形だが、朝鮮人強制連行を真正面から取り扱っている点は注目に値する。

このような新しい視点の導入や設定によるドラマ制作の挑戦がなされる一方で、翌年の一九九二年には、「終戦特番」のタイトルをはずした『ジャック・アンド・ベティ物語』（一九九二年八月一〇日TBS）が登場している。『朝日新聞』一九九二年七月一六日夕刊の芸能欄には「終戦特番ドラマ、この夏激戦　戦争告発の後退ムード憂える声」との見出しで、このことを伝えているが、終戦特番ドラマと銘打つと視聴率が下がるため最近ははずしたが

表5－2　1989～2005年の終戦記念関連ドラマ一覧

年	放送日・制作	終戦記念ドラマ	放送日・制作	8月放送ドラマ
1989	8/15 TBS	8．15特別企画『翔べ！！　千羽鶴』	8/2 NTV	『リトルボーイ・リトルガール』
			8/6 NHK	『失われし時を求めて』
			8/9 NTV	『凍（しば）れる瞳』
			8/15 ANB	『ボクらの疎開戦争！』
			8/15 NTV	『故郷（ふるさと）～天皇が振り向かれた時』
1990	8/10 CX	終戦四十五年ドラマスペシャル『戦艦大和』	8/6 NHK広	原爆の日特集『マミーの顔が僕は好きだ』
	8/15 TBS	終戦記念日特別企画 『愛と哀しみの海・戦艦大和の悲劇』	8/15 NTV	『8月15日の子どもたち』
	8/17 CX	終戦45年ドラマスペシャル『白旗の少女』		
	8/24 CX	終戦45年ドラマスペシャル『冬の花　悠子』		
1991	8/7 NTV	終戦記念番組『愛と哀しみのサハリン』	8/6 NHK	『空白の絵本』
	8/12 TBS	終戦記念日特別企画『星の流れに』	8/12 TX	『八月十二日の軍法会議』
	8/13 ANB	終戦ドラマスペシャル 『もう一度別れのブルースを　淡谷のり子物語』	8/14 NTV	『犬が狙われた！』
	8/23 CX	終戦記念スペシャル『NASA　未来から落ちてきた男』	8/15 YTV	『長崎物語　過去からの贈り物』
	12/3 ABC	太平洋戦争開戦50年特別企画 『女たちの太平洋戦争（1）～15歳の手記より』		
	12/6 CX	開戦五十年特別企画『昭和16年の敗戦』		
	12/7 ANB	開戦50年特別企画『桜子は帰ってきたか』		
1992	7/28 NTV	終戦記念スペシャル 『海の夕映え　最後の海軍大将　井上成美』	8/10,17 TBS	『ジャック・アンド・ベティ物語』 （終戦特番はずし）
	8/14 CX	終戦記念特別企画『象のいない動物園』		
1993	8/13 CX	終戦48年特別企画『収容所（ラーゲリ）から来た遺書』	8/10 ABC	『失われたとき　女たちの太平洋戦争Ⅱ』
1994			8/15 TBS	『命なりけり　悲劇の外相東郷茂徳』
1995	7/1 RNB	戦後50周年特別番組 『悲劇の予言者・海軍大佐　水野広徳』	8/5 NHK	『されど，わが愛』（日韓合作）
	8/5 ANB	戦後50年特別企画『時よとまれ』	8/13 NHK	『最後の弾丸』（日豪共同制作）
	8/6 ANB	戦後50年特別企画 『愛と死の決断！　ハンガリア舞曲をもう一度』		
	8/7 TBS	向田邦子終戦特別企画『いつか見た青い空』		
	8/14 TBS	終戦50年特別企画『こちら捕虜放送局』		
	8/18 CX	戦後50年特別企画 『女たちの戦争　忘れられた戦後史・進駐軍慰安命令』		
	12/1 CX	戦後50年特別企画『炎の料理人　周富徳物語』		
	12/18 TBS	戦後50年企画『命あるかぎり』		
	12/24 NBS	戦後50年特別企画（開局45周年記念番組） 『桜散る日に－出陣学徒の交響曲「第九」歓喜の歌』		
1996	8/12 TBS	向田邦子終戦特別企画『言うなかれ，君よ，別れを』		
1997	8/4 TBS	向田邦子終戦特別企画『蛍の宿』		
1998	8/10 TBS	向田邦子終戦特別企画『昭和のいのち』		
	8/17 TBS	終戦特別企画『二十六夜参り』		
1999	8/9 TBS	向田邦子終戦特別企画『あさき夢見し』		
2000				
2001			8/12 NHK	『碧空のタンゴ～東京下町，ある職人一家の終戦』
2002			8/11 NHK	『焼け跡のホームランボール』
2003			8/10 NHK大	『新しい朝が来た～8月15日のラジオ体操』
2004				
2005	5/7 NHK	終戦60年企画『望郷』	8/29 TBS	『広島・昭和20年8月6日』（TBSテレビ放送50周年）
	7/18 TX	終戦60年特別企画 『聖断～昭和天皇，終戦への軌跡～』		
	8/2 NTV	終戦60年特別ドラマ『二十四の瞳』		
	8/12 NHK名	終戦60年企画『象列車がやってきた』		
	8/13 CX	終戦60周年記念『実録・小野田少尉　遅すぎた帰還』		
	8/15 TBS	終戦の日スペシャルドラマ 『覚悟～戦場ジャーナリスト橋田信介物語』		
	9/10 ABC	終戦60年ドラマスペシャル 『零のかなたへ～THE WINDS OF GOD～』		
	10/11 YTV	終戦60年ドラマスペシャル 『杉原千畝物語　六千人の命のビザ』		
	11/1 NTV	終戦六十年スペシャルドラマ『火垂るの墓』		
	12/3 EX	終戦60年特別企画『終りに見た街』		

注：NHK名＝NHK名古屋放送局　　NHK広＝NHK広島放送局　NHK大＝NHK大阪放送局
出所：筆者作成。

る傾向にあるというテレビ関係者の本音とともに、戦争告発をニュースだけで伝えるのは無理でありドラマだからこそ伝え得ることもある、というジャーナリスト／ニュースキャスターの声も伝えている。政治的な配慮も含めて、重く暗い歴史の部分を「終戦特番」のテレビドラマでどう扱うべきかが問われている議論である。

②戦後五〇年

以上のように、終戦記念ドラマについての議論は進退を繰り返す状況が続いていると考えてよいが、一九九五年の表5-2のラインアップを見ると一定の「着地点」を獲得したようにも考えられる。制作数は一一本（うち八月放送は二本）というこれまでにない数である。『朝日新聞』一九九五年五月二九日夕刊の芸能欄「戦後五〇年『見せる』番組続々　八月十五日に向け、各局で制作すすむ」の記事が伝えるように、この年のテレビは「戦後五〇年」企画として積極的にドラマやドキュメンタリー制作に挑んでいる。ドラマに関しては「戦争の陰のドラマ、三様に久世光彦、大山勝美、井上芳夫」（『朝日新聞』一九九五年七月三一日夕刊）の記事で紹介されているが、ベテランのテレビ演出家が「……いずれも、『戦争の悲劇』を声高に伝えるのではなく、戦争という大きな渦に翻ろうされた一般市民の姿」（前掲）を描いたこの三人の演出家の作品について説明されている。

少し詳しく見てみると、向田邦子の小説やエッセイを題材に久世光彦が演出した『いつか見た青い空』（一九九五年八月七日TBS）は空襲下の東京で女ばかりの家族の日常に起こる出来事を淡々と描くものだが、銃後の女性の苦労に焦点化した従来の終戦記念ドラマとはやや趣をかえ、向田邦子終戦特別企画として毎年一本一九九九年まで制作されている。大山勝美演出の『女たちの戦争　忘れられた戦後史・進駐軍慰安命令』（一九九五年八月一八日CX）は終戦直後の進駐軍向け公的施設の慰安所設立から廃止まで、そこに生きた女性たちを中心に描く物語だが、奇をてらわず戦後とは何かを問うている作品である。この他にも、井上芳夫演出による東京六大学合同演奏会のメンバーの学生たちの戦中戦後を描いた『愛と死の決断！　ハンガリア舞曲をもう一度』（一九九五年八月六日ANB）、ラジオ番組を舞台にアメリカ人捕虜と日本人との交流を描いた『こちら捕虜放送局』（一九九五年八月一四日ＴＢＳ）など様々な角度から戦争に迫る作品がある一方で、戦争とは直接関係しない作品を「戦後五十年特別企画」としているものが二作ある。(10)また、「開戦～年企画」以外で、一二月に放送された終戦記念ドラマが二本あるのもおそらく初めてである。

さらに、「戦後五〇年」企画に対するメディア側の力の入れようを示していると思われるのが八月放送の二本のドラマ『されど、わが愛』（一九九五年八月五日ＮＨＫ）と『最後の弾丸』（一九九五月八月一三日ＮＨＫ）で、両者とも日韓、日豪の共同制作だということである。そして、終戦記念でも戦後五〇年企画でもないが、この年は『わたしは貝になりたい』（一九九五年一〇月三一日ＴＢＳ）が再ドラマ化され、終戦から文化大革命後にかけての中国残留孤児の半生を描いた『大地の子』（一九九五年一一月一一日～一二月二三日全七話ＮＨＫ）も放送されている。この年に日本を襲った未曾有の出来事（阪神淡路大震災／地下鉄サリン事件）の衝撃と相まって、戦後五〇年を「総括」するという意識がメディア側に働いていたのだろうか。終戦記念ドラマに限らず、「記念化」と時代の節目の関係性は無視できないものであることは明らかだろう。

③戦後六〇年

では、一〇年後の二〇〇五年・戦後六〇年はどうだろうか。終戦記念ドラマの本数は一一本（うち八月放送は一本）で、戦後五〇年の一九九五年と同数である。ただ、八月と一二月に集中的に放送されていた戦後五〇年とは異なり、放送期間は八月の五本を除いて、五月から一二月までほぼ一か月に一本と長いスパンを使って放送されている。

表5-2からわかるように、二〇〇五年までのこの間の終戦記念ドラマは制作されておらず、ＮＨＫが八月放送ドラマを年一本の割合で地道に制作しているだけである。『朝日新聞』芸能欄の「……例年、この時期に『戦争と

平和』をテーマにした番組を送り出してきたテレビ局は、新しい切り口を求めて手探りを続けてきた。NHKと民放がこの夏放送する番組にも苦心の跡がうかがえる」（二〇〇一年七月三一日夕刊）や「……この夏も戦争と平和をめぐる番組が放送される。昨年九月の米国同時多発テロから初めての『夏』でもある。なくならない戦火と暴力の連鎖を前に、改めて戦争の悲惨さを見つめ直そうとする企画もある」（二〇〇八年八月六日夕刊）という記述を見ると、数の問題でなく、現在の世界に存在する戦争やテロを視野に入れて終戦関連番組の制作がどうあるべきかという問題に移ってきていると考えられる。表5-2には示されていないが、民放各局は二〇〇三年／二〇〇四年に開局記念ドラマを制作しており[11]、ある意味「記念」ドラマの企画化は健在であるとも言える。

さて、肝心の二〇〇五年の終戦記念ドラマだが、プレビュー記事は「戦後六〇年、風化させぬ　各局、証言や映像・再現ドラマ　原爆・帰還兵の半生・アニメ」との見出しで、「戦後六〇年の夏、テレビ各局はふだんの年にも増して様々な番組を送り出す。……戦争の記憶の風化も言われる中で、各局の制作者たちは『戦争を知らない若い世代に、ぜひ見てほしい』と話す」と報じている（『朝日新聞』二〇〇五年七月一四日夕刊）。多様な作品のラインアップが想像されるが、表5-2の戦後五〇年記念ドラマの一覧を見るとわかるように、タイトルそのものから既視感を覚える作品が並んでいる。全一一作の内の五作が既存の映画・アニメ・ドラマのリメイクなのである。もちろんこれらすべてがただの焼き増しではなく、新しい視点を盛りこんだものもある。

その最も特徴的な作品が『火垂るの墓』（二〇〇五年一一月一日NTV）である。アニメから実写への移行に伴い、物語の構造に大きな変更が加えられている。つまり、アニメでは少年を主人公とする悲しい兄妹の物語であったが、ドラマでは少年の母親の友だちであるおばさんが主人公として設定され、六〇年後に彼女の娘が孫にその悲しい兄妹の物語、いわゆる「戦争」を伝えるという構造になっている。さらに、エンディングのクレジットには戦禍に苦しむ現在の子どもたちの写真が次々と流れ、現在の視点から「戦争」を考えさせるメッセージになっている。同様に、『覚悟～戦場ジャーナリスト橋田信介物語』（二〇〇五年八月一五日ＴＢＳ）はイラクに散った戦場ジャーナリストを妻の視点から描いたもので、これもまた六〇年前の戦争ではなく現在の戦争をテーマにしている。両者とも、終戦記念ドラマが「過去」の戦争だけを扱うものではないことを示している。

以上、昭和から平成へ、戦後五〇年、戦後六〇年という時代の節目から終戦記念ドラマの推移を概観したが、時代の節目が時代の総括を導き、終戦記念ドラマは戦後五〇年の挑戦的な企画や模索の段階から、戦後六〇年には定型化の方向に進んでいったと見ることができよう。

（5）「戦争」と「震災」の間の終戦記念ドラマ

①「震災」以前

二〇〇六年から現在までの戦争に関連した企画ドラマについての全体像を見渡すと、表5-1からもわかるように三月と一二月の放送が増えている。これらも含めて考えると、終戦記念（戦争関連）ドラマはほぼ毎年二～三本制作されていることになる。東日本大震災（以下、三・一一）以前の『朝日新聞』では、「『鬼太郎が見た玉砕』『はだしのゲン』……ドラマで伝える『戦争』　名作を原作に各局特番」（二〇〇七年八月二日夕刊）、「ＴＢＳ、日テレ系特番　見つめる東京大空襲　ＣＧ駆使『惨状伝える最後の時』」（二〇〇八年三月七日夕刊）、「『英霊』『笑い』視点工夫　戦争問う番組、若者向け企画も」（二〇一〇年八月五日夕刊）など、豊富なドキュメンタリー番組を紹介しつつも、テレビドラマに注目した記事が存在する。これらの記事で紹介されているように、従来の終戦記念ドラマやプロットを使ってリメイク作品が存在する一方で、新しい切り口や表現方法で制作を試みた作品もあるのも確かだ。それは、三月と一二月放送の特集ドラマに顕著である。

例えば、『三月十日・東京大空襲　語られなかった三三枚の写真』（二〇〇八年三月一〇日ＴＢＳ）は、東京空襲を写真で記録した当時の警察官の物語を、被害者の証言とともに描いたドキュメンタリーとドラマの二部構成の番組であり、ＴＢＳの「シリーズ激動の昭和」の第一弾と位置づけられている。同年の一週間後に二夜連続で放送された、日本テレビ開局五五年記念番組『東京大空襲（第一夜）（第二夜）』（二〇〇八年三月一七日／一八日ＮＴＶ）は純粋なドラマであるが、そこにはＣＧによって再現された東京大空襲の惨状の映像が含まれている。

②「震災」以後

こういった番組構成や表現上の新しい試みは、三・一一以後さらに進化／深化したように見える。ＮＨＫプレミアムで先に放送され、同年にＮＨＫ総合で再放送された『巨大戦艦大和〜乗組員たちが見つめた生と死』（二〇一二年一二月八日ＮＨＫ）、『零戦〜搭乗員たちが見つめた太平洋戦争』（二〇一三年一二月一八日／一九日ＮＨＫ）は証言と（ＣＧを含んだ）再現ドラマで構成され、若手の人気俳優が作品全体のナビゲーターを務めながら戦争を「追体験」するという形式になっている。

この他にも、『鬼太郎が見た玉砕』（二〇〇七年八月一二日ＮＨＫ）や『犬の消えた日』（二〇一一年八月一二日ＮＴＶ）の作品には、テーマに対する着眼点以上に、作品の中の「語り」に新しい試みが見える。前者は、漫画家水木しげるの自伝的漫画のドラマ化であるが、作品の中には水木の漫画の人気キャラクターがアニメの形式で随時登場し、ストーリーの進行役を務めている。後者は飼い犬をかわいがる少女を主人公にした戦時下の犬の供出の話だが、作品の冒頭に大きなひらがなのテロップで当時の社会状況が説明されるなど、明らかに子どもに向けた作りになっている。戦後六〇年の作品『火垂るの墓』の例でも既に見たが、若い世代に伝えることに主眼を置く終戦記念ドラマの制作姿勢がうかがえる。

震災後、日本が受けた三・一一の衝撃を、先の戦争を引き合いに出して語られる場面をよく目にしたが、三・一一後の終戦記念ドラマには何か大きな変化があったのだろうか。戦後七〇年までの数年間の傾向を明確に検証することは難しいが、以下の三つの作品を挙げておこう。県民の命を守ろうと奮闘した戦中最後の沖縄知事についての『生きろ～戦場に残した伝言』[12]（二〇一三年八月七日TBS）、パラオ諸島のペリリュー島での壮絶な戦いを背景に玉砕を禁じた大佐が主人公の『命ある限り戦え、そして生き抜くんだ』（二〇一四年八月一五日CX）、終戦直後の旧満州で置き去りにされた日本人の子どもたちを中心に描いた『遠い約束～星になったこどもたち』（二〇一四年八月二五日TBS）である。この三作品に共通するのは、そのタイトル「生きろ」や「生き抜くんだ」に直接現れているように、戦争の悲劇や怒りよりも、命を大切にし「生きる」ことを物語の前面に出している点である。

『朝日新聞』二〇一二年八月一七日夕刊のコラム「記者レビュー」では「終戦番組に充実の時」と題して、戦争体験は年ごとに減っているが、多チャンネル化による番組の増加で終戦関連番組はむしろ充実の時を迎えているのではないかと指摘している。そして、このコラムの最後では「……戦争も原発も後世に『負の遺産』を残す。『三・一一』後の『八・一五』は、新たな歴史的意味を持ちつつある」（前掲）と結んでいる。上述の三作品もまた、戦中戦後の困難な状況下でも「生きる」ことを強調したという点で、「三・一一」後の終戦記念ドラマとしての視座を探っているように見える。

このような流れで、戦後七〇年の終戦記念ドラマについて、少しだけ最後に触れておく。表5-1にも含めている八月放送の終戦記念ドラマは、戦中戦後にかけての赤十字の従軍看護婦の半生、被爆三日後に広島の街を走った一番電車、特攻機に一緒に乗り散っていった夫婦など[13]、これまで描かれてこなかったテーマばかりだ。記念番組としての「戦後七〇年」の入念さをうかがわせるが、「戦後七〇年」の全体像についてはもう少し時を待って別の機会に検討することにしたい。

第三節　終戦記念ドラマの系譜とテーマの傾向

前節で述べてきたことを、終戦記念ドラマの系譜として、非常に簡単であるがまとめておこう。一九五〇年代後半～六〇年代後半の草創期には終戦記念ドラマはラジオの記念番組編成や『私は貝になりたい』などを起源としながら一九六五年・戦後二〇年に登場した。一九六〇年代後半～七〇年代後半には、政治の季節と相まってドキュメンタリーがもてはやされ、終戦記念ドラマは注目されず、一九七五年・戦後三〇年には一本も制作されない状態となる。一九八〇年代～九〇年にかけては、終戦記念ドラマとしての定型化を求めながら、同時に様々な視点が導入されるようになってくる。平成に移行後の数年間には昭和の時代を総括する形で終戦記念ドラマも企画され、戦後五〇年の一九九五年には数多くの終戦記念ドラマの制作によって存在の着地点を得る。だが、二〇〇五年の戦後六〇年は、定型化が進む一方で戦後五〇年から続く手探りの状態も依然として残っていく。二〇〇六年以降は終戦記念という枠が八月以外の月に拡大されたような状況となるが、「三・一一」の衝撃の後には終戦記念ドラマの新たな視座が模索されている。

最後に、表5-1をもとに、終戦記念関連ドラマのテーマについてもまとめておく。

真っ先に挙げられるテーマが「原爆」であるが、テレビ放送開始からいわゆる〝原爆もの〟は存在している。しかも、表5-1に示された作品はすべて八月に放送されているものである。当初はその悲惨さや恐ろしさに焦点が当てられていたが、最近では語り部[14]などが取り上げられたりと、着眼点や表現方法を更新しつつ、「原爆」をめぐる終戦記念ドラマは継続して制作されており、終戦記念ドラマにおける最も中心的で普遍的なテーマとなっている。継続性のあるテーマとして、「政治家・軍人」が中心に描かれる作品も挙げられる。一九七九年から一九九五年

（戦後五〇年）までほぼ一年に一本、戦後六〇年以後も断続的に制作されているが、これらは二つに大別できる。一つは『私は貝になりたい』の系譜で、（元下級兵士だった）庶民の戦後と戦争責任を問うものである。二つめは終戦に関わった軍人や政治家を描くもので、たいてい戦争終結に苦心したり、時代に逆らって平和を願ったりする人物が主人公である。

一方、戦時の一般人は、「前線」と「銃後」のテーマの中で描かれる傾向にある。ゴールデンタイムのドラマ枠に過激な戦闘シーンはおそらくそぐわないのだろう。前線を中心に描いた終戦記念ドラマといっても、戦闘場面は強調されない。特攻／戦艦大和／学徒出陣などの若者が主人公であることが多く、彼らが命を落とすということに焦点が当たっている。これに対し、銃後は最も多く取り上げられているテーマであり、まさに女性を中心とした戦時下の人々の困難な生活を描いている。ドラマ初期にはメロドラマの要素が含まれるものも見られ、戦争の被害者として描かれることが多い。

最後に、海外と関連しているテーマについて見てみると、平成になってから増えており、八月以外の放送も多い。合作も含めるとテーマや表現方法が多様で、終戦記念ドラマに限らない特集ドラマ／企画ドラマの可能性を有していると考えられる。

本章では、主に終戦記念ドラマの推移と進化の模索の様子を見てきたが、時代とリメイクとの関連性をどう捉えるかなどの議論はもう少し必要であろう。リメイクによって繰り返されるテーマそのものが戦争に対するアジェンダとなり得るからである。もちろん新しく発掘される／されたテーマもアジェンダとは無関係ではない。視聴率をあまりかせげないにもかかわらず、「終戦記念」や「戦後〜年」の名の下に制作され続けていく状況は、広い意味での八月ジャーナリズムであるとも言える。

終戦記念ドラマは、その是非を問わず「ソフトな」アジェンダであり続けるのではないだろうか。本章では、各々の作品の詳細やその受容について論じることはできなかったが、今後の課題としたい。

〈注〉

（1）例えば、一話三〇分の連続オムニバス・ドラマ『戦争』（一九六〇年四月四日～九月二〇日　全二五回CX）、『軍歌（いくさのうた）』（一九六〇年五月四日～八月一七日　全一六回KTV）など。

（2）ただし、二時間ドラマ枠が定着する以前の一九六〇、七〇年代単発ドラマには二時間に満たないものも含んでいる。

（3）URLは http://www.tvdrama-db.com（二〇一五年九月二五日最終閲覧）

（4）例えば、終戦記念特別企画ドラマと戦後五〇年特別企画ドラマのような場合の「終戦記念」と「戦後五〇年」の違いについて、本稿では厳密に区別せず、「終戦記念ドラマ」という表現を使用することにする。

（5）元陸軍中尉・加藤哲太郎の著作の遺言部分をもとに、橋本忍が創作・脚本化した。一九五九年にはドラマと同じフランキー堺の主演で映画化され、一九九四年には所ジョージ主演で再ドラマ化、二〇〇八年には中居正広主演で再映画化されている。

（6）一九五六～二〇〇二年まで東芝一社提供だったが、現在も日曜劇場としてドラマ放送枠になっている。当初は一話完結ものの単発ドラマを放送していたが、一九九三年四月より連続ドラマ枠に移行している。

（7）一九七五年三月二日に同時間枠でアンコール放送されている。

（8）日本政府の招きで中国残留孤児四七人が肉親探しのため初来日したのは一九八一年三月である。

（9）開戦五〇年記念の三本『女たちの太平洋戦争』『昭和一六年の敗戦』『桜子は帰ってきたか』を含む。

（10）『時よとまれ』（一九九五年九月五日ANB）と『炎の料理人　周富徳物語』（一九九五年一一月五日CX）。

（11）『さとうきび畑の唄』（二〇〇五年九月二八日TBS）、『流転の王妃・最後の皇弟（第一夜・第二夜）』（二〇〇五年一一月二九日／三〇日EX）、『赤い月（第一夜・第二夜）』（二〇〇五年五月五日／六日TX）、『海を渡るバイオリン』（二〇〇五年一一月二七日CX）など。

（12）この作品はドラマとドキュメンタリーで制作された「報道ドラマ」で、終戦特別企画であるとともに、TBS／JNNが企画・制作する大型特番シリーズ「テレビ未来遺産」の番組として放送されている。このシリーズについて、TBSのホームページでは、「現代社会が忘れかけている夢や希望、命や自然の尊さを改めて問い直し、家族が一緒に見て考えることができる番組」を目指すと謳っている（http://www.tbs.co.jp/mirai-isan 二〇一五年九月二五日最終閲覧）。

（13）ＴＢＳテレビ五〇周年特別ドラマ『レッドクロス（前編・後編）』（二〇一五年八月一日／二日ＴＢＳ）、戦後七〇年『一番電車が走った』（二〇一五年八月一〇日ＮＨＫ広島）、戦後七〇年ドラマスペシャル『妻と飛んだ特攻兵』（二〇〇五年八月一六日ＥＸ）。

（14）『かたりべさん』（二〇一四年八月一日ＮＨＫ広島）は、就活中の若者が心惹かれる女性の歓心を買うために被爆体験伝承者養成事業に参加するが、やがてその意味を真剣に考えるようになるという話。

〈参考文献〉


伊豫田康宏・上滝徹也ほか（一九九八）『テレビ史ハンドブック　改訂増補版』自由国民社。

宇佐美毅（二〇一二）『テレビドラマを学問する』中央大学出版部。

桜井均（二〇〇五）『テレビは戦争をどう描いてきたか』岩波書店。

佐藤卓己（二〇〇五）『八月十五日の神話――終戦記念日のメディア学』筑摩書房。

佐怒賀三夫（一九七八）『テレビドラマ史　人と映像』日本放送出版協会。

鳥山拡（一九九三）『テレビドラマ・映画の世界』早稲田大学出版部。

福間良明（二〇〇六）『「反戦」のメディア史――戦後日本における世論と輿論の拮抗』世界思想社。

東京ニュース通信社（一九九四）『テレビドラマ全史――一九五三〜一九九四』東京ニュース通信社。

萩原滋編（二〇一三）『テレビという記憶――テレビ視聴の社会史』新曜社。

第六章　「戦跡というメディア」の成立と変容

——「摩文仁」をめぐる輿論と空間編成

福間良明

糸満市摩文仁の平和祈念公園では、毎年、六月二三日に、沖縄全戦没者追悼式が行われる。六月二三日は、沖縄戦が終結した日とされ、「慰霊の日」と通称されている。一九九五年のその日には、沖縄戦後五〇年を記念して、平和の礎が設けられた。

だが、沖縄戦没者を追悼する公的な式典は、戦後の早い時期からこの日にこの場所で行われていたわけではない。米軍統治下の沖縄において、琉球政府主催の全琉戦没者追悼式が初めて行われたのは、サンフランシスコ講和条約が発効して間もない一九五二年八月一九日である。当初は八月一五日の予定だったものの、台風が重なったために一九日へと延期されたわけだが、見方を変えれば、六月二三日が沖縄戦体験をめぐるシンボリックな日として見出されているわけではない。会場も、かつて首里城があった琉球大学広場であって、摩文仁丘ではない。

翌一九五三年の追悼式典は、九月二日に那覇高校校庭で行われた。九月二日は、日本政府・軍が降伏文書（一九四五年）に調印した日ではあったが、残存していた沖縄守備軍が降伏文書に調印した日（九月七日）ではない。

その後も、日付や会場は一定しなかった。第三回琉球政府主催全琉戦没者追悼式が行われたのは、一九五四年一一月七日、翌年は一一月一五日に行われたが、第五回目は一九五八年一月二五日であった。会場も、琉球大学や那覇高校校庭のほか、一九五八年一月には、前年七月に完成したばかりの戦没者中央納骨所（那覇市識名霊園内）の広場で全琉戦没者追悼式が行われた。だが、これがその後、定着したわけではなかった。琉球政府主催の追悼式が摩文仁丘広場で、六月二三日を期して実施されるようになるのは、一九六四年以降である。

では、「六月二三日」と「摩文仁」はなぜ、時を同じくして沖縄戦没者を象徴する時空間となったのか。そこには、いかなる社会背景やメディアの力学が作動していたのか。さらに言えば、記念日や「記念の場」が創られる中で、いかなる情念を物語る「メディア」となっていったのか。

戦跡は、必ずしも戦禍があったがゆえに保存や記念の対象とされるわけではない。その時々の社会状況と、新聞や映画、観光など、様々なメディアの力学が密に関わりながら創られる。と同時に、創られた戦跡が多様な輿論(public opinion)や世論(popular sentiments)を喚起し、新たな「戦争の記憶」が再編されていく。言うなれば、メディアによって戦跡の空間が紡ぎ出される一方、その戦跡が何らかの情念や記憶を思い起こさせるメディアとして、地域社会の、あるいはナショナルな「戦争」イメージを創り上げる。

本章は、マス・メディアと戦跡(というメディア)のこうした往還的な関係性を念頭に置きながら、全国紙や地域メディア(新聞・団体機関誌)における沖縄戦跡観光の言説を俯瞰し、「摩文仁」が社会的に構築されるプロセスと、そこにおけるメディアの機能について、考察する。その上で、「戦争の記憶」をめぐる沖縄の輿論の変容プロセスと、それを突き動かすメディアと社会の力学について検討したい(1)。

第一節　「摩文仁」の誕生

(1)　慰霊の場の分散

沖縄本島南端部の摩文仁は、沖縄戦最末期の激戦地であり、日本軍のみならず沖縄住民も多く戦禍に巻き込まれた。必然的に、戦後の早い時期から、いくつかの慰霊塔が建てられた。健児の塔（沖縄師範学校男子部、一九四六年四月）、島守の塔（沖縄県知事・職員、一九五一年六月）、黎明の塔（沖縄守備軍司令官・牛島満ほか、一九五二年六月）などが、その代表的なものであった。

しかし、当時において、これらは沖縄戦没者全体を象徴するものではなかった。沖縄南部の米須地区には、周囲に散乱する無名戦没者の遺骨を納めた魂魄の塔が設けられた。建立は一九四六年二月だが、一九五五年には一万柱以上を納めるに至り、沖縄を代表する「無名戦没者の墓」として知られていた。

一九四六年三月には、同じく米須に、ひめゆりの塔が建立された。沖縄戦下、女子看護隊として動員された沖縄県立第一高等女学校・沖縄師範学校女子部の戦没生徒・職員を合祀したものだが、映画『ひめゆりの塔』（東映、一九五三年）が日本本土・沖縄で大ヒットしたこともあり、多くの参拝者が訪れていた。『沖縄タイムス』（一九五三年一月四日）には、ひめゆりの塔一帯への「初詣」が多く見られたことが報じられている。

（2）摩文仁の「発見」

だが、一九六〇年代になると、摩文仁丘には、本土各府県の慰霊塔が急速に林立するようになる。すでに一九五四年には、魂魄の塔の隣接地に、北海道出身将兵の慰霊塔である北霊碑が建立されていたが、一九六二年一月に千秋の塔（秋田県）が建てられると、その後、各府県が続々と慰霊塔建立を進めた。『朝日新聞』（一九六二年一月二六日、夕刊）も、こうした状況について、「最近は観光ブームで本土からの訪れがひんぱんになり、そのたびに慰霊塔新設の話が持上がって、日本軍玉砕の沖縄本島南部など、畑の中も丘の上もいたるところ塔だらけの慰霊塔ブーム」と報じている。ことに、沖縄守備軍司令官・牛島満も自決した激戦地・摩文仁には、多くの慰霊塔が建立された。

一九六五年頃には、慰霊塔建設はさらに加速した。一九六五年一一月には岐阜、富山、茨城、滋賀など、一七県の地鎮祭・慰霊祭が重なっていた。塔建設地の紹介や遺族団の案内を担った沖縄遺族連合会は、過密スケジュールの中で対応に追われた。

『沖縄タイムス』（一九六五年一一月八日、夕刊）は、「慰霊塔ブームの摩文仁が丘」と題した記事において、同月中下旬に「一日一県の割りで香をたくことになる」状況に触れつつ、「地鎮、除幕、慰霊の諸式典に参列のため各県知事や遺族が二十人、四十人、六十人、七十人と団体船来島、ざっと五百人の慰霊団を迎えることになるので、沖縄遺族連合会でも各県のスケジュールにあわせて、手落ちのないよう万全の受け入れ準備をしている」と報じていた。

慰霊塔建立ブームは、本土各県相互の競争意識を掻き立てることとなった。「京都府出身戦歿者慰霊塔建設の趣意書」（京都府沖縄慰霊塔建設奉賛会、一九六四年二月）には、「他府県に於ては夫々由縁の場所に慰霊塔を建立し、慰霊祭を催して居る所が多く、参拝者は続々渡航されて居る状況であります。（中略）京都の面目にかけても早急に是非他に見劣りしない立派な慰霊塔を建立し、英霊を末永く御まつりし御慰め申上げ度い所存であります」と記述されている。「滋賀県戦没者沖縄慰霊塔建立趣意書」（一九六四年）でも、「最近になり各府県では、その出身者のために慰霊塔の建立をはじめ、十数県が終っております。この程沖縄を訪問し、現地を視察した谷口知事を初め視察団一行はもう放置出来ないと強く胸を打たれ、意を決して帰国されました」と書かれていた。

このような切迫感は、沖縄戦での戦没者数を誇示することにつながった。「兵庫県戦没者沖縄慰霊塔建立趣意書」（一九六三年一二月七日）には、「この沖縄戦で、兵庫県関係では三千有余の戦没者を出しております。その数は北海道出身者についで全国第二位です」と綴られ、全国屈指の戦没者数であることが、誇らしげに語られている。同様の文面は、鹿児島県の「慰霊塔建立趣意書」（沖縄戦歿者鹿児島県慰霊塔建立期成会、一九六四年頃）や先の「滋賀県戦没者沖縄慰霊塔建立趣意書」にも見られた。[2]

（3）慰霊塔のコンクール

各県が互いに競いながら慰霊塔建立を進める状況は、華美で大掛かりなモニュメントの建設を促した。『毎日新聞』（一九六五年一二月一五日、夕刊）は、「豪華さ競う沖縄慰霊塔」という見出しで、次のように報じている。

摩文仁の丘に広々とした敷地を獲得して、デザインをこらしたデラックスな慰霊塔造りが始まったのは最近のこと。（中略）昨年秋ごろから急に塔造りがにぎやかにはじまった。それもわずか一年の間に十八府県の塔が建設されるという盛況ぶりだ。敷地も一県八百平方メートルはざらで、きばったところでは三千三百平方メートルと、ちょっとした公園並みの広さ。総工費も大阪、愛知、兵庫、神奈川各府県の塔はなんと一千万円前後。なかには鉄筋コンクリートの小展望台や休憩所を備えたデラックス版も現れた。

この記述にもあるように、特異な造形の慰霊塔は少なくなかった。房総の塔（千葉県、一九六五年）や埼玉の塔（一九六六年）、立山の塔（富山県、一九六五年）など、現代アートを連想させるかのようなデザインも少なくなかった。

慰霊塔が大掛かりで華美なものになっていく傾向は、一基あたりの平均面積の推移にも表れている。一九五四年に設けられた北霊碑（米須）は、敷地面積が五坪（一六・五平方メートル）に過ぎなかったが、一九六二年になると、既設の道府県慰霊塔の平均面積は七六一・五平方メートルにおよび、一九六六年には一二三五平方メートルに達した。一九六〇年代前半には、設立件数が増加しただけではなく、慰霊塔そのものも大規模化した。それはさながら、各府県がきらびやかさを競うコンクールの様相を呈していた。

（4）遺族会・戦友会と観光ブーム

それにしても、本土府県碑の慰霊塔建立は、なぜ一九六〇年代に入って盛り上がりを見せたのか。ひとつには、沖縄への渡航規制の緩和があった。

日本本土から米軍統治下の沖縄への渡航は、容易ではなかった。渡航の際には、パスポートに類する身分証明証を携行しなければならなかった。その発給のためには、身元申告書や入域許可申請書が必要であり、手続きには一か月以上を要した。それもあって、沖縄はしばしば「三〇日と三時間かかるところ」と言われた。飛行機を使えば本土から三時間ほどで到着したが、それに先立ち、一か月余りの煩瑣な渡航手続きを要したためである。当然ながら、復帰運動や原水禁運動の関係者が沖縄渡航を拒まれることはめずらしくなかった。

また、沖縄ではドル（一九五八年九月以前はB円）が用いられていたが、渡航者への外貨割り当ては制限されており、沖縄現地で使用できる金額は限られていた。だが、こうした状況も、一九六〇年代に入ると徐々に緩和された。一九六〇年頃から米軍政府（琉球列島米国民政府）は沖縄観光者のために沖縄を開放する方針をとるようになり、それに応じて日本政府も一人当たり四〇〇ドルまでの外貨割り当てを認めるようになった。また、従来は各都道府県から総理府、米国民政府へと申請書類が転送され、許諾に時間を要していたが、一九六三年頃から、多くの場合、総理府までで処理が済むようになり、渡航申請期間が短縮された。一九六四年四月に観光目的の海外渡航が自由化されると、沖縄への渡航は格段に容易になった(3)。

このことは、沖縄観光の盛り上がりにつながった。一九六〇年には本土からの沖縄渡航者数は一万五〇〇〇名にも満たなかったが、翌年には四六％増の二万一六〇〇名、一九六三年には三年前の倍以上の三万五〇〇〇名が沖縄を訪れていた。

こうした状況は、戦友会や遺族団体による慰霊観光を後押しした。折しも遺族会や戦友会の活動が盛り上がりつつある時期であった。日本遺族会は、もともと遺族援護法（戦傷病者遺族等援護法）の成立（一九五二年四月三〇日）や遺族扶助料・恩給の増額、適用範囲の拡大に取り組んできたが、これらが一定の達成を見ると、靖国神社国家護持運動とともに、沖縄などへの遺骨収集・慰霊観光に積極的に取り組むようになった。また、一九六〇年代には、戦中派世代（終戦時に二五歳前後の学徒兵世代）が壮年期に差し掛かり、社会的な発言力を増しつつあった一方、体験をめぐる若い世代との軋轢もあり、同世代の体験を語り合うべく戦友会の創設が目立っていた。沖縄・摩文仁への慰霊碑建立の動きも、これらに加速されていた。

もっとも、琉球政府は無秩序に慰霊塔の建設ばかりが進み、その後の管理・清掃が滞ることを防ぐべく、一九六〇年代半ば以降、都道府県が主体の慰霊塔建設に限る方向性を出していた。それだけに、隆盛しつつあった遺族団体や戦友会は、各都道府県に慰霊碑建立をつよく働きかけた。かくして、摩文仁は、多くの慰霊塔が集約される場となっていった。

ちなみに、一九七六年までに、本土各都道府県の慰霊塔（四六基）が沖縄に建設されたが、そのうち三五基が摩文仁霊域に置かれている。むろん、摩文仁霊域には他の慰霊塔も建てられているが、全五〇基のうち七割を府県碑が占めている。摩文仁が沖縄を代表する「聖域」として成立する上では、これら府県碑の建立が大きく作用していたことがうかがえる。

（5）平和慰霊行進というメディア・イベント

とはいえ、それだけで摩文仁が沖縄戦体験のシンボリックな場となったわけではない。むしろ、そこで大きな役割を果たしたのは、平和慰霊行進というメディア・イベントであった。

沖縄遺族連合会青年部は、一九六二年六月二二日、那覇から摩文仁までの二三キロを踏破する平和祈願慰霊大行進を実施した。行進には沖縄の遺族のみならず、本土の日本遺族会関係者を含め、約三〇〇名が参加した。このイベントは以後、恒例化し、かつ大規模化した。一九六七年六月二三日に行われた平和行進では、参加者は二〇〇〇名を超えるに至った。

平和慰霊行進が行われた意図に関して、青年部長を務めた仲宗根義尚は、一九八五年の文章の中で当時を回顧しながら、「私達青年部は、私達の肉親が空腹、傷つき、血にまみれ、五月雨のなか泥にまみれ、砲弾のなかをひたすら日本軍の勝利を信じ、肩を抱き合って南下したであろう当時を偲びながら追体験し、英霊の冥福を祈り、平和を訴え黙々と炎天下を行進したのであります」と述べている(4)。

かつて沖縄守備軍は、首里城地下の司令部壕から摩文仁へと追い詰められ、沖縄住民もそれに従った。その逃避行を、牛島満の自決日にあわせて身体的に「追体験」することが、この行進イベントの目指すところであった。

これは沖縄メディアにおいても、毎年大きく扱われた。『琉球新報』(一九六二年六月二二日、夕刊)は「み霊よ眠れ、安らかに　慰霊の日、多彩な催し」「正午、全住民黙とう　遺児五百人が平和行進」と題した記事の中で、平和行進や関連イベントを大きく報じている。『沖縄タイムス』(一九六三年六月二三日)も、「激戦の地にたく平和の香」との見出しを掲げて、平和行進や摩文仁岳で催された遺族連合会主催の慰霊祭について、写真を交えて紹介していた。

それもあってか、行進ルート周辺での高揚感は大きかった。沖縄遺族連合会青年部機関誌『若竹』(第三号、一九六三年)には、この年の平和行進について、「豊見城村入口に着くと、その地の支部の総出の出迎え、一陣の涼風がふところに吹き込むような大拍手の出迎えだつた」「糸満にコースをとつた一隊が糸満に到着すると、びつくりする程の大歓迎を受けた。拍手を送り声をかけて励ますだけではなかつた。或る年老いた遺族の方が泣きながら握手を求めた。十七年前失つた我が子のありし日の俤《おもかげ》を私たち遺児の姿に見た想いだつたのではないだろうか」と書かれている。行進する側も迎える側も、往時に思いをめぐらせ、過去を擬似体験していた。

こうした高揚感は、決して参加者や沿道に立った人々にのみ共有されるものでもなかった。この行進を沖縄メディアが大きく報じることで、その場にいなかった人々も新聞紙面を通して、その時の興奮を後追いすることができる。言うなれば、擬似的な参加と高揚の追体験を、メディアは可能にする。これらが相俟って、行進の終着地である摩文仁は、沖縄戦体験のシンボリックな場として、見出されるようになった。

（6）復帰運動の隆盛と「六月ジャーナリズム」

同時に、「六・二三」も記念日として位置づけられた。既述のように、毎年の平和慰霊行進が実施されたのは六月二三日であり、その日が社会的に重要な日付として発見されていることがうかがえる。

折しも一九六二年から、沖縄守備軍司令官が自決した日は、沖縄戦が終結した「慰霊の日」として法定休日とされるようになった。実際には、それでもって沖縄戦が終結したわけではなく、戦闘停止を命ずることができる指揮官を欠いたまま、統制のとれないゲリラ戦が続いていた。だが、こうした史実は捨象された上で、この日が「沖縄戦の終戦の日」として位置づけられた。当初は、牛島の自決日が六月二二日とされていたため、第一回平和慰霊行進も同日に行われたが、その後、牛島の自決日が二三日であることが判明し、一九六五年から六月二三日が「慰霊の日」とされるようになった。

しかしながら、「六・二三」は一九六〇年以前は、沖縄メディアにおいて記念日として位置づけられてはいなかった。終戦後一五年間の『琉球新報』（戦後初期は『ウルマ新報』『うるま新報』）や『沖縄タイムス』を眺めてみても、六月二二日や二三日を「沖縄戦の終戦の日」と位置づける記事は皆無に近い(5)。

にもかかわらず、一九六〇年代以降、記念日として見出されるようになった背景には、沖縄における復帰運動の盛り上がりがあった。米軍基地建設と土地収奪の加速もあり、サンフランシスコ講和条約が調印された一九五一年頃には、沖縄でも日本への復帰運動が高揚していた。しかし、条約発効（一九五二年四月二八日）に伴い、沖縄が占領終結を果たした日本本土と切り離されることが確定すると、急速に復帰運動は停滞した。

一九五〇年代半ばには土地収奪がさらに激しさを増し、一九五六年六月には島ぐるみ闘争と称される土地闘争が高揚した。しかし、生活の糧に直結する土地（や基地労働）の問題の解決が焦眉の課題であった一方、日本復帰は現実味に乏しい夢物語でしかなかった。米軍政府も、復帰運動を共産主義とみなして弾圧する姿勢を明確にしていただけに、復帰への漠然とした憧れはあっても、それが社会運動として盛り上がることはなかった。

しかし、一九六〇年四月二八日に沖縄県祖国復帰協議会（復帰協）が結成されると、復帰運動は急速に高揚した。その背景には、土地問題の一定の解決とともに、米軍基地があるがゆえの事件・事故の続発があった。島ぐるみ闘争が住民の二割から五割もが参加するほど大規模化したこともあり、米軍政府（琉球列島米国民政府）は、土地問題に対して一定の譲歩を示すようになったが、それだけでは解決できない問題の大きさもあらわになりつつあった。

一九五九年六月には、授業中だった石川市の小学校に米軍ジェット戦闘機が墜落し、児童・教職員を含めて、一三〇余名の死傷者を出した。米兵の凶悪犯罪も頻発していたうえに、裁判や処罰もうやむやにされる場合が多かった。こうした背景もあり、米軍統治からの脱却を目指すべく、復帰運動が盛り上がるようになった。

復帰協や関係団体は、毎年、四月二八日とともに六月二三日に大規模な県民大会を開いた。四月二八日は、講和条約の発行に伴い沖縄が本土から切り捨てられた「屈辱の日」であり、「沖縄戦の終戦の日」である六月二三日は、米軍の沖縄支配が始まった日であった。戦後沖縄の抑圧や従属の起点となった日を直視し、状況打破への意欲を掻き立てることが、「四・二八」や「六・二三」の集会開催に込められていた。そして、これらの集会は、沖縄メディアで大きく扱われた。六月二三日が法定休日とされ、また、沖縄遺族連合会青年部が平和慰霊行進の実施日としてこの日を選び取った背景には、こうした状況があった。

そして、これらの社会背景が絡みながら、毎年、六月二三日をピークに沖縄戦を回顧する新聞報道が盛り上がりを見せるようになる。八月一五日に向けて戦争関連の報道が盛り上がる戦後メディアの動向は「八月ジャーナリズム」（佐藤卓己）と言われるが、それに倣えば、一九六〇年代前半の沖縄には「六月ジャーナリズム」の成立を見ることができる。

（7）記念の時空間の成立

必然的に、平和慰霊行進も復帰要求と密接に結びついていた。仲宗根義尚は一九八五年の先の文章の中で、「愛知県、岐阜県、北海道を始め、多くの［日本遺族会の］青年部が慰霊祭に来沖され、そのつど交歓会を開催し」たことを回想しつつ、「交歓会において『沖縄を返せ』を合唱し、沖縄の祖国復帰を訴えてまいりました。それが感銘を与えたようであります」「少なからず祖国復帰運動に私達青年部も一翼を担ったものと確信します」と綴っていた。(6)

平和行進は、本土の遺族関係者をも多く取り込みながら隆盛し、そのことが「祖国復帰」の輿論を盛り上げる。そして、沖縄メディアがこれを報じることで、このイベントはいっそう高揚した。平和行進は沖縄の遺族と本土の遺族を「媒介（mediate）」し、「一体感」を醸成する。それを沖縄各紙が報道し、情報伝達（mediate）することで、高揚感はさらに膨らんでいった。

このことは必然的に、平和行進が行われる六月二三日と、その終着地である摩文仁丘をさらに焦点化させた。沖縄メディアが平和行進という「メディア」を報じ、それが本土をも巻き込んだ社会的なイベントと化していく中、「摩文仁」と「六・二三」は、沖縄戦と復帰運動を思い起こさせるシンボルとして創られていったのである。

琉球政府主催の戦没者追悼式も、一九六四年以降、摩文仁丘で毎年「慰霊の日」に行われるようになった。この経緯について、仲宗根義尚は先の文章の中で、「行進団の参加がなければ慰霊祭は出来ない当時の状況でした」「摩文仁が丘での慰霊祭も六月二二日、琉球政府厚生局長をご案内して挙行したのも青年部が最初であり、慰霊の日を祝日にすべく陳情するのでもなく、無言の行動による圧力で促進したものと確信しております」と回想している。(7)

摩文仁丘で慰霊祭が行われるようになった当初、その開始時刻は多くの場合、午後三時ごろであった。そこにも、平和行進との関わりが透けて見える。仲宗根義尚は当時を振り返り、「琉球政府はあとかたづけを理由に慰霊祭の開始時間を早くしたいとの要望がありましたが、青年部行進団の到着時刻との関係で拒否した」(8)ことを記している。平和行進を軸に戦没者追悼式が規定されていた状況がうかがえる。「摩文仁」と「六・二三」はかくして、沖縄の公的な追悼式を行うにふさわしい時空間として創られていったのである。

第二節　「戦跡というメディア」の多義性

(1)「摩文仁」の越境

とはいえ、摩文仁等の各府県慰霊塔で追悼の対象とされていたのは、必ずしも沖縄戦没者に限らなかった。例えば、宮城の塔での合祀内訳は、沖縄戦戦没者数は五八二に対し、南方諸地域戦没者は四万四九一八、茨城の塔の場合は沖縄戦戦没者六一〇に対し、南方諸地域戦没者約三万八二〇〇であった。いずれも合祀者全体における沖縄戦没者の割合は、二%にも満たない。沖縄・摩文仁に建立された塔でありながら、フィリピン戦線やガダルカナル戦線など、南方での戦死者全般を祀るものとされていることがうかがえる。

さらに広い戦域の死者を合祀するものもあった。みちのくの塔（青森県）の「建立趣意書」には、「本県の場合は沖縄およびその周辺の海域で戦没された英霊に限らず、中国本土、台湾、香港方面、中部太平洋、日本海南西諸島方面、ニューギニヤ、ニューブリテン、セレベス方面、比島、レイテ方面、マレイ、スマトラ、ジャワ、ボルネオ方面、タイ、仏印、ビルマ方面等において、戦没された一万九千八百四十七柱の英霊を合祀し」ていることが明記されている(9)。南方戦線のみならず、中国戦線の死者まで祀られており、合祀者は日中戦争・太平洋戦争の戦死者全般に及んでいる。沖縄戦没者は、そのうち五四四名でしかない(10)。

ここまで広範囲のものは例外的だとしても、府県別慰霊塔においては、総じて沖縄戦没者数の割合は低かった。都道府県慰霊塔の合祀者総数は約一二七万七〇〇〇柱に及ぶが、そのうち沖縄戦戦没者は約六万六五〇〇柱であり、全体の五・二％でしかない。これらの慰霊塔は沖縄戦没者を祀るものというより、沖縄戦を含む南方戦線の死者を合祀したものであることが透けて見える。

その意味で、摩文仁（を中心とした慰霊塔群）は、「沖縄戦での死没者」を弔う場というより、日中戦争・太平洋戦争全般における「本土の死者」を祀る場であった。

（2）巡拝と国家批判

とはいえ、遺族ら巡拝者たちは、必ずしも死者たちを公的に顕彰しようとはしたわけではない。この点も見落とすべきではない。彼らは、肉親である固有の死者を私的に悼む一方、しばしば死者の公的な顕彰を拒み、死者の死を生み出した国家への疑念を生み出した。

一九七一年に東京の塔が建立された際、ある遺族は下記の手紙を碑前に供えていた。

親として、子に先立たれる事程、悲しい事はない。可能な事であるなら、代わりたいと願わない親はないと思う。そんな願いを無残にも打砕く戦争、若者が、年取った者の代りに死んで行く戦争を、私は非常に憎む。国と国との争いに、国民と呼ばれる個人だけが、苦しみ悲しまなければならないのは、なぜだろうか。国家とはなんだろうか。疑問を持たざるを得ない。(11)

私的な悲嘆を突き詰めた先に、「国と国との争いに、国民と呼ばれる個人だけが、苦しみ悲しまなければならない」状況への憤りが綴られている。そこでは、死者を「殉国」という公的な顕彰に祀り上げるのではなく、むしろ、公的な国家の暴力を私的な苦悶に立脚しながら問いただそうとする姿勢が浮かび上がっていた。

ちなみに、東京の塔の碑文には、「顧みればわれら同胞が戦禍に堪えて刻苦精励すること二十有余年よく平和の恩恵に浴しえたことはひとえに英霊が戦火の悲惨と生命の尊厳を貴い血をもつて示されたたまものにほかならない」と刻まれている。また、除幕式では、東京都遺族連合会長・賀屋興宣が「追悼のことば」の中で、「わが国の今日の平和と繁栄のための貴い礎石となって散華された諸霊」の「崇高な殉国のご誠心」を讃えている。こうした顕彰の言辞とは異質な情念が、除幕式直後の碑前の手紙に吐露されていた。

「英霊」に共感しながら旧軍指導者や「日本帝国主義」を指弾するむきも見られた。日本遺族会による第五回沖縄戦跡巡拝（一九六〇年）に参加したある遺族は、以下の感想を綴っている。

戦跡巡拝にあたり大東亜戦争のため同胞を英霊たらしめたる其の罪は日本帝国主義即ち軍国主義の指導者の世界という点を見逃がしていたのではないでしょうか。深く研究して見たい。今後前者をうらまず後者をいましめねばならないと思います。(12)

「同胞」「英霊」への感情移入は、彼らが戦った戦争を肯定するのではなく、逆にそれを生み出した「帝国主義」「軍国主義」を批判し、指導者たちの責任を追及することにも接続し得たのである。

(3) 加害責任への言及

本土遺族たちは、ひめゆりの塔や健児の塔など、沖縄の戦没者を祀る慰霊塔や遺構をめぐりながら、「沖縄への加害」を問うことも少なくなかった。ある遺族は、一九六〇年の文章の中で、こうした思いを以下のように綴っている。

> 健児・ひめゆり各塔の三、四十坪の洞窟に百を単位とする青少年が生命の恐怖におびえながら、飢餓と疲労にうちひしがれた姿を想像する時、投降即ち死として徹底抗戦を命じ、宣伝した過去の軍部のやり方を再びくり返させてはならないと痛感し、宣伝にまどわされない自由な発想を養うことが、今日の我々の義務である事を感じさせられました[13]。

か弱い沖縄の「少年」「少女」の死の場所であった壕（および直近に設けられた碑）を眼にしながら、「過去の軍部のやり方」への批判が導かれている。

別の遺族も、対馬丸遭難者を祀った小桜の塔を訪れた際の感想として、「これは日本軍によって内地に強制疎開された学童が大島沖でアメリカの潜水艦に見つかり、あえなく殺されたのです。日本軍司令部の作戦の誤りとは言え、学童達を疎開させたということが僕には解らないのです。戦争中のまっ最中に、なぜ危険と解りながらどうしてそんな事をしたのだろう。本当にこの学童達は日本兵をうらんでいることでしょう[14]」と綴っていた。

これらの記述は、日本遺族会が主催した第五回沖縄戦跡巡拝の感想文集に収められていた。折しも、当時の日本遺族会は、靖国神社国家護持にむけて運動を展開していた。日本遺族会は、既に一九五六年三月に「靖国神社国家護持に関する小委員会」を設けている。一九六九年一月には、日本遺族会長で自民党長老議員でもあった賀屋興宣が、靖国神社宮司・筑波藤麿との連名で、「英霊を祀る靖国神社の国家護持に関しては創建以来の伝統に基づき、速やかに靖国神社法案を党議決定し、今国会に提出されることを強く要望します」と記した要望書を自民党に提出していた(15)。

しかし、その日本遺族会による戦跡巡拝においてさえ、軍部や国家への批判がしばしば導かれていた。遺族にとって沖縄戦跡は、肉親や沖縄住民の死を美しく彩るだけではなく、時に彼らに「無駄死」を強いた国家や軍部への批判を想起させるものでもあったのである。

第三節　戦跡観光への不快感

(1)「慰霊塔のコンクール」への批判

本土府県の慰霊塔ブームが復帰運動の高揚に結びついていた一方、モニュメントが林立する状況への違和感もしばしば語られていた。『毎日新聞』(一九六五年一二月一五日、夕刊)では、「奇をてらう、他県のものよりもとにかく大きいもの……という競争意識は考え直す必要があるのではないだろうか。霊場を俗化させるのは困る、という人も多いのである」と指摘されている。『朝日新聞』(一九六五年一二月二〇日)も「天声人語」において、「この慰霊塔ブームは、戦争の犠牲となって沖縄で死んだ人の霊を本当に弔うみちかどうか、考え直してみる必要がありはしないか」「心なき人に観光地あつかいにされ、地下で泣く霊も多かろうと思われる」と記している。

同様の議論は、沖縄メディアでも見られた。『沖縄タイムス』（一九六四年四月一三日）の投書欄には、東風平村住民の以下のような投書が掲載されていた。

戦跡地を巡拝するたびごとに、つくづく感ずることですが、もう少し〝慰霊塔〟を整理できないものでしょうか。

本土から巡拝にくる人々を案内するたびごとに、せまい地域に〝慰霊塔〟が乱立している姿は、なにかしら異常なものを感じます。たしかに〝英霊〟を祭ることには、賛成しますが、もっと広い視野からみますと、わたしとしては納得できません。わたしも今大戦で兄を失った遺族の一人ですが、各県の慰霊碑がこれ見よがしに建立競争しているように思われます。（中略）

現在のままだと、霊域は、世俗的なアンイな観光ブームに利用されるだけでマイナスになると思います。

慰霊塔の林立と戦跡地への観光ブームが、死者の追悼を捨て置くかのような状況が、そこでは指摘されていた。

（2）モニュメントへの苛立ち

一九六〇年代後半にもなると、慰霊塔への反感がさらに露骨に見られるようになる。一九六八年一二月には、豊見城村の海軍戦没者慰霊之塔で、国旗掲揚台のポールが折られ、階段手摺の花ブロックが破壊された[16]。やや早い時期ではあるが、『琉球新報』（一九六四年五月一日）では、「荒らされる南部戦跡地」という見出しのもと、「糸満町摩文仁の戦跡地に不良少年がたむろ、霊域内で酒を飲んであばれ」たこととともに、「一カ月ほど前にも牛島司令官をまつった『黎明の塔』の蓋口をたたきこわし、その中で酒を飲んだもようで塔内には酒ビンが散らばっていた。

びっくりした霊域奉賛会ではさっそく中にはいれないようにコンクリートで入り口をふさいだ」と報じられていた。いずれも新聞報道では「不良グループのしわざ」とされていたが、あえて日本軍将兵を祀ったこれらの場を選んでいるところに、その意図を読み込むこともできよう。

時を同じくして、本土からの戦跡観光に対する不快感が、沖縄の中で急速に目立つようになった。かつて沖縄戦に従軍したある元下士官は、一九六八年に沖縄戦跡をめぐった際、沖縄住民から「年々本土から観光団が来られる。それも結構。だが、内地の人々は、摩文仁の台上のたくさん並んだ慰霊塔を、意味を十分にかみしめてほしい」「沖縄の人たちは日本に属していると思っていると同時に、日本に見捨てられたと感じているのだ」(17)と言われたという。

同様の心性は、本土遺族団の受け入れや慰霊碑建立の支援を担ってきた沖縄遺族連合会関係者のあいだにも、少なからず見られるものであった。同会青年部に所属していた与那嶺光雄は、機関誌『若竹』(第一〇号、一九六九年)に寄せた文章の中で、以下のように記している。

摩文仁のこの地は多くの言葉をもつてしても語ることの出来ない歴史の証言となるべき地だ! そこには幾万の同胞が最後まで弾雨の中を、死の谷間をさまよいながら手榴弾を抱いて屍と化した歴史の真実があるのだ。これではまつたく慰霊碑の展覧会場ではないか。(中略)

バスを連ねて観光団の一行がやつて来た。思い〳〵の服装で着かざつた多くの若い男女がバスからはい出され、キヤキヤさわぎながらガムをかみ、まるで遊園地さながらの様にいよいよ私の憤りは爆発寸前であつた。その中で一人の女性が何やら自分達の県知事の名前を叫んで皆を呼んでいる。私はその情景の中から何故この聖地が敢えて展覧会場にされたかを知るのである。

政治家の名誉と票集めの動員とされ、花束をささげるだけで英霊が浮かばれるかのように思っているこの人達に、愛国の情を一身に屍と化した若者が再び犠牲にされているような気がして慨りが悲しみとなってしまった。

沖縄遺族連合会は日本遺族会の傘下にあったが、その関係者でさえ、各県の慰霊塔が乱立し、本土遺族・観光者が「キヤキヤさわぎながらガムをかみ、まるで遊園地さながら」に振る舞うさまに強い不快感を抱いていたのである。

そこには、戦跡と観光の不調和を見ることもできる。与那嶺は同じ文章の中で、「純粋により真剣に平和への願いを求める県民、否遺族はこの姿に何を求め――何を要求すればよいか。四方海に囲まれ観光資源が豊富と言われる沖縄で敢えてこの歴史の証言となるべき霊地を観光化することは真剣に検討を加えるに価するのではなかろうか」と記している。かつて、沖縄では戦跡観光地化を後押しする動きも見られたわけだが、ここでは戦跡と観光の不調和が見出されていた。

（3）「反復帰」の輿論

こうした動きは、復帰のあり方への不快感に根ざしていた。一九六五年一月の佐藤・ジョンソン会談により、沖縄返還問題は日米間で具体的な政治課題としてようやく扱われるようになった。だが、そこでは復帰に至る具体的な政治日程が示されなかったばかりでなく、日米両国が沖縄に共通の軍事的利益を見出そうとする姿勢さえ、うかがわれた。

その不安は、後にさらなる現実味を帯びた。一九六七年二月、外務次官の下田武三は、駐米大使に赴任する直前に沖縄返還問題に言及し、「沖縄基地の自由な使用を保証することが施政権返還の前提条件」であり、「核基地の容認を含む基地の自由使用」を米軍に認めるべきであると発言した[18]。

沖縄の反発は、当然ながら大きかった。復帰協は「即時無条件全面返還要求行動要綱」(一九六七年一〇月)の中で、「核付き返還、基地の自由使用を認めた返還等、沖縄の現状固定化を許ろうとする」動向に「断固反対」し、「あくまで沖縄の即時無条件返還を要求する国民運動を展開」する姿勢をあらわにした[19]。

一九六九年一一月、佐藤・ニクソン会談において、一九七二年の沖縄返還の方針が発表された。だが、それは沖縄住民を満足させるどころか、大きな失望を与えた。米軍基地は「本土なみ」に残され、面積にして全国の五八・五%の基地が狭小な沖縄に集約されることとなった。

沖縄基地への核持ち込みについても、制限は曖昧だった。沖縄基地には核弾頭ミサイル・メースBが配備され、一九六八年には原子力潜水艦によるものと思われる海水の放射能汚染が報じられるなど、核の懸念は深刻だった。しかし、日米外交交渉では、核兵器の持ち込みについては、アメリカが日本政府と「事前協議」するとされるにとどまった。もともと「事前協議」は、日米安全保障条約下において、日本がアメリカの戦争に巻き込まれないための歯止めとして位置づけられていた。だが、七二年沖縄返還の方針が明らかになるころから、事前協議の結果、日本が自主的に米軍の行動を支持することもあり得ることが強調されるようになった。沖縄基地への核持ち込みも、そのような「事前協議」の対象とされたに過ぎなかった。本土復帰に沖縄住民が幻滅を抱いたのは、当然であった。

戦跡観光批判の噴出も、こうした「復帰」への憤りの延長にあった。与那嶺光雄は、沖縄遺族連合会機関誌『若竹』(第一〇号、一九六九年)に寄せた先の文章の中で、こう述べている。

祖国を持たない流浪のジプシー民族と化してすでに二十四年、いままさに沖縄問題が対米交渉の外交ルートに上つている。私達県民はいまこそ起ち叫び、この長い屈辱の歴史に終止符を打たねばならない。

しかし、私達は忘れてはならない。この霊地に眠る幾万の屍が何を考え何を求めたかを——それが故にいまなされている対米交渉が反戦平和に徹し、民族の独立と生きる権利を求めた即時無条件全面返還の願いに噛み合った交渉でなければならないことを。[20]

沖縄返還交渉が進みつつある中、「幾万の屍が何を考え何を求めたか」を想起しつつ、「即時無条件全面返還の願い」が叫ばれている。広大な米軍基地を残したままの沖縄返還への憤りを、そこに見ることができる。

これは何も与那嶺に限らなかった。同じく『若竹』（第一一号、一九七〇年）の巻頭言「主張　やってきた戦国時代」には、「本土と一体化していく過程の中に大きな落し穴が待ちうけていることを忘れてはならない」「われわれがこれまで戦ってきた安保廃棄、基地撤去運動はいま祖国政府の政策と真向うから対立しているのだ」という記述がある。祖国復帰運動と戦跡整備の一翼を担ってきた沖縄遺族連合会においてさえ、「祖国政府の政策」との対立や「本土と一体化していく過程」の「落とし穴」を感じ取る動きが、色濃く見られたのである。

（4）「摩文仁」の復帰後

一九七二年五月一五日、戦後二七年にして沖縄の日本復帰が実現した。那覇市民会館では、屋良主席の出席のもと「新沖縄県発足式典」が行われた。しかし、隣接する与儀公園では、復帰協主催の「五・一五抗議県民総決起大会」が開かれ、「屈辱的、反国民的な沖縄返還の内容を糾弾し、抗議する」という宣言が採択された。

こうした状況下では、摩文仁の慰霊塔への反感は、ますます高まることとなった。復帰後三年を経た一九七五年六月には、ほとんどの各県の慰霊塔が赤ペンキで落書きされるという事件が起きた。そこでは「皇太子上陸阻止！日本軍の残虐行為を許さない」「大和は沖縄から出て行け」などと書き付けられていた。[21]

折しも沖縄海洋博の開会（一九七五年七月二〇日）を控え、皇太子が来島する直前の時期であった。海洋博は沖縄の経済振興を意図したものでもあったが、急激に流入した本土資本は地場産業から地元労働者を奪っただけでなく、激しいインフレや環境破壊を引き起した。期待を裏切られ続けた沖縄の憤怒が、摩文仁を中心とした府県碑に叩きつけられていた。

第四節　おわりに――「戦跡というメディア」の構築と機能

戦後五〇年にあたる一九九五年六月二三日、摩文仁・平和祈念公園では、平和の礎の除幕式が行われた。そして、この地は今日に至るまで、沖縄の公的な追悼式が毎年執り行われるほどに、シンボリックな場となった。だが、既述のように、この地には戦後の初期からこうした地位が与えられていたわけではない。復帰運動の高揚や平和慰霊行進の盛り上がり、これらを報じるメディアの力学が相俟って成立したのが、「摩文仁」であった。平和行進というメディア・イベントは、いわば、実際の行進に加わることのできなかった読者たちに、擬似的な参加の高揚感を生み出した。それを通じて、「六・二三」は記念日として発見され、「摩文仁」は「記念の場」として位置づけられるに至った。

もっとも、見方を変えれば、それは戦後沖縄をめぐる歪みを映し出すものでもあった。本土府県の慰霊塔が摩文仁に積極的に受け入れられた背景には復帰運動があった。だが、その根底にあった戦後日本への憧憬は、あくまで、日本の独立と引き換えに沖縄が米軍に供されたことへの憤りと表裏一体のものであった。

それゆえに、沖縄返還のあり方への疑義が高まるようになると、摩文仁のモニュメント群は、しばしば憎悪の対象となった。サンフランシスコ講和条約の発効時のみならず、「祖国復帰」においても、本土に裏切られることが明確になったとき、摩文仁を媒介にした沖縄と本土の予定調和は崩れることとなった。

むろん、今日では、それほどの憎悪が摩文仁の慰霊塔群に叩きつけられることは少ない。だが、見方を変えれば、復帰前後の本土への憤りがいかに根深いものであったかを、摩文仁の戦跡史は映し出している。さらに言えば、摩文仁はその時々の日本と沖縄の関係性を照らし出しているとも言える。

ただし、戦跡に人々が読み込むものは、同時代において、決して一枚岩ではない。本土府県碑にしても、死者を公的に顕彰しようとする言辞が多く見られた一方、死者を私的に悼む延長で国家への批判が導かれたり、さらには沖縄への加害責任が想起されることすらあった。

戦跡は往時の記憶を伝えるメディアではあるが、それは遺構や慰霊碑といったモノであるだけに、人々の多様な読みを許容する。たしかに碑文には何らかのメッセージが記されているが、訪れる人のすべてがそれを熟読するわけでもなく、来訪者それぞれが様々に解釈を施す。時代とともに、そこに多様な意味が読み込まれるのも、そのゆえである。

その意味で、戦跡は決して所与のものではない。メディアとその時々の社会状況が複雑に絡み合いながら、おぞましい戦禍の場が記念すべきものとして発見される。摩文仁という場が発見され、そのモニュメントに多様な意図や欲望が投影されてきた戦後史には、本土と沖縄の歪みとともに、戦跡というメディアの力学が浮かび上がっている。

〈注〉

（1）　沖縄の戦後戦跡史については、北村毅（二〇〇九）『死者たちの戦後誌』御茶ノ水書房、で詳述されている。ただし、同書は文化人類学の問題関心から、地域の人々の慰霊実践に焦点が当てられている。それに対し、本章はメディアとの関わりにおいて、戦跡がいかに社会的に構築されてきたのか、また戦跡というメディアがいかなる機能を有していたのかを考察する。なお、拙著（二〇一五）『「戦跡」の戦後史』岩波現代全書では、沖縄・広島・知覧の戦跡史を比較対照し、戦跡が社会的に創られるメカニズムについて論じている。本章は、同書における摩文仁戦跡史の考察に基づきながら、戦跡とメディア・イベントの相関や「戦跡というメディア」の成立・機能に焦点を当てて論述する。

(2)　これら各府県の慰霊塔建設趣意書については、沖縄県公文書館に所蔵されている（「慰霊塔関係綴」）。

(3)　富田祐行（一九六三）『ブルーガイドブックス　沖縄』実業之日本社、二〇頁。

(4)　仲宗根義尚（一九八五）「青壮年部のあゆみと課題」沖縄県遺族連合会青壮年部『若竹　総集編』一一頁。

(5)　戦後沖縄で、「慰霊の日」をはじめとした記念日が創られていくプロセスとのその社会背景については、拙著（二〇一五）『「聖戦」の残像』（人文書院）の第五章「戦後沖縄と『終戦の記憶』の変容」を参照。

(6)　仲宗根義尚「青壮年部のあゆみと課題」（前掲）、一一頁。

(7)　同上。

(8)　同上。

(9)　「青森県戦没者慰霊塔『みちのくの塔』建立趣意書」東亜日報出版部編・発行（一九六五）『みちのくの塔』。

(10)　拙著『「戦跡」の戦後史』（前掲）参照。

(11)　東京都南方地域戦没者慰霊碑建設委員会編・発行（一九七一）『東京之塔』四五頁。

(12)　森田砂夫（一九六〇）「戦跡巡拝は観光旅行ではない」日本遺族会編・発行『第五回沖縄戦跡巡拝　感想文集』六九頁。

(13)　池田道夫「身に沁みた沖縄の人の親切」『第五回沖縄戦跡巡拝　感想文集』（前掲）、二一頁。

(14)　大平孝一「父の眠る魂魄の塔に額づいて」『第五回沖縄戦跡巡拝　感想文集』（前掲）、四七頁。

(15)　日本遺族会編・発行（一九七六）『英霊とともに三十年』一〇七頁。

(16)　「荒らされる南部の霊域」『琉球新報』一九六八年一二月五日。

(17)　渡辺豊信（一九六八）『私の沖縄　戦跡巡拝して』私家版、二六頁。

(18)　中野好夫編（一九六九）『戦後資料沖縄』日本評論社、五九七頁。

(19)　沖縄県祖国復帰闘争史編纂委員会編（一九八二）『沖縄県祖国復帰闘争史　資料編』沖縄時事出版、三六七頁。

(20)　与那嶺光雄（一九六九）「摩文仁に立つ」『若竹』第一〇号。

(21)　「赤ペンキで落書　摩文仁の丘」『毎日新聞』一九七五年六月一九日。

第七章　三億円事件と学生運動家

――二一世紀初頭の映画表象における「１９６８年」＝〈政治の季節〉

日高勝之

第一節　本章の背景とねらい

　近年、一九六〇年代前後の時代への関心が多元的に見られるようになっている。後述するように、いわゆる「昭和ノスタルジア」の対象もこの時代と重なるが、同時にその一方で〈政治の季節〉を象徴する一九六八年前後への関心や注目も高まっており、数多くの関連書籍や先行研究が生み出されてきた(1)。これらの研究成果では、当時の学生運動、市民運動と政治の関わりなどを具体的に検証することで、一九六〇年代の戦後史的位置・役割を批判的に再検証することに重点が置かれてきた。

　しかしながら一方でそれらの言説も含め、二一世紀に入ってからメディアや知的言説で顕著に見られる当時への注目の高まり自体が、そもそもいかなる社会文化的意味を内包しているかについての検証はほとんどなされていない。すなわち、二一世紀初頭という歴史的時間（historical juncture）において、なぜ数十年前の戦後の近過去の記憶と歴史があえて議題として呼び起こされるかについての先行研究は見られないのである。また、近年は言論メディアや知的言説のみならず、映画やテレビドラマなどの大衆映像メディアにおいても、一九六八年を中核とする〈政治の季節〉を取り上げる作品が数多く見られるようになってきているが、これを研究対象とした先行研究もほとんど存在しない。(2)

しかしながら、近年、映画やテレビドラマが一九六〇年代への関心を高め、その際、当時の学生運動をめぐる表象が広く見られることは注目に値しよう。本章は、一九六八年に起きた三億円事件をめぐるそれらの作品の表象のありようを詳細に検証することで、今世紀初頭の映画やドラマがなぜ当時の学生運動を議題化し、それをどのように位置づけようとしているかを明らかにする。これらの作品では、今や伝説と化した半世紀近く前のこの現金強奪事件をヒロイックな行為として描くと共に、真犯人を学生運動家と設定することで、犯行を新左翼運動に関係した反権力的な社会的オフェンスとする再文脈化を試みている。本章では二一世紀初頭のポピュラーカルチャーが、三億円事件の犯人像をめぐる想像上のナラティヴを造型し、当時の学生運動家らの躓きをその後の大衆消費社会への移行の不可逆的な歴史的分岐点として内省的に捉えようとしていることを、代表的な映画、およびテレビドラマ作品の分析を通して明らかにする。

第二節　「昭和ノスタルジア」と「1968年」

(1) 記憶とメディア

記憶とメディアの関係を研究してきたイギリスの文化史家ホッジキンとラッドストーンによれば、記憶はしばしば矛盾し、相反する意味としてメディアの表象に帰着する。なぜならば、「過去は決して固定せず、変化しやすいものだからである。過去の出来事のナラティヴと、過去の出来事に付与された意味は、それぞれ絶えず変容の状態の中にある」(3)。アメリカの歴史家ヘイドン・ホワイトは、中世の歴史的ナラティヴの発展を分析し、歴史的ナラティヴとは、過去の出来事についての道徳的、倫理的教訓を提供する性質のものだと述べている。ホワイトによれば、歴史的ナラティヴは「潜在的ながらも、明白な目的として、ナラティヴが扱う出来事を道徳的に説明したいという欲望がある」[4]。とりわけ近過去の記憶はメディアで表象される時、固有の意味、あるいは新しい意味を獲得する。なぜならば、ホッジキンとラッドストーンが言うように、「美術館、映画、また他のメディアは記憶のための場所であるだけでなく、意味介入のための場所なのである」[5]。

（2）社会現象化した「昭和ノスタルジア」

日本のメディアは、第二次世界大戦の記憶と共に、戦後社会の軌跡の記憶について繰り返し、その意味をめぐる再交渉を行ってきた七〇年の戦後史がある[6]。そして二一世紀の到来以来、一九六〇年代（および時には一九七〇年代）の高度経済成長期の「絶頂期」前後の時代を表象することがメディアでは、いわばブーム化していると言っても過言ではない状況が生まれている。この現象は、しばしば「昭和三〇年代ノスタルジア」「昭和三〇年代ブーム」という言い方がなされてきた。昭和へのノスタルジアは、昭和から平成に移行した直後の一九九〇年代前半にも存在したが、社会現象化するに至ったのは、二〇〇五年の映画『ＡＬＷＡＹＳ　三丁目の夕日』の大ヒット以降である。この映画は興行面で成功を収めたのみならず、日本アカデミー賞で一二部門の最優秀賞を受賞するなど、批評面でも高く評価された。「昭和ノスタルジア」映画を代表する他の二つの映画『フラガール』（二〇〇六）と『東京タワー――オカンとボクと、時々、オトン』（二〇〇七）も日本アカデミー賞最優秀作品賞を受賞したため、『ＡＬＷＡＹＳ　三丁目の夕日』から三年連続で「昭和ノスタルジア」映画が映画賞を独占する事態となった。

（3）「分水界的事象」としての「1968年」

「昭和ノスタルジア」映画の主な表象対象は、当初は昭和三〇年代（一九五五〜一九六四）前後であったが、近年、「昭和ノスタルジア」の主要なフォーカスは昭和三〇年代よりむしろ昭和四〇年代（一九六五〜一九七四）になってきている。とりわけ学生運動の中心的な年である一九六八年前後の時代、および学生運動そのものが表象対象となることが少なくない。

アメリカ合衆国、フランス、西ドイツ（当時）、イタリアなどとともに、日本は一九六〇年代に激しい学生運動を経験した先進国の一つであり、とりわけ一九六八年前後の盛り上がりは、これらの国々に勝るとも劣らないものであった。アメリカの社会学者イマニュエル・ウォーラースタインは、ヨーロッパ各地で革命が起きた一八四八年と共に一九六八年は、歴史上二度しかない「世界革命」に相当する重要な年であると述べている。「1968年の革命」は、アメリカの覇権に対する百年以上にわたる世界規模の組織化された、激しい反システムの抵抗運動であり、資本主義のシステムに揺さぶりをかけた「分水界的事象」であった[7]。日本人にとっても「1968年の革命」は戦後の分岐点と言うべきものあったがゆえに、文芸評論家の絓秀実は、「全共闘運動と連合赤軍事件がベビーブーマー世代に大きなトラウマ」となって残り、「われわれはいまだに『68年』という枠組みのなかで生きざるを得ない[8]」と述べている。

第三節　学生運動家のその後

（1）学生運動の挫折と大衆消費社会への適応

しかしながら一方で、当時の学生運動家のその後の消費社会への適応や妥協は、しばしば議論の対象ともなってきた。アメリカの政治学者エリス・クラウスは、日本の学生運動家のその後の人生についてのサンプル調査を一九七〇年代半ばに実施したが、それによると、多くの学生運動家は政治信条に変化はないとしながらも、社会に出てからは政治活動を断念している[9]。元運動家への広範なアンケート調査をもとに、クラウスは、「日本の組織での仕事の役割、特に企業での役割は広範なものである。そこでは組織への多大な忠誠、献身が期待され、左翼的な政治活動は組織の目標への敵対とみなされる[10]」と述べている。クラウスは、「サラリーマンに求められる組織への献身、忠誠、重労働、長時間労働、人間関係の調和[11]」などが主な原因で、日本の元運動家らは「妥協」を強いられたと結論付けている。こうしたことから、社会学者の小熊英二は、学生運動家たちは高度経済成長を根源から否定することを当初は目指したが、結局は皮肉なことに、「『あの時代』の若者たちの叛乱が残した最大のものは、高度成長への、そしてその結果として出現した大衆消費社会への適応であった[12]」と述べている。

しかしながら、日本の経済発展にもとづいた消費社会の進展は、一九九〇年代初めのバブル崩壊に帰結し、その後容易に経済が回復しない「失われた一〇年」もしくは「二〇年」と呼ばれる状況につながっていったのは言うまでもなかろう。「昭和ノスタルジア」のメディア表象の、昭和三〇年代への関心から四〇年代前後への関心の移行は、こうした厳しい日本の現実と無縁ではない可能性が疑われるのである[13]。

（2）学生運動家のその後へのメディアの注目

注目すべきなのは、近年の映画やドラマが、当時の学生運動を頻繁に取り上げていることである。これらの作品では、当時の学生運動そのものへの共感をしばしば示しながらも、同時に学生運動家のその後の資本主義社会への「同化」と権力への「服従」へのクリティカルな視線を物語の中に投影させるなど、何がしかアンビバレントな要素が見られもする。本章では、これらの映画やドラマにおける当時の学生運動家の表象のありようを、一九六八年の暮れに起きた三億円事件の表象との関連から考察する。分析に際しては、ポスト・マルクス主義の政治理論家エルネスト・ラクラウとシャンタル・ムフの言説理論を独自に応用し、とりわけナラティヴにおける敵対性（antagonism）および節合（articulation）の構造的布置に注目する。それによって、三億円事件をめぐる物語造型の際、学生運動家はなぜ、どのように位置づけられるのか、そして学生運動家は何に結び付けられ、また何と敵対させられ、それらにいかなる社会文化的意味を認めうるかを、代表的な映画やドラマ作品から検証する。[14]

第四節　ポジティブに受け入れられた三億円事件

（1）三億円事件とは

三億円事件は、一九六八（昭和四三）年一二月一〇日に東京の府中市で発生した事件である。電機会社の社員のボーナスなど三億円を載せた銀行の現金輸送車が白バイ警官を偽装した人物に呼び止められた。この偽警官は、銀行の支店長宅が爆破され、そのうえ銀行は現金輸送車にダイナマイトが仕掛けられたという脅迫状を受け取ったため、この輸送車を調べる必要があるので、輸送車に乗っていた四人に降りるように説得する。四人が驚いて車を降りた後、偽警官は車の下にもぐって発煙筒を点火し、ダイナマイトが着火したかのように見せかけた。慌ててその場を逃げる四人を尻目に、偽警官は現金輸送車に乗って走り去っていった。

この事件は、三億円という前代未聞の金額や、白バイ警官を偽るなどの巧妙な手口、容疑者のモンタージュ写真の存在、そして容疑者リストに載ったのは一一万人、捜査した警官が延べ一七万人という空前の捜査だったものの結局、犯人を逮捕できずに時効を迎えたことなどからその後、伝説化された。被害者が個人ではなく銀行であったことと銀行が保険をかけていたこと、人身への被害が無かったことから巨額の盗難額に比して被害は大きくはなく、事件当時、新聞などのメディアは必ずしもこの事件を凶悪事件として断罪しなかった。むしろその巧妙な手口は称賛の対象にさえなった。

（2）ヒーロー視された犯人

事件の翌日の『読売新聞』の社説は、「テレビの犯罪ドラマを地でいったような感じさえ与える。犯罪の大型化、知能化、スピード化、広域化が現代の特徴だとすれば、この事件は現代犯罪の一つの典型」と記した[15]。同じく事件翌日の『朝日新聞』の記事は、「被害を受けたのは銀行であったことも、この事件を市民の一部が『かっこいい』と思った理由のようだ。大衆にとって、銀行は大きな金庫を見ただけでも近寄りがたいものとして目にうつる。その『完ぺき』ともみえる銀行がいとも簡単にやられたのである[16]」と記している。詩人のサトウ・サンペイは、「おかしないい方だが、本当に泥棒らしい泥棒、つまり名人の芸当をみるような気分がある[17]」と述べている。

このような好意的な反応の背景には、この事件が当時最高潮を迎えていた学生運動の時期と重なっていた事情もあった。一九六八（昭和四三）年五月二七日、日大で全学共闘会議が結成された。九月三〇日には、日大全共闘系学生一万人が古田重二良会頭と徹夜で大衆団交を行った。一〇月二一日には全学連の学生らが新宿駅を占拠して、群衆一万人以上が新宿東口駅前に集うなど、街頭闘争も活発に行われ、学生らと機動隊の攻防が続いていた。

一方で、警察による学生らへの姿勢は高圧的に映ることもあったため、若者だけでなく一般市民の間でも警察や政治などの権力への反感は高まっていた。そうした最中に起きた三億円事件は、警察、銀行などの社会的権威を出し抜いたことから、世間で「爽快感」と共に一種の（アンチ）ヒーローとして受け入れられたのであった。事件から二か月後の一九六九年二月、雑誌『潮』で作家の松本清張と社会心理学者の南博の対談が組まれたが[18]、この中での二人のやりとりは象徴的である。

（松本）盗まれたのが個人でなく銀行の金。血を流していない。そうしたことから犯人に対し「カッコいい」という声が多いのに、「けしからん」という声が少ない。銀行に対する庶民の反感という心理も見のがせない。

（南）そうですね。三億円という金額が、とくに効果を高めています。むかしなら、こうした事件に対して「実に冷酷な」とか「悪魔的な」という言葉を使う。しかし、いまは違いますよ。むしろ今度の場合は、まったく合理的な計算に対する一種の称賛のようなものがある。これは、日本人の社会心理が変わってきたからだ。（中略）

（松本）そうした反面、「警察の鼻をあかした」という、一般大衆の中にある反権力的な心理もある。

（南）それは、この間の新宿騒乱のときにもあった。必ずしも全学連を支持しない人でも、「警察に対してやった」と、その面だけを抜き出して、痛快に思っている人が多かったわけだ。（中略）〔三億円事件の犯人を〕「実にひどいやつだ」とか「けしからんやつだ」というふうに思っている人は、非常に少ないね。


このように三億円事件は、あたかも「ロビン・フッド」のように、反権力的な（アンチ）ヒーローとして一般大衆に受け入れられたのであった。犯人が見つからないまま時効を迎えたため、雑誌などでは真犯人像の仮説を提示する特集が繰り返し組まれ、売れ筋の作家による小説も多数刊行された(19)。これらの小説は犯行を非難するのではなく、純粋なミステリーとして真犯人像を探るのが常であった。小説や雑誌で示された真犯人像は、不良、学生運動家、過激派、警官、銀行員、ギャンブラー、若いゲイ、アメリカ兵をはじめ、じつに多彩なものであった。

第五節　三億円事件を描いた一九六〇年代、七〇年代の映画

（1）政治色の払しょく

三億円事件が起きた後、一九七〇年代半ばくらいまでの間に、事件を題材にした映画やドラマが数多く作られた。しかしながら、当時、三億円事件は、反権力の意味合いと結びつけられたヒロイックな事件として受け入れられたにもかかわらず、これらの映画やドラマは小説同様、政治的なコノテーションを払しょくした娯楽作品としてつくられるのが常であった。すなわち、〈政治の季節〉という固有の時代背景ゆえに、その犯行は社会的に非難されることなく一般大衆に受け入れられたのであったが、同時に、政治性そのものがすっかり希釈化され、単なるエンターテインメントの格好の素材として流用されたのである。

（2）当時の映画①コメディ、パロディ

これらの映画やドラマは、二つのカテゴリーに大別することができる。一つは犯行をユーモラスに描いたコメディもしくはパロディ、二つ目は警察が事件を調査する純粋な犯罪ものである。コメディ作品に入る主なものとしては、映画『クレージーの大爆発』（一九六九）、映画『喜劇　三億円事件』（一九七一）などが挙げられる。『喜劇三億円事件』は、そのタイトルが示すように典型的な喜劇であり、盗まれた現金の行方をドタバタ喜劇調に描いていた。『クレージーの大爆発』は、当時人気のクレージー・キャッツのメンバー七人全員が出演し、現金強奪後に宇宙へ逃亡するという不条理コメディとでも言うべきものであった。このプロットは、三億円事件とその翌年のアポロ一一号の月面着陸という二つのイベントをパロディ化することで人気を獲得した。

（3）当時の映画②犯罪映画

犯罪映画のカテゴリーに入るものとしては、映画『まむしの兄弟：恐喝　三億円』（一九七三）、映画『実録　三億円事件：時効成立』（一九七五）、映画『三億円をつかまえろ』（一九七四）、ドラマ『悪魔のようなあいつ』（一九七五）などが挙げられる。『実録　三億円事件：時効成立』は、映画『網走番外地』シリーズなどで著名な石井輝男監督の手になるもので、当時の典型的なB級娯楽映画であった。この映画では、金のやりくりに困っていた男が財政的な問題を解決するために現金を強奪する。警察は懸命な捜査を続けるが犯人が特定できないまま映画は終わる。鈴木則文監督の『まむしの兄弟：恐喝　三億円』は、当時人気を博していたやくざ映画の一つとして作られた。主演は『仁義なき戦い』シリーズで当時人気絶頂の菅原文太が起用され、三億円相当の麻薬の凄絶な奪いあいが描かれた。前田陽一監督の『三億円をつかまえろ』もまた典型的な犯罪アクション映画であり、映画の中ではプロの金庫破りの名手が綿密な計画で三億円を盗み出す様が描かれた。

これらの映画は、当時の人気娯楽映画を生み出した著名監督の手でつくられているが、いずれも政治的なコノテーションがほとんど見られない。それは娯楽映画ゆえにそうなのでは必ずしもない。一九六〇年代後半から一九七〇年代前半の娯楽映画は、むしろ政治色が濃厚なものが少なくなく、これらの監督も別の映画では政治的、アナーキーな映画表現を試みたことで知られる個性派監督たちである[20]。だがしかし、そもそもこれらの監督や脚本家たちには、三億円事件を通して何がしか政治的な含意を描出することに関心があるように見受けられないのである。そして一九七〇年代半ば以降になると、三億円事件を題材にした映画やドラマはあまり作られなくなった。しかしながら、二一世紀に入ると、三億円事件は再び脚光を浴びるようになる。

第六節　三億円事件を描いた二一世紀初頭の映画

（1）断罪される元学生運動家――映画『ロストクライム　閃光』

三億円事件直後の一九七〇年代の映画やドラマと異なり、二一世紀に入ってからの作品は、しばしばこの事件を当時の新左翼の学生運動と関係する反権力的な政治的オフェンスという（おそらくは空想上の）物語をしばしば造型する。同時に興味深いのは、これらの作品は学生運動家の犯行を単にヒーロー視するだけではなく、彼らのその後の社会への「迎合」を厳しく指弾していることである。

最も典型的な例は、二〇一〇年に公開された伊藤俊也監督の映画『ロストクライム　閃光』であろう。監督の伊藤俊也は、シリーズ化された梶芽衣子主演の映画『女囚701号　さそり』（一九七二）など、現在もカルト的人気を集める異色の反体制映画を一九七〇年代に手掛けたとともに、東映労組の戦闘的な委員長として名を馳せたことでも知られる。『女囚さそり　701号』は、梶が演じるナミ（通称さそり）が、冤罪によって収監された後、看守や刑事にリンチや凌辱を繰り返し受けながらも耐え忍び、最後に彼らへの復讐を成し遂げるという荒唐無稽な内容であった。この映画は海外でも高く評価され、クエンティン・タランティーノは、映画『キル・ビル』（二〇〇三）の中で、梶が歌った『恨み節』を使用してオマージュを捧げているほどである。

『ロストクライム　閃光』は、それより三〇年以上前に同じく伊藤俊也によってつくられた『女囚さそり』シリーズとはまったく作風が異なるが、警察権力への激しい批判の点で重なり合う。『ロストクライム　閃光』は今世紀初頭の東京を舞台とし、二人の刑事がある殺人事件を捜査する中で、三億円事件とのつながりを発見する。彼らは三億円事件の犯人の一人が警察官の息子であることをつきとめ、スキャンダルを恐れた当時の警察が隠ぺいを図ったと考える。彼らが真相に近づこうとすると警察はそれを阻止しようとする。

これはおそらくフィクションではあろうが、三億円事件の容疑者の中には、実際、警察官や警察官の息子が含まれていた。ある警察官の息子は最重要容疑者として取り調べを受け、その直後に自殺している。こうしたスキャンダルは映画やドラマなどの格好の素材となるはずだが、前述したように、事件を娯楽作品として取り上げる傾向が強かった一九七〇年代には、この仮説を物語化したり、ましてや反権力と結びつけることはなかった。

しかしながら、この映画は、警察権力の不条理をストレートにテーマ化するとともに、三億円事件の主犯格の犯人たちを当時の学生運動家とし、彼らのその後の社会への「妥協」を一種の変節と見なして厳しく批判するのである。興味深いのは、三億円事件を主導した学生運動家、および事件を隠ぺいしようとした警察の双方（彼らは当時敵対関係にあったのだが）をこの映画は「断罪」していることである。映画の中では、主犯格であった男女の学生運動家二人は、現在、大病院の経営者と高級クラブのオーナーになっている。彼らは現在も愛人関係であり続けているが、ある時、見ず知らずの人間から凄惨な復讐を受けることになる。

高級クラブのオーナー真山恭子（かたせ梨乃）は、三億円事件の犯人として疑われた人物の息子に惨殺される。この殺害シーンの幾重にも意図的にデフォルメされた描写は注目に値する。男が眼前の恭子の頭部に向け銃を発射すると、恭子は、不自然なまでに高らかに両手を挙げた後に崩れ落ちる。この殺害場所は、東京ウォーターフロントのレインボーブリッジであるが、一九八七年というバブル景気の真っただ中の時代に着工されたこの橋が舞台に選ばれ、そこでの即物的な死が描写されることで、戦後の繁栄の虚構性が示唆されていることが容易に読み取れよう。また、このシーンでは、音楽にショパンの黒鍵のエチュードが使用され、過剰なほどの音量でピアノが鳴り響くが、バブルを象徴する場での誇張された悲劇性と即物的な死の組み合わせは、決して偶然なものではない。

この映画では、恭子のみならず、同じく学生運動家で三億円事件の共犯者であった大病院の経営者・吉岡健一

（宅麻伸）も残忍な殺され方であっけなく生涯を閉じる。これらのことは、作り手による、元学生運動家のその後の人生へのクリティカルな視点を抜きに考えることは困難であろう。監督の伊藤俊也は、この映画について以下のようにインタビューで語っている。

今でも一九六八年に関してはいろんな本が出版されて、そのとき青春を送った団塊の世代の人たちには、特別な時代としてノスタルジックに語られている。でも私はそういうものに触れるにつけ、あの時代を賛美するだけの見方にはきわめて批判的なところがあるんです。例えばあの学生運動を経て社会に出た運動家は、最初は差別的な扱いを受けた。でもそこから医学部の学生だったら、中央の病院が受け入れてくれなくて地方の病院へ行って、やがて地域医療に尽力した人もいる。あの時代に何をやったかではなく、その後自分の理想とする医療のあり方を探って、そこで闘い続けてきた素晴らしい人もいるんです。だが、その後、君たちは何をしてきたかと問い返したい人の方が多い。ですから、この映画の犯人グループでも、六八年当時の行動とともに、青春の成れの果てといった感じの現在の姿も描いていています。かたせ梨乃さんや宅麻伸さん〔二人は三億円事件を実行した学生運動家の現在を演じた〕は、その雰囲気をよく出してくれたと思いますよ。(21)

伊藤が言うように、学生運動家が卒業後も運動を続けたのは稀であった。しかしながら、エリス・クラウスが一九七〇年代半ばの調査から指摘するように、多くの活動経験者はその後も進歩的な考えを持ち続け、「資本主義の矛盾」(22)を感じていたにもかかわらず、彼らの多くは企業に入り、政治活動を断念せざるを得なかった。彼らは、「企業戦士」となり、戦後日本の未曾有の高度経済成長の原動力となるのだが、元学生運動家が「『私』の欲望に忠実になることを自分に許した」(23)ことによる「妥協」と「社会的適応」が大衆消費社会を促進したと小熊英二が述べるように、学生運動家のその後の人生と日本社会のありようには密接な関係を読み取ることができる。

（2）酷似したドラマ――『宿命１９６９-２０１０：ワンス・アポン・ア・タイム・イン東京』

二〇一〇年にテレビ朝日系列で放送された連続ドラマ『宿命１９６９-２０１０：ワンス・アポン・ア・タイム・イン東京』は、直接は三億円事件を扱ってはいないものの、同じ年の映画『ロストクライム　閃光』と酷似したコンセプトの作品である。このドラマでは、元学生運動活動家の有川三奈（真野響子）と白井眞一郎（奥田瑛二）が四〇年ぶりに偶然再会する。眞一郎は、次期首相候補と目される与党の有力政治家、三奈は大病院の経営者になっている。だが二人は、ある悍ましい出来事に直面することで、その打算的な生き方への痛烈なしっぺ返しを受けることになる。

一九六八年七月、学生たちが東京大学の安田講堂を封鎖し、学生運動は最高潮を迎えるが、当時、東大で学生運動に激しく身を投じていた三奈と眞一郎は、恋に落ちた。その後二人は別れ、大学卒業後は会うこともなかったが、前述したようにそれぞれ社会的な成功をおさめる立場になっていく。だがまったくの偶然ではあるが、三奈の息子・崇と眞一郎の娘・尚子が、それぞれ相手の親のことを知らずに付き合い、結婚話がすすむことになる。ある時、三奈が息子・崇の付き合っている相手の親が眞一郎であることを知ったとき、三奈は驚愕するとともに結婚に強く反対する。というのは、非嫡出子として生んだ崇の実の父親は眞一郎ではないかと三奈は考えているのである。一方で、大病院を経営する三奈の財力を政治資金として活用したい眞一郎は、娘と崇たちの結婚が近親結婚の可能性が高いと三奈から聞かされても、なおも結婚に固執しようとする。

ドラマの最後では、三奈の心配が杞憂であったことが分かり、崇と尚子は結婚するのだが、二人は眞一郎の打算的な目論見を厳しく批判し、崇は金権政治に頼らない新世代の政治家を目指し、眞一郎と政治の舞台で対決することを表明する。

このようなシリアスな題材のドラマが金曜日のゴールデンタイムに毎週放送されたのは、戦後の分岐点とされる一九六八年前後の〈政治の季節〉後の日本のありようを反芻する集合的な関心が高まっている背景を抜きに考えることは困難であろう。前述したように、未曾有の経済発展を背景にした消費社会の進展は、同時に一九九〇年代初頭のバブル崩壊にもつながっていく。幅広い領域におけるバブル崩壊の余波は一九九〇年代後半以降に顕著にみられるが、その際、大衆メディアの表象の中で、近過去への単純な懐古ではなく内省的な志向が高まるのは、二一世紀初頭の日本人の集合的な感情を何がしか映し出していると考えることができよう。

酷似するコンセプトの映画『ロストクライム　閃光』とドラマ『宿命1969-2010：ワンス・アポン・ア・タイム・イン東京』は、ともにエリート大学の学生運動家のその後の、言うなれば「背信」と「迎合」への批判が戯画的と言って良いほど直截的に描かれていたが、次に論じる塙幸成監督の映画『初恋』（二〇〇六）は、よりメタ的な意味構造を背後に備えた作品である。

第七節　女子高校生が実行犯——映画『初恋』

（1）覆面作家の「自伝」の映画化

映画『初恋』は、素性やプロフィールを明かさない、いわゆる「覆面作家」の中原みすず原作の、三億円事件犯人による自伝的な体裁の同名小説を映画化したものである。この作品が興味深いのは、三億円事件の実行犯を一八歳の女子高校生としていることである。映画は、「ドキュ・ドラマ（docudrama〔documentary drama〕）」スタイルで、女子高校生による犯行を緻密に再現している。

ヒロインの女子高校生・中原みすず（宮崎あおい）は、幼い頃に父親を亡くしたのち母親に捨てられたため、親戚の家を渡り歩く生活を歩んできた。子どもの頃から誰からも愛されたことがないと感じて育ったみすずは、一九六六年頃に、東京・新宿の喫茶店に毎日集う若者グループと親しくなる。この若者グループは、大学生、学生運動家、不良、予備校生などで構成されていた。みすずは、このグループのメンバーだが他の学生と異なる雰囲気を持った、東京大学の学生・岸（小出恵介）に恋心を抱くが、恥ずかしさのために告白できずにいる。

ある日、岸は、警察権力の鼻を明かすために三億円の強奪を計画していることをみすずに打ち明け、その実行犯になることを依頼する。みすずは驚き、動揺するが、人生で初めて他人から頼られていることを感じるとともに、恋する岸からの頼みでもあることから引き受ける。岸はみすずを連れて何度も三億円強奪のためのシミュレーションを行い、綿密な計画を立てていく。そして一九六八年一二月一〇日、みすずは白バイに乗った警官を装い、三億円の強奪に成功する。犯行後、岸はみすずの勇気を称え、今後は大学受験のために勉学に専念するよう助言するとともに、みすずにアパートの鍵を渡し、大学に入学したらそこで一人で自由に暮らすように言う。これを聞いた時、みすずは岸が海外で身を隠し、自分から離れていくのではないかと危惧する。みすずは大学に合格し、アパートで暮らすが、岸から連絡が無いまま日々が過ぎていくため苦悶する。だがある日、みすずは、アパートの部屋の本棚の中に、岸が残した日記を発見する。そこには次のように書かれていた。

（岸の日記から）

一九六六年五月〇日

今日、僕は少女に出会った。

少女はまっすぐな眼をして

まっすぐに僕に言った。
「大人になんかなりたくない」と。
僕は恋をした。
たぶん一生に一度の恋を。
だけどそれは告げることはないだろう。
僕には彼女の眼を曇らせることしかできないのだから。

これを読んだみすずは泣き崩れる。この後、映画は、字幕（サブタイトル）で若者グループのメンバーのその後を紹介して終わるのである。同時に字幕（サブタイトル）では、事件の時効が過ぎたが、岸は依然、消息不明であると示される。

（2）なぜ女子高校生に犯行を依頼したのか

なぜ岸は、女子高校生のみすずに共犯を依頼したのだろうか。岸は新宿の喫茶店で毎日集う若者たちのグループの一員であった。したがって、この複雑な犯行を成し遂げるには、グループの男子大学生らに相談を持ちかける方が容易で理にかなっていたはずである。だが岸はそうしなかった。むろん岸本人がみすずに述べるように、実行犯が女性であることは、主に男性を犯人と想定しがちな警察の捜査を撹乱するのに都合が良い事情はあったであろう。だがそれにしても女子高校生のみすず一人を選んで、完全犯罪を実現するのはリスクが高いことは否めない。岸が、他のメンバーからいささか孤立していた事情も、これと関係していたと思われる。映画の冒頭で、若者グループのリーダー格のタケシ（柄本佑）は、メンバーの特徴を観客に紹介するが、その際、他のメンバーは典型的な学生運動家、不良、プレイボーイなどと紹介されるが、岸については、「とても変わった奴だ」と語られる。映画の中でも他のメンバーは、喫茶店で、学生運動、若者同士の喧嘩、恋愛について語り合うのが常であったが、岸だけは難解な書物を一人で読んでいた。つまり周囲が夢中になっている学生運動や恋愛に関心を示さず、人生と政治の意味を孤独の中で思索する人物として岸は描かれているのである。だが、他のメンバーは岸の真意がまったく理解できずにいる。一方、岸はメンバーたちに違和感を覚えているのだが、このことはこの映画が、岸を当時の典型的な学生運動家と一線を画する若者として描くとともに、岸と学生運動家の対比を試みていることを示している。

実際、映画『初恋』は、岸、みすずと他のメンバーの学生運動家を比喩的に対比させている。東大の学生である岸は有力政治家の息子とされ、彼が、父親も含む当時の政治権力への強い反抗心を抱いていることが描かれる。岸は学生運動を経験したものの、運動が現実の社会変革を成し遂げることに無力であると気づき、運動に距離を置く。むしろ岸は、歴史的な完全犯罪を実行することにより、社会へのインパクトを与えることに意味を見つけようとするのである。

（岸）いまの連中は皆そうだが、僕も権力ってヤツを憎んでる。石投げるもよし、角材振り回すもよし、だけどなあ権力にとっては痛くも痒くもないんだ。だから、俺は頭で勝負したい。

（みすず）何か考えがあるの？

（岸）そう、ある……。

みすず、お前にしか頼めないことなんだ。やってくれるか?……
他の誰でもない、お前が必要なんだ。

岸の「石投げるもよし、角材振り回すもよし」という言葉が学生運動を示唆しているのは明らかである。岸はむろん学生運動を社会変革と結び付けているのだが、彼は異なるアプローチを模索するのである。

第八節　犯行の背後にある純潔性と自己犠牲

(1) 巧妙な「舞台装置」

興味深いのは、この映画は、巧妙な「舞台装置(*mise-en-scene*)」を用いて、岸とみすずの純潔性と自己犠牲を強調することによって、彼らの犯行を社会変革のための「政治的ミッション」として描出していることである。前述の二人の会話は、ラブホテルの一室で行われた。岸は三億円強奪の話をみすずにするために話が漏れない場所を選んだのであるが、二人は犯行計画について話すだけで、性的な関係を一切持たない。本来ならば性的な関係を持つために使用される大きなダブルベッドを挟んで、若い男女が体に触れあうこともなく、神妙に話をするのは、いささか異様ではあるが、ラブホテルが映画のコンセプトを際立たせる重要な「舞台装置」として使われていることがわかろう。岸は、「他の誰でもない、お前が必要なんだ」と述べるのだが、皮肉なことにこれは愛のセリフではなく、三億円強奪の実行犯を依頼するためのセリフなのである。さらに犯行後、二人の恋が成就しない点で、彼らの犯行の、自己犠牲に基づいた社会変革のための「政治的ミッション」としての性格が前景化するようになる。

一方で注目に値するのは、若者グループの学生運動家などの他のメンバーたちが日々セックスに興じる姿を、映画はわざわざ描いていることである。これらの描写が岸とみすずの自己犠牲による「貞操」とのコントラストを成していると見なすのは容易であろう。実際、前述の岸らのラブホテルのシーンの直後に、映画のプロットラインと関係のない、不可思議かつ抽象的な短いショットが挿入されている。このショットは川にたゆたう赤い人形を映し出しているが、それがみすずの「受難」、もしくは「殉難」を示唆する舞台装置として流用されていると見なす以外に解釈を見出すのは困難である。

この映画を巡っては、他にも岸とみすずを犯罪者ではなくヒーローとして描くためのプロットの装置がいくつも確認できる。この映画は単純に犯行を英雄視する愚は犯さないが、映画館とテレビ放送のための映画の予告編では、彼らの行為が社会変革であることをあらかじめ示唆している。予告編では、みすず自身のヴォイス・オーヴァーで「あなたとなら時代を変えられると信じていた」と語られる。また、映画本編のラストシーンで、みすずが新宿の街を歩くとき、サブタイトル（字幕）が現れる。そこでは、「昭和五〇年一二月一〇日、三億円事件は時効を迎えた。三億円事件で盗まれた紙幣は未だに一枚も使われていない」の文字が映し出される。そして当時の新宿の風景から現在の喧騒に満ちた新宿の街がフェード・インされる。「三億円事件で盗まれた紙幣はいまだに一枚も使われていない」の言葉によって、二人の犯行が金目的のおのれの欲望を満たすためのものではなく、純粋に政治目的であることを映画の最後で改めて確認するのである。

（2）犯行の完遂とプラトニック・ラブ

この映画には二重のプロットラインを認めることができる。すなわち犯行の完遂とプラトニック・ラブである。みすずに関して言うならば、犯行は成功するが彼女の岸への恋愛感情は抑圧される。岸とみすずが強奪した紙幣を一切使わなかった点も、自己犠牲のモチーフを示唆しながら彼らの「ヒロイック」な行為を称揚することに役立っている。映画の監督をつとめた塙幸成は、一九六〇年代のリアルな再現ではなく、犯罪と純愛を結びつけて想像上の一九六〇年代を造型することを目指したと述べている(24)。塙は、「これは恋愛の映画であり、三億円事件とともに恋が成就されなければいけない。そして同時にそこから破滅が始まらなければならない。つまり恋の成就が別れの始まりでなければ、この映画は絶対に成立しない(25)」と述べている。この塙の言葉は、本章の議論が勝手な憶測でないことを作り手の立ち位置から裏づけてくれよう。

繰り返しになるが、この映画では三億円事件の犯行が学生運動家ではなく、むしろ運動への違和感を覚えていた岸と、運動そのものの外にいたみすずによって行われた点が重要である。岸とみすずは、映画『ロストクライム閃光』やドラマ『宿命１９６９-２０１０：ワンス・アポン・ア・タイム・イン東京』での三億円事件の犯人である学生運動家たちとは大きく異なっている。これら二つの作品では、学生運動家のその後のライフヒストリーが、金銭や性愛、自己利益と妥協、打算にまみれたものであることが厳しく批判された。一方、岸とみすずの生き方は、信念、純潔、そして利己の否定と抑圧としての利他＝社会変革と結び付けられていた。ここで重要なのは、このように映画『初恋』と二作品の間には、著しい違いがありながらも、いずれもが（元）学生運動家を「指弾」していることである。

第九節　元学生運動家らの無残な死

（1）サブタイトルで処理される死

むろん、映画『初恋』では、みすずは岸のように「政治的使命」を深く自覚しているわけではないが、彼ら二人と学生運動家との間には明確な対比が構成されている。学生運動家ら若者グループのメンバーを無力で愚かとして描くこの映画の表象は一貫している。映画の最後で、岸以外の男性メンバーは、皆若くして死んだことが示される。それも単なる死ではなく、いわゆる「野垂れ死に」をすることが観客に示されるのである。映画のラストでは、サブタイトル（字幕）によってメンバーのその後が説明される。それによると、現在もとりあえず平穏無事に暮らしているのは、女性の二人、すなわちみすずとその友人のユカだけである。一方で、男性メンバーはことごとく無残な死を遂げている。熱心な学生運動家であったリョウは二四歳の時に、右派学生によるリンチに会い、内臓破裂で失血死する。テツは二九歳の時、薬物中毒を患い、心神喪失状態になったのちビルの屋上から投身自殺をする。ヤスは北海道をヒッチハイクで放浪中、国道でひき逃げ事故に遭い三三歳で亡くなっている。若者グループのリーダー格であったタケシは、小説家として文学賞を受賞するが、三六歳の若さで癌で亡くなっている。

（2）七〇年代「実録映画」との相同性

サブタイトル（字幕）で、登場人物の非業の死を説明する映画的手法は、映画『仁義なき戦い』シリーズに代表される一九七〇年代の「実録映画」を想起させよう。「実録映画」では、暴力＝激しい肉体運動で「男気」を発散させていたやくざたちが、敵の暴力でその肉体運動を突然制止させられ、その生をあっけなく終了させられる様が、静止画的なストップモーションによってドライに描かれていた。映画『初恋』では、一九六八年前後の東京・新宿という学生運動の真っただ中の時代と場所で、ゲバ棒などを手に、（そしておそらくは同時に性行為により）激しい肉体運動を繰り広げた若者たちが、もっと長く何がしか活躍の場があったであろう人生を生き抜く機会を与えられず、三〇代前半くらいまでにその生を終了させられる様が、やはりドライなサブタイトル一枚で処理されるのである。

その一方で、岸だけが、依然として「消息不明」と紹介されることで、国外などで身を潜め、「政治犯」としての自己犠牲的な人生を捧げたことが暗示され、神話化される。そしてみすずについては、エンディングで、「時は流れた。今の新宿に私たちの足跡は何もない。すべては消えていった。でも、だからこそ私には愛おしい。あのころが」とのモノローグをみすず本人に語らせることで、女子高校生の時、事情がよくわからぬまま、社会変革の意味合いを伴った三億円強奪を完遂し、その後の表舞台での生の可能性を剥奪された自己犠牲的な生のありように、この映画は救世主的な位置づけを付与するのである。

第一〇節　結　論

本章で論じたように、三億円事件は、〈政治の季節〉との関連から、事件当時ヒーロー視されたにもかかわらず、事件直後の一九六〇年代末や一九七〇年代の映画やドラマは、事件と政治との関係に関心を示さず、犯罪アクションやコメディなどの純粋な娯楽作品としてこの事件を描いた。

その後、三億円事件を描く作品はあまり見られなくなっていくが、二一世紀に入ってから、この事件は映画やドラマで再び脚光を浴びる。しかしながら、三〇年以上前のこの事件に注目する近年の作品は、当時の学生運動など〈政治の季節〉の意味合いを前景化させる。その際、これらの作品は、単純に学生運動家などによる犯行を必ずしも美化するのではなく、むしろ彼らのその後の生き方を厳しく問うのである。

本章の最初で述べたように、学生運動の躓きなどによる一九七〇年代初めの〈政治の季節〉の終焉は、大衆消費社会への本格的な移行と関係する戦後の分岐点とも言えるものであった。だが、その延長線上にはバブルの崩壊や失われた一〇年、二〇年などの長い不況と混迷が待ち受けていることを、今に生きる日本人は皆知っている。

二一世紀に入ってからの、大衆メディア作品における三億円事件への新たな注目の高まりは、その時代とその後の歴史のありように目を向けざるを得ない痛烈な反省意識が根底に窺《うかが》えるとともに、多くの作り手、オーディエンスがその時代を経験していることから、一種の集合的痛悔のナラティヴの造形による仮想的かつ儀式的な懺悔の趣きを備えている。

二〇一一年三月の東日本大震災、および福島原発事故の後、「戦後」の問い直しは多元的に見られるようになっている。原発政策のあり方への視点は、その最も直接的なものであるが、安全保障法、特定秘密保護法、憲法改正などをめぐる賛否の議論など他にいくつも見出すことができよう。一般的に、大衆メディアにおける昭和三〇年代、四〇年代ごろの表象は、「昭和ノスタルジア」というカテゴリーで分類され、こうした政治、社会的動向と別のものとして考えられがちである。しかしながら、それらはいささか位相を異にしつつも、いずれもが「戦後」のありようについての意味闘争の現在形を何がしかその身振りで示していると思われるのである。

作家の大江健三郎は、震災後、「戦後」のありようについて、批判的な発言を繰り返してきた。大江は、戦後の日本を「あいまいな日本」と定義し、「『あいまいな日本』とは日本人という主体が、この国の現状と将来において、はっきりしたひとつの決定・選択をしていない、それを自分で猶予したままの状態です。（中略）なによりそれは、過去についての国の過ちをはっきりさせないままでいる。その国の人間として、責任をとらずにいる、という状態です」(26)と述べ、こうした「あいまいな日本」の帰結がバブル経済だと指摘している。こうした見方に立つならば、戦後の分岐点、ウォーラースタインの言う「分水界的事象」であった一九六〇年代の学生運動や〈政治の季節〉、およびそれらの終焉に光をあてる映画やドラマ作品は、今後さらに量産されていくと予想することができよう。

しかしながら、これらの作品では、当時の時代にフォーカスしながらクリティカルな視点を深めつつも、今につらなる「戦後」のありようへの何がしかのオルタナティブが、作り手たちによって提示されることはない点も同時に指摘しておく必要があろう。私たちメディア研究者は、「クリティカル」という言葉をむやみに使う傾向が無きにしも非ずだが、その「クリティカル」が果たして何を指示対象とし、いかなる現実的な行方を想定しているかまでを問うことは稀である。三億円事件に代表される映画やドラマの当時へのクリティカルな視点も、経験的に共有されている青春期の純潔性の放棄に対する儀式的な贖罪という抽象的かつ仮想的な意味合い以上のものを見出せるかどうかは、実のところわからない。

〈注〉

（1）小熊英二（二〇〇九）『1968』（上・下）新曜社、絓秀美（二〇〇六）『1968年』筑摩書房、四方田犬彦・平沢剛編（二〇一〇）『1968年文化論』毎日新聞社、毎日新聞社編（二〇〇九）『1968年に日本と世界で起こったこと』毎日新聞社、三橋俊明（二〇一〇）『路上の全共闘1968』河出書房新社、坪内祐三（二〇〇六）『一九七二「はじめのおわり」と「おわりのはじまり」』文藝春秋ほか。

（2）数少ない例として、拙著（二〇一四）『昭和ノスタルジアとは何か　記憶とラディカル・デモクラシーのメディア学』世界思想社など。

（3）Hodgkin, Katharine and Susannah Radstone（2006）*Memory, History, Nation.* New Brunswick and London : Tansaction Publishers, p.23.

（4）White, Hayden（1981）'The Value of Narrativity in the Representation of Reality'. In W.J.T. Mitchel（ed）*On Narrative.* Chicago and London : The University of Chicago Press, pp.13–14.

（5）Hodgkin, Katharine and Susannah Radstone (2006) *Memory, History, Nation*. New Brunswick and London : Tansaction Publishers, p.174.

（6）Seaton, Philip A. (2007) *Japan's Contested War Memories. The 'Memory Rifts' in Historical Consciousness of World War II*. London : Routledge.

（7）Wallerstein, Immanuel (1991) *Geopolitics and Geoculture : Essays on the Changing World-system*. Cambridge : Cambridge University Press.（丸山勝訳〔一九九一〕『ポスト・アメリカ　世界システムにおける地政学と地政文化』藤原書店。）

（8）絓秀実（二〇〇六）『1968年』筑摩書房、八頁。

（9）Krauss, Ellis S. (1974) *Japanese Radicals Revisited : Student Protest in Postwar Japan*. Berkeley and Los Angeles : University of California Press.

（10）Krauss, Ellis S. (1974) *Japanese Radicals Revisited : Student Protest in Postwar Japan*. Berkeley and Los Angeles : University of California Press, p.142.

（11）Krauss, Ellis S. (1974) *Japanese Radicals Revisited : Student Protest in Postwar Japan*, Berkeley and Los Angeles : University of California Press, p.145.

（12）小熊英二（二〇〇九）『1968』（下）新曜社、八三五頁。

（13）浅岡隆裕（二〇一〇）「昭和の風景への／からの視線――メディアの語りの中の昭和30年代」『マス・コミュニケーション研究』76号。Hidaka, Katsuyuki (2010) Yearning for yesterday : Representations of Tokyo Tower within unfinished modernity of Shōwa nostalgic media. *Ritsumeikan Social Sciences Review*, Volume 46, Number 2, 25–46. Kyoto : The Association of Social Sciences, Ritsumeikan University.

（14）ラクラウとムフの言説理論については、エルネスト・ラクラウ&シャンタル・ムフ／山崎カオル・石澤武訳『ポスト・マルクス主義と政治――根源的民主主義のために』大村書店を参照されたい。また彼らの言説理論のメディア分析への応用については、拙著（二〇一四）『昭和ノスタルジアとは何か――記憶とラディカル・デモクラシーのメディア学』世界思想社、もしくは拙著（二〇一三）「ラディカル・デモクラシー理論のメディア学への応用――ラクラウとムフの言説理論とメディア・言説空間の競合的複数性」『立命館産業社会論集』第49巻3号を参照されたい。

（15）『読売新聞』一九六八年一二月一一日。

(16)『朝日新聞』一九六八年一二月一一日。
(17)『朝日新聞』一九六八年一二月一一日。
(18) 松本清張・南博（一九六九）「〈対談〉三億円事件犯人との対話――君の動機と狙いは何であったのか」『潮』一九六九年二月号、一六六～一六七頁。
(19) 三億円事件は、多くの小説化が成されてきた。代表的なものに、佐野洋（一九七〇）『小説三億円事件』講談社、西村京太郎（一九七一）『名探偵なんて怖くない』講談社、三好徹（一九七六）『ふたりの真犯人――三億円事件の謎』光文社、大下英治（一九七九）「白バイと紅薔薇」現代の眼編集部編『現代巨人列伝』現代評論社、清水一行（一九七九）『時効成立――全完結』角川書店、小林久三（一九八五）『父と子の炎』角川書店、一橋文哉（一九九九）『三億円事件』新潮社、風間薫（一九九九）『真犯人――「三億円事件」31年目の真実』徳間書店ほか。
(20) 石井輝男監督の『網走番外地』シリーズ（一九六五～六七、※その後、他監督の手で一九七二年までつくられる）、『徳川女系図』（一九六八）、『徳川女刑罰史』（一九六八）などの江戸時代を舞台にした「異常性愛路線映画」、鈴木則文監督の『緋牡丹博徒　一宿一飯』（一九六八）、『関東テキヤ一家』（一九六九）、『女番長ブルース　牝蜂の逆襲』（一九七一）、『恐怖女子高校　女暴力教室』（一九七二）、前田陽一監督の『七つの顔の女』（一九六九）、『喜劇　昨日の敵は今日も敵』（一九七一）ほか。
(21) 金澤誠（二〇一〇）「インタビュー～『ロストクライム～閃光』伊藤俊也」『キネマ旬報』二〇一〇年七月上旬号、キネマ旬報社、七六頁。
(22) Krauss. Ellis S. (1974) *Japanese Radicals Revisited : Student Protest in Postwar Japan*. Berkeley and Los Angeles : University of California Press.
(23) 小熊英二（二〇〇九）『１９６８』（下）新曜社、八三八頁。
(24) きさらぎ尚（二〇〇六）「初恋：インタビュー　塙幸成監督」『キネマ旬報』二〇〇六年六月下旬号、キネマ旬報社、六九頁。
(25) きさらぎ尚（二〇〇六）「初恋：インタビュー　塙幸成監督」『キネマ旬報』二〇〇六年六月下旬号、キネマ旬報社、六九頁。
(26) 大江健三郎（二〇一一）「私らは犠牲者に見つめられている」『世界』二〇一一年五月号、岩波書店、三三頁。

第八章　鶴見俊輔の大衆文化研究とその応用

――片桐ユズル、マーシャル・マクルーハン、音楽文化との関連から

栗谷佳司

本章では、現代文化研究の文脈においても取り上げられている、鶴見俊輔の『限界芸術論』[1]（鶴見、一九六七）の方法から、それが戦後日本の大衆文化をどのように捉え、応用されていったのかについて考察する。特に本章では、鶴見の議論から音楽文化との関わりについて取り上げたい。そして、鶴見との関わりとともに、鶴見の議論とそれを音楽文化に応用、展開した、片桐ユズルの言説について考察する。また、片桐はマーシャル・マクルーハンのメディア論、コミュニケーション論についても言及しており、本章では鶴見の議論に加えてマクルーハンの方法論がどのように応用されていったのかということと、現代文化へのアクチュアリティについて論じて、メディアと文化をどのように理解すればいいのかについて考えたい[2]。

マクルーハンは、一九六〇年代に日本の論壇に紹介されてからブームとなった。鶴見が編集した『大衆の時代』（平凡社、一九六九）においても、批判理論の社会学・哲学者、アドルノやベンヤミンと並んでマクルーハンの論考が訳されているし、鶴見のアメリカ哲学とコミュニケーション研究において鍵となるプラグマティズムの哲学者、ジョン・デューイの理論はマクルーハンの『グーテンベルクの銀河系』においても言及されている。

そして、片桐の音楽文化論は、戦後日本のフォークソング運動を鶴見とマクルーハンを媒介しながら分析しており、その分析視角を明らかにすることで戦後日本の大衆文化の一側面と、メディアと文化の読解と理解をする方法

を示すことができると思われる。

第一節　限界芸術論から音楽文化へ

(1) コミュニケーション史と大衆の文化

まず鶴見の限界芸術論について見ていく前に、鶴見の思想におけるコミュニケーションの契機について述べる。彼の研究の早い段階から「限界芸術論」と関係する「コミュニケーション」について研究が行われていた。すなわち、鶴見は一九五〇年代のルソーのコミュニケーション論をコミュニケーション史の問題として述べているのだ。そして、鶴見が限界芸術論へ注目するときに勁草書房版の『限界芸術論』に収録されている「流行歌の歴史」はその応用となっていて、その最初の記述には、鶴見が京都大学人文科学研究所で共同研究を行っていた時に構想していたであろう「限界芸術」の基本的な思考が出ているのである。そこで言及されているのが「ルソーのコミュニケイション論」である。鶴見はルソーのコミュニケーション論を始める前に、コミュニケーション史の問題として、音楽や詩や絵が民衆の活動の中から生み出されると描いている（鶴見・多田・樋口、一九五一＝一九七五、三九一頁）[3]。つまり、ここで鶴見はルソーのコミュニケーション論を考察する上で、コミュニケーション史の観点から文化を捉えようとしていたのである。鶴見は、一九六〇年代の講座本である『講座・コミュニケーション』の中でも第一巻「コミュニケーション思想史」と第二巻「コミュニケーション史」の編集を担当し、そして、

結論を早めに言うならば、コミュニケーション史は、大衆思想史への新しい道をひらくものだと思う。（鶴見、一九七三、九頁）

と述べる。

これは、鶴見がコミュニケーションの思想と歴史を大衆の問題として考えていたということであろう。鶴見は、一九六九年の『大衆の時代』（鶴見編、一九六九）の解説において「『教養人』と『大衆』とを連続体として考え」（鶴見、一九六九、一一頁）ると述べていたが、マス・コミュニケーションが発達していった戦後日本の文化の研究において、この思想は鶴見の中で受け継がれているものだろう。それは、次に見る鶴見の『限界芸術論』における「限界芸術」と「大衆芸術」「純粋芸術」との相互関係のプロセスの中にも見られる人々の思想なのである。

(2) プラグマティズムから「限界芸術」へ

ここでは「限界芸術論」を考察する上で、鶴見の思想の出発点でもある「プラグマティズム」について取り上げておきたい。「限界芸術」を考察する際に取り上げられる、デューイやサンタナヤ、柳田國男などは、鶴見の「プラグマティズム」とその応用の中で登場している。

鶴見は「プラグマティズム」について、その語源をカントにさかのぼり、「プラグマ」は「行為」を意味するものであるという（鶴見、一九五〇＝一九九一、九～一〇頁）。鶴見は、それを「もっと広く解する」、そして「ぼくは、プラグマティズムの思想の中に、まだ開発されていない資源があると思う」（同書、一二六頁）と述べている。鶴見は、「プラグマティズムの構造」として、それを「プラグマティズムの主唱者」は「倫理的」「論理的」「心理的」に解釈し、「功利主義的傾向」「実証主義的傾向」「自然主義的傾向」に思想を展開していったという（同書、一四六頁）。

「功利主義的傾向」においては、

もし考えが行為の一部なら、考えは意志の主権化に属するものであり、考え自体としての基準の他に、行為の基準にも従わねばならぬ。行為の基準とは倫理的基準である。そして、プラグマティズムの主導者によれば、倫理的に正しいことは人間の利益になるたけ阻害せぬこと――つまり最大多数の最大幸福ということに当たる。（同書、一四六頁）

これが「功利主義的基準」であるということである。

そして、「実証主義的傾向」では、言葉の意味についての分析として、「言葉はなんらかの行動の型をその意味として持つ」ということから、「意味なき文章」を排するという「運動」が始められるが、そこから「言葉がわれわれに与える影響」も意味を持つとした「第二の意味」が提唱された。そうすると「第一の意味を持たぬ文章も、ほとんどが第二の意味を持つこと」になるので、できるだけ「第一の意味」を持つ文章が思想において「合格」するように努力するという「意味の二重基準」が考えだされる（同書、一四六～一四七頁）。

この提案に従って思想を展開するなら、われらは宇宙、宗教、人間、あるいは思想自身についていかに考えなくてはならぬかがプラグマティズムの思想体系となる。（同書、一四七頁）

そして「自然主義的傾向」は、

これは心理機能としての考えをとりあげ、考えが行為の一環としてどのような性質を持つのかを解明する。（略）行為の一段階として思想を心理面において自然主義的に考察することは、心理学のみならず他の諸科学の援助を

受けつつ、思想を研究することを意味する。（同書、一四七頁）

と言われ、「真理」や「宗教」「人間」「宇宙」といったものとの関係についても「光明を投ずる」と述べられている（同書、一四七頁）。

このようなプラグマティズムの分類は、例えば「プラグマティズムと日本」において、柳田國男をプラグマティストとして捉える時にも活用されている。そして、ここから哲学を「いろいろの学問分野、いろいろの行動の分野に分散させること、それまずをすすめたい」、そして「哲学と日常生活の隅々の部とを交流させる」（同書、二五九〜二六一頁）という思考も出てくる。

そして、鶴見は「プラグマティズムの発達概説」において、プラグマティズムが「行動とむすびつけて意味をとらえる」というとき二つに区別する必要があるという。

一つは、ある思想が何をさししめすか〔指示対象〕をとらえることであり、言いかえれば、その思想を実証する行動がどんなものであるかを知ることである。（略）もう一つは、ある思想がどういう役割を果たしているか〔使い道〕をとらえることであり、言いかえれば、その思想を使う人々の行動がどんなものであるかを知ることである。（1）思想を実証する行動について知ること、（2）思想を使用する行動について知ること、これら二者は区別されなければならぬ。（鶴見、一九五七＝一九九一、二八二〜二八三頁）

このように鶴見は、「行動」から思想を実証することと、その思想がいかに「使用」されるのかというところからプラグマティズムを捉えている。

また、鶴見がプラグマティズムについてその「意味」における「記号」の側面に言及する。つまり、記号（思想でも、言葉でも）をたよりとして、人間が世界に間接的に働きかけるさいに、人間が記号をとおして世界にたいしてもつ関係が、意味なのである。（鶴見、一九五六＝一九九一、三〇六頁）

ここから、ラスウェルを取り上げながら、マス・コミュニケーションの問題、それはラジオや新聞における記号についても考察されることになる。「記号」については、鶴見は様々な対象について分析を行っている。

そして、このプラグマティズムは日本においてはその始まりが「ジャーナリズム」における「時評家兼業の人々」であり（同書、二九二頁）、そして、戦後の「大衆芸術の分析および批評は、プラグマティックな方法によってすすめられて来た」（同書、二九四頁）ということであった。「限界芸術」には、このプラグマティズムの研究で取り上げられていた思想あるいは思想家に言及されており、それはこのような思想の問題圏の中から進められてきたと考えられる。

そしてそのことは、鶴見が「限界芸術論」を次に述べるように、「芸術とはたのしい記号と言ってよいであろう」と書き始めている事からもわかる。つまり、それに接することによって、「たのしい経験となるような記号が芸術」であるということである。これはプラグマティズムの記号論的な側面の芸術文化への展開なのである。

（3）『限界芸術論』と「芸術の発展」

『限界芸術論』の初版は、勁草書房から一九六七年に発行される。収録されている論考は、一九四〇年代後半に書かれたものから五〇〜六〇年代に書かれた大衆芸術、マスコミ時評などである。ここで取り上げる「芸術の発展」は、『限界芸術論』の冒頭に置かれておりその理論的前提と言えるものであろう。この「芸術の発展」は、一九六〇年刊行の勁草書房『講座現代芸術』第一巻に収録されていたものである。そしてこの巻の収録論考は、阿部知二「芸術の社会史」、佐々木基一「芸術の発生」である。

鶴見は「芸術の発展」の「一　限界芸術の理念」の最初に、次のように書いている。

芸術とはたのしい記号と言ってよいであろう。それに接することがそのままたのしい経験となるような記号が芸術なのである。もう少しむずかしく言いかえるならば、芸術とは、美的経験を直接的につくり出す記号であると言えよう。（鶴見、一九六七、三頁）

これは、プラグマティズムの記号論的な側面の芸術文化への適用と考えられる。そして、ここで鶴見は、この「経験」を「美的経験」から捉えている。(4)鶴見は「美的経験」の「ひろい領域」として、いわゆる「芸術作品」だけではなくメディアに媒介される「ラジオの流行歌やドラマ」、そして、「友人や同僚の声、家族の人の話などのほうが大きな美的経験であろう」と述べる（同書、五頁）。

鶴見によれば「芸術作品」とは、

経験全体の中にとけこむような仕方で美的経験があり、また美的経験の広大な領域の中のほんのわずかな部分として芸術がある。さらにその芸術という領域の中のほんの一部分としていわゆる「芸術」作品がある。いいかえれば、美が経験一般の中に深く根をもっていることと対応して、芸術もまた、生活そのものの中に深く根をもっている。（同書、六～七頁）

鶴見は「芸術」を、「日比谷公会堂でコーガンによるベートーヴェンの作品の演奏会というような仕方」(同書、七頁)で捉えられるものばかりではないところから考えている。それが「限界芸術論」であり、本来ならば芸術とは呼ばれない人々の日々の行いの中に芸術を見ようというものであった。

そして、限界芸術について、鶴見は『限界芸術論』の「芸術の発展」において、芸術を「純粋芸術」、「大衆芸術」、「限界芸術」に分類している。

「純粋芸術 Pure Art」は「今日の用語法で『芸術』と呼ばれている作品」と定義され、「大衆芸術 Popular Art」は「この純粋芸術にくらべると俗悪なもの、非芸術的なもの、ニセモノ芸術と考えられている作品」と言われる。そして「限界芸術 Marginal Art」は「両者よりもさらに広大な領域で芸術と生活との境界線にある作品」と述べられている(同書、六～七頁)。「限界芸術」は、芸術と人々の生活の領域にある活動を含みこんでいるということである。これは先ほど指摘したように、鶴見が共同研究で執筆したルソーのコミュニケーション論における民衆と音楽や絵画などとの関係の言及にも現れているものであり、人々の文化へのまなざしがコミュニケーション史の研究から続いていることが見られるであろう(5)。あるいは、鶴見の勁草書房版『限界芸術論』には収録されていた「流行歌の歴史」、これは、もともとは一九六二年の『日本の大衆芸術』(社会思想社)に収録されたものが転載されたのだが、ここでも言及されているものである。

鶴見は「純粋芸術」「大衆芸術」「限界芸術」について、次のように述べている。

純粋芸術は専門的芸術家によってつくられ、それぞれの専門種目の作品の系列にたいして親しみをもつ専門的享受者をもつ。大衆芸術は、これまた専門的芸術家によってつくられはするが、制作過程はむしろ企業家と専門的芸術家の合作の形をとり、その享受者としては大衆をもつ。限界芸術は、非専門家によってつくられ、非専門的

表8－1　芸術の体系

芸術のレヴェル／行動の種類	限界芸術	大衆芸術	純粋芸術
身体を動かす ──→みずからのうごきを感じる	日常生活の身ぶり，労働のリズム，出ぞめ式，木やり，遊び，求愛行為，拍手，盆おどり，阿波おどり，竹馬，まりつき，すもう，獅子舞	東おどり，京おどり，ロカビリー，トゥイスト，チャンバラのタテ	バレー，カブキ，能
建てる ──→住む，使う，見る	家，町並，箱庭，盆栽，かざり，はなお，水中花，結び方，積木，生花，茶の湯，まゆだま，墓	都市計画，公園，インダストリアル・デザイン	庭師の作る庭園，彫刻
かなでる，しゃべる ──→きく	労働の相の手，エンヤコラの歌，ふしことば，早口言葉，替え歌，鼻唄，アダナ，どどいつ，漫才，声色	流行歌，歌ごえ，講談，浪花節，落語，ラジオ・ドラマ	交響楽，電子音楽，謡曲
えがく ──→みる	らくがき，絵馬，羽子板，おしんこざいく，凧絵，年賀状，流燈	紙芝居，ポスター，錦絵	絵画
書く ──→読む	手紙，ゴシップ，月並俳句，書道，タナバタ	大衆小説，俳句，和歌	詩
演じる ──→見る 参加する	祭，葬式，見合，会議，家族アルバム，記録映画，いろはカルタ，百人一首，双六，福引，宝船，門火，墓まいり，デモ	時代物映画	文楽，人形芝居，前衛映画

出所：鶴見，一九六七，七〇頁。

享受者によって享受される。（同書、七頁）

鶴見は、この三つの芸術を表8－1のようにまとめている。

また鶴見は、日本における「限界芸術」の問題を取り上げている者として、柳田國男、柳宗悦、宮澤賢治について言及しているが、柳田の民謡論からは民謡を限界芸術として取り上げている。

そして、民謡の発生にさいしては、おそらく最初の歌い手と作者とは同一人物だったのであろうと推定している。「東京音頭」や「桜音頭」の流行をまねて、全国各地でつくられた「□□音頭」が「民謡」としてとおるようになり、こうして民謡がマス・コミュニケーションの通路にのせられた大衆芸術として転生しつつあった昭和初期において、柳田国男の民謡の定義は、はっきりと限界芸術の一様

式としてとらえることで、民謡をなしくずしに大衆芸術にとけこませることからふせいだ。（鶴見、一九六七、一〇頁）

ここでは何が述べられているのだろうか。

それは、「限界芸術」にはマス・コミュニケーションと結びついた「大衆芸術」とは違う役割があるということである。先ほども述べたように、鶴見は『限界芸術論』において、芸術を「純粋芸術」、「大衆芸術」、「限界芸術」に分類していた。ここで「限界芸術」は「純粋芸術」や「大衆芸術」よりも人々の生活の領域にある活動を含みこんでいるということであった。

この柳田に関する引用で鶴見は、「限界芸術」として「民謡の定義」を「なしくずしに大衆芸術にとけこませることからふせいだ」と「限界芸術」を「大衆芸術」と区別するものとして捉えているのだが(6)、一方で、「限界芸術」が媒介としての機能も持っているということに注目したい。

ここでは鶴見の、長谷川幸延、福田定良との座談会を見ていこう。座談会において、鶴見が「大衆芸術」を「純粋芸術というものとは対立するものとして考えた」（鶴見・長谷川・福田、一九五六＝一九九六、一三三頁）と述べているが、一方で、「限界芸術」について福田定良が「能とか歌舞伎」（同書、一三四頁）という貴族文化と民衆文化のあいだを動いてきた芸術に言及した話を受けて、

このあいだをどういうふうにつなぐのかというのが問題なんだ。〝限界芸術〟というふうな第三の種目を出したいわけだ。（同書、一三五頁）

と述べているところを参照したい。

ここで鶴見が、「大衆芸術と純粋芸術とのもっと健全な交流過程をつくっていくことができるんじゃないかというだいたいの処方箋を持っているんです」（同書、一三五～一三六頁）と述べているように、「限界芸術」は「純粋芸術」と「大衆芸術」との「媒介」として、すなわちコミュニケーションとしても機能しているということである。

ここから、日本の音楽文化、流行歌の歴史について見ていくと、ポピュラー音楽はたしかに「大衆芸術」としての側面、つまり「専門家」によって作られ、大衆という享受者（オーディエンス）を持つというところがある。しかし、フォークソングの例やその後のポピュラー音楽史において「限界芸術」としての契機というのは、「大衆芸術」の領域に常に入り込んでいると考えられる。鶴見も、日本の中世以降の歌謡が「純粋芸術」と「大衆芸術」として発展するために「限界芸術」の成立と交流があると述べていた（鶴見、一九六七、一八頁）。

このことに関して、批評家の菅孝行は、鶴見の「限界芸術論」について、鶴見は、

「大衆芸術」を論じる時にも必ずそれらを限界芸術として論じるのである。（菅、一九八〇、一四五頁）

と述べる。しかし、菅自身も、

「純粋芸術」も、「大衆芸術」も、限界芸術としての発生史を内在させている。（同書、一四六頁）

と書いているところから、「限界芸術」が媒介として「純粋芸術」「大衆芸術」をつなぎ、それらの中に「限界芸術」の発生の契機が孕まれているということを指摘しておきたい。そして、このような問題設定は、次に述べるよ

うな、大衆文化を社会との関係から考察した論者との比較においても必要になってくるものだろう。

第二節　片桐ユズルによる鶴見とマクルーハンの応用

(1) 限界芸術論からフォークソングへ

鶴見の「限界芸術論」は、一九六〇年代末から七〇年代前半の大衆文化の中に応用されていった。先ほどの「大衆芸術」に「限界芸術」発生の契機が孕まれているということを端的に表現している事例が、戦後日本のフォークソング運動である。

そこで、フォークソング運動において、積極的に論考や著作を発表し、それを理論面で支えた片桐ユズルの議論が参考になろう。片桐は、鶴見とは「記号の会」において共に研究会に参加し、「べ平連」に関わり「思想の科学」の編集にも携わっていた。

「限界芸術」における鶴見の議論で言えば、「大衆芸術」と分類されている「歌ごえ」やその展開において「流行歌」と関連するものとしてフォークソングは位置づけられるだろう。しかし、そのはじまりは、「限界芸術」の中から生まれてきたものと捉えられる。

では、片桐がどのように限界芸術論を捉えているのか。その影響と応用について見ていきたい。

片桐は、限界芸術論について言及する以前にも、鶴見からの影響がうかがえる。それが、鶴見のプラグマティズムの議論の受容である。片桐は、『詩のことば日常のことば』において、アメリカ詩を分析するときに鶴見のプラグマティズムを手がかりとしている。それは、鶴見のプラグマティズムについての方法である「折衷的方法」によって、そこで記号が行動に向かっているということを指摘しながら詩の描写の解釈を行っていることからもわかる（片桐、一九六三、一八七〜一九三頁）。また、鶴見のプラグマティズムの引用が書物の端々に見られる『意味論入門』においても、鶴見の「言葉のお守り的使用法について」を参照しながら、「誠意」ということばを巡ってそれが「反対運動」を封じ込める意味に使われるようなレトリックについて語っていた（片桐、一九七〇、一九二〜一九三頁）。

このように、片桐は鶴見のプラグマティズムに親しみながら自身の詩論、意味論を構築していったのだが、『現代詩手帖』に発表した「替え歌こそ本質なのだ」（その後『ほんやら洞の詩人たち』に収録された）に鶴見の「限界芸術」ということばが出てくる。

ここで片桐は、フォーク歌手の古川豪について、

限界芸術としての歌から出発して、いまや芸術家としての歌というキビシイ道をあるきはじめてしまったのだ。（片桐、一九七九、一三四頁）

とフォークの歌と「限界芸術」を関連させながら述べている。そして、ひとはフォークソングを「限界芸術」の立場から評価していないという（同書、一三五頁）。ここで「限界芸術」は片桐の「替え歌」論から出てきているのだが、フォークソングにおける「替え歌」とは、もともとは「民衆」の「うた」である「フォークソング」は、いわゆる鶴見のいう「専門家」ではない「非専門家」が「非専門家」であるオーディエンスに向けてうたわれるものであり、それはいわゆる「プロフェッショナル」のように「専門家」が作っているものではないために、もとからあるメロディーを借りつつ歌詞を替えてうたうことも方法としてあるということである。もちろん、フォークソングの歌手はいつまでも「素人」でいるとは限らず、メジャーレーベルからデビューすることもある。そうなると、

「限界芸術」としてのフォークは、「大衆芸術」との関連の中で絶えず交渉を行っていかなければならなくなるのである。このダイナミズムを記述するために、先ほどの「限界芸術」の「大衆芸術」への媒介、交渉の契機というものが必要になるであろうと思われる。

そして、片桐がフォークソング運動を記述する時に参照しているのが、カナダのメディア・コミュニケーション学者、マーシャル・マクルーハンであった。片桐はマクルーハンの理論を独自に読み取ったと述べている（片桐、一九七五、一六頁）。

では、マクルーハンの理論とはどういうものなのか。

（2）マクルーハンのメディア論

マーシャル・マクルーハンの『メディアの理解 *Understanding Media*』（McLuhan, 1964, 1994＝1987）は、「メディアはメッセージである」や身体の拡張としてのメディアといった思想が示されており、現在でも引用されるメディア論の古典である。[7] ここでは、マクルーハンの理論から、現在の視聴覚文化についてアプローチしていく。

マクルーハンは、この主著である『メディアの理解』において、メディアを「技術（technology）」から捉える。これはメディアの技術が変化すれば、内容も変化するという視点であり、例えば、レイモンド・ウィリアムズから「技術決定論（technological determinism）」として批判されているが（Williams, 1974, 1992, pp.120–122）、メディア技術の発展による人間の感覚の変容がテーマとされている。

マクルーハンによれば、機械の時代（the mechanical age）に続く電気の時代（the electric age）と言われる現代には、われわれの身体や感覚は時間的にも空間的にも拡張されるようになる。[8] そこでは、電話が声と耳を拡張したものであり、テレビが触覚や感覚の相互作用を拡張したというように、メディアの転換によって、感覚比率が根本的に変容したとマクルーハンは考える。そしてマクルーハンは、「メディア」の「内容」ではなくメディアそのものに注目する。つまり、メディアがそれだけで感覚変容の「メッセージ」を発しているということである。マクルーハンは、メディアそのもののメッセージ性について注意を促す。

電気の光はそれに「内容（content）」がないゆえに、コミュニケーションのメディアとして注意されることがない。（McLuhan, 1964, 1994, p.9＝1987, 訳九頁）

マクルーハンにとっては、メディアによる身体感覚の拡張、変容が重要であった。これはマクルーハンが述べているのだが、機械の時代に「外爆発」と言われるように身体を拡張してきたことから、電気の時代に至っては「内爆発」[9]として中枢神経組織までもが拡張されるということである（McLuhan, 1964, 1994, pp.3-4＝1987, 訳三頁）。マクルーハンは、その「内容」というよりも、メディアそれ自体に視点を移して考察の対象とした[10]。メディアは、それ自体がメッセージであるということである。これは、メディアから社会や文化を考えるときにも有用な考え方であるだろう。

マクルーハンはメディアとの関係から時代について考えていた。ところで、哲学、社会学者のアンリ・ルフェーヴルは、「空間」の問題を「空間的実践」「空間の表象」「表象の空間」という概念から考察していて、ここで「空間的実践」を視覚優位の近代社会における「知覚されるもの」「知覚された空間」と認識していたが（Lefebvre, 1974, 2000＝2000）、マクルーハンは現代（一九六〇年代）という時代から「グローバル・ヴィレッジ」という地球村についての言及を行う。印刷技術の発達による視覚が優位になる時代（McLuhan, 1962, 2011＝1986）というのは、現在のインターネット空間においてもそれほど変化は見られないと思われるが、マクルーハンの言う「グローバル・

ヴィレッジ」によって聴覚の問題についても考察されている。

では、マクルーハンのメディア論は日本においてどのように受け取られ応用されていったのか。次に六〇年代の日本の音楽文化におけるマクルーハン受容の例から考えてみたい。

（3）片桐ユズルと限界芸術論、メディア論――一九六〇年代日本の音楽文化の事例

ここでは、一九六九年の新宿駅西口における「東京フォーク・ゲリラ」の活動をマクルーハンから読み込んだ、片桐ユズルのエッセイについて見ていこう。

片桐は、鶴見と同様にマクルーハンについて何度も引用しながら彼の文化研究を構築していたが、『新譜ジャーナル』一九六九年一〇月号においてマクルーハンの理論を応用して「東京フォーク・ゲリラ」について書いている。「東京フォーク・ゲリラ」とは、一九六九年に新宿駅西口広場にフォークギターを演奏しながら歌とメッセージで反戦を訴えた集団のことであり、その場に集まった人々とともにそこに新たな空間性を構築した運動であった。

新宿西口のフォーク・ゲリラはいろいろなことをわからせてくれた。

そのひとつは、おなじようなことを神戸のサンチカ・タウンでやってみて、やはり通行人の足をとめさせるには、いままでのコンサートとか、室内でうたっていたときとはちがう要素が必要だ。そして、いちど立ちどまった人を、こんどはそこへ釘づけにするにはどうしたらいいか。ながい歌がいい。1曲3分という常識は、そのむかし78回転レコードの片面のながさだった。これはレコードとかラジオとか、ホットなメディア――おしつけ的メディアに対して、われわれがガマンできる時間の単位だとおもう。

しかし街頭でうたうことはクールだ。音が散ってしまう。ほかにもいろいろな気をそらせる要素がある。その

なかで、ひとびとに参加的態度でいてもらうときは、歌はながいのがよく、メロディーはくりかえしきかれるのがよい。というみでは、明治の民権運動も、やはり、えんえんと長いものだったろう。（片桐、一九六九、三頁）

ここで片桐は、「レコードやラジオ」は「ホットなメディア――おしつけ的なメディア」であり、街頭でのフォーク集会は「クール」であるという。

マクルーハンは、「ホットなメディアとクールなメディア Media Hot and Cool」について『メディアの理解』の中で説明している（McLuhan, 1964, 1994, pp.22-32＝1987, 訳二三～三四頁）。ホットなメディアは「『高精細度（"high definition"）』で拡張するメディア」であり、データが十分に満たされている。メッセージの受け手が補完する部分は少ないとして、アルファベット、ラジオ、写真、映画などが挙げられており、クールなメディアは「『低精細度（"low definition"）』で拡張するメディア」であり、与えられる情報量が不十分で、メッセージの受け手が補完する部分は大きいとしていた。ここでは象形文字、表意文字、電話、話されることば、漫画、テレビなどが挙げられていた（McLuhan, ibid., pp.22-23, 訳二三～二四頁）。

受け手の参与度で言うと、ホットなメディアは低くクールなメディアは高いということになるが、片桐の言う街頭でのフォーク集会はオーディエンスを巻き込んだうたの空間であり、これはまさに受け手が参加することによって「空間」が構成されていると考えることもできると思われる。

このように片桐は、マクルーハン理論を応用しながら日本のフォークソング運動を記述しているのである。(11) ここで興味深いのが、「フォーク・ゲリラ」が「街頭でうたう」ということを「メディア」として捉えて、それをオーディエンスの参加度というマクルーハンの理論をトレースしながら記述していることである。

ところで、マクルーハンとの『グローバル・ヴィレッジ』の共著書の中でブルース・R・パワーズは次のように述べているところがある。

マクルーハンが推測したことは、ウッドストックやヘイト・アシュベリーに居た人々がぼんやりとわかっていたことだった。それは、世界の全体が線状的な思考や視覚的で比例的な空間と、多感覚的な生活（multi-sensory life）や聴覚的な空間（acoustic space）のあいだの、広大な物質的・精神的転換のなかにある、ということだ。（McLuhan and Powers, 1989, p.ix＝2003, 訳一〇頁）

この「ウッドストックやヘイト・アシュベリー」とは、アメリカにおける伝説の音楽フェスティバルとヒッピー・ムーブメントの空間であり「サブカルチャー」「カウンターカルチャー」とも表現できるだろう。そして、新宿西口のフォークソング運動も日本における「サブカルチャー」「カウンターカルチャー」と言えるものであり、これらの記述から、両者には大衆文化における理解に共通するところがあると考えられるのではないだろうか。つまり、時代をアクチュアルな文化から捉えるという視座である。そして、このような指摘は、メディアの文化史において視覚と聴覚との関係について考察する上でも示唆的である。

片桐の方法は、鶴見のプラグマティズム、限界芸術論とマクルーハンのメディア論の受容と応用によって音楽文化を分析していった。そこでは、フォークソングという人々が自らうたうというプロフェッショナルではない「非専門家」の表現をメディアの形式分析から考察していた。このようなメディアと大衆文化の分析は、現代の社会における諸問題においてもアクチュアリティのあるものとして理解されると思われる。

第三節　現代社会における大衆文化の読解と理解のために

フォーク・ゲリラを含む一九六〇年代日本のフォークソングムーブメントが残したものは、その後のテクノロジーや情報社会の発展した社会の音楽文化においてどのように読み解くことができるのか。

ポピュラー音楽史においては、本章の関心から大きく分類すると、一九七〇年代のパンクムーブメントにおける「Do it yourself」から、日本では一九八〇年代のＹＭＯを中心としたテクノ・ミュージック、そして八〇年代後半から一九九〇年代のインディーズの音楽活動、二〇〇〇年代になると初音ミクやＤＴＭなどによる音楽制作がクローズアップされるようになると言うことができるだろう。これは、パンクによる「素人」の音楽表現があり、それからテクノというテクノロジーを媒介にした音楽制作が出てきて、そしてインディーズという自主制作の活動から、二〇〇〇年代に入って音楽制作がデジタル環境とともに、よりパーソナルなものとして作られるようになったということである。ここには、フォークソング運動の頃の「非専門家」の「素人」が表現者となる、という精神が受け継がれているのではないかと考えられる。

現在のデジタル環境においては、「非専門家」が自ら表現を行う時に、以前と比べてテクノロジーがアシストをしてくれることで容易になっている状況というのがあり、そのことで音楽文化は新たな段階が到来していると考えられるであろう。しかし、人々の表現を文化という契機から考え、そのメディアの形式から理解すれば、そこには変化しながらも続いている人々の活動があると思われる。それが、鶴見、マクルーハンらの分析視角から見えてくるメディアと文化の姿でもあるのである。(12)

付記　本章には、粟谷（二〇一一b、二〇一五）の一部を改稿したものが含まれている。

〈注〉

（1）例えば、伊藤編（二〇〇九）など。

（2）鶴見の文化論についてはいくつかの研究が存在するが、管見の限り、鶴見とフォークソング運動についての研究論文は、粟谷（二〇一一b、二〇一二）であろう。日本におけるマクルーハンについての研究は、注（7）に挙げているように一九六〇年代からコミュニケーションと文化に関する研究がある。音楽文化について取り上げているものは、カナダのグレン・グールドとの関わりについては宮澤（二〇〇四）がある。フォークソング運動の文脈で取り上げられているものは、本章で言及する片桐ユズルである。

（3）これは鶴見の「流行歌の歴史」においても現れるフレーズである。

（4）鶴見はここで、「美的経験」に関して自身のプラグマティズムにおいても取り上げたデューイやサンタナヤなどに言及しながら考察している。『鶴見俊輔集第一巻　アメリカ哲学』、『鶴見俊輔集第二巻　先行者たち』筑摩書房。

（5）『鶴見俊輔著作集一　哲学』筑摩書房に収録の「ルソーのコミュニケーション論」は、多田道太郎、樋口謹一との共同執筆である、と補記において述べられている。

（6）鶴見によると、これは柳田が「流行歌の専門的作家」による「流行歌」としての「民謡」が流通しているものと「限界芸術としての民謡を区別するために」捉えられている。

（7）コミュニケーション研究者としては、加藤秀俊や後藤和彦らがマクルーハンに言及している。後藤はマクルーハンの紹介者の一人であり、鶴見編の『講座コミュニケーション2　コミュニケーション史』にマクルーハンを取り上げてコミュニケーション史の研究史を書いている。また小松左京も『未来の思想』（一九六七年）においてマクルーハンへ言及している。

（8）南博（一九六八）の解説によるマクルーハンの議論の要約では、「文化史の時代区分」と「テクノロジーの時代区分」は次のように分類されている。

「a＝文化史の時代区分。口頭文化→書字文化→活字文化→電気文化。

b＝テクノロジーの時代区分。原始技術→活字＝機械技術→電気技術。

（略）」（南、一九六八、一六八頁）。

（9）この「内爆発 implosion」は、マクルーハンをラディカルに応用し展開した、ジャン・ボードリヤールの社会学におけるキーワードとなるものであった。粟谷（二〇一一a）、Genosko（1999）を参照。

（10）「どんなメディアの『内容』もメディアの性質がわれわれを盲目にするということが、あまりにもしばしばありすぎるのだ。」（McLuhan, 1964, 1994, p.9＝1987, 訳九頁）

（11）片桐は、マクルーハンのみならず、鶴見俊輔の「限界芸術論」とともに柳田國男の民謡論も取り入れながらフォークと替え歌について記述している。あるいは柳宗悦についても言及している。

（12）マクルーハンのメディア論を、グロバーライゼイションにおける情報環境テクノロジーの文化から考察したものとして、粟谷（二〇一三）。

〈参考文献〉


粟谷佳司（二〇一一a）「トロント・コミュニケーション学派からトロントのメディア文化研究へ」『KAWADE　道の手帖　マクルーハン』河出書房新社。

粟谷佳司（二〇一一b）「限界芸術論からのメディア文化史」『メディア・コミュニケーション』Ｖｏｌ・６１（慶應義塾大学メディア・コミュニケーション研究所）。

粟谷佳司（二〇一二）「戦後日本の知識人と音楽文化」『立命館産業社会論集』48巻2号（立命館大学産業社会学会）。

粟谷佳司（二〇一三）「グローバライゼーションにおけるメディアの変容と協働」伊藤陽一ほか編著『グローバル・コミュニケーション』ミネルヴァ書房。

粟谷佳司（二〇一五）「マクルーハンから視聴覚文化へ」『新視覚芸術研究』Ｖｏｌ・１（新視覚芸術研究会）。

伊藤守編（二〇〇九）『よくわかるメディア・スタディーズ』ミネルヴァ書房。

片桐ユズル（一九六三）「詩とプラグマティズム」『詩のことば日常のことば』思潮社。

片桐ユズル（一九六九）「クールなメディア」『新譜ジャーナル』１９６９年10月号。

片桐ユズル（一九七〇）『意味論入門』思潮社。

片桐ユズル（一九七五）『関西フォークについての独断的見解』ＵＲＣレコード。

片桐ユズル（一九七九）「替え歌こそ本質なのだ」片桐ユズル・中村哲・中山容編（一九七九）『ほんやら洞の詩人たち』晶文

社。

菅孝行（一九八〇）『鶴見俊輔論』第三文明社。

後藤和彦（一九七三）「コミュニケーション史の研究史」江頭文夫・鶴見俊輔・山本明編著『講座・コミュニケーション2　コミュニケーション史』研究社。

小松左京（一九六七）『未来の思想』中公新書。

鶴見俊輔（一九五〇＝一九九一）「アメリカ哲学」『鶴見俊輔集1　アメリカ哲学』筑摩書房。

鶴見俊輔（一九五六＝一九六一）「折衷主義の哲学としてのプラグマティズムの方法」『折衷主義の立場』筑摩書房。

鶴見俊輔（一九五七＝一九九一）「プラグマティズムの発達概説」『鶴見俊輔集1　アメリカ哲学』筑摩書房。

鶴見俊輔（一九六七）『限界芸術論』勁草書房。

鶴見俊輔（一九六九）「解説　大衆の時代」鶴見俊輔編『大衆の時代』平凡社。

鶴見俊輔（一九七三）「コミュニケーション史へのおぼえがき」江頭文夫・鶴見俊輔・山本明編著『講座・コミュニケーション2　コミュニケーション史』研究社。

鶴見俊輔・多田道太郎・樋口謹一（一九五一＝一九七五）「ルソーのコミュニケーション論」『鶴見俊輔著作集1　哲学』筑摩書房。

鶴見俊輔・長谷川幸延・福田定良（一九五六＝一九九六）「文化と大衆のこころ」『文化とは何だろうか』晶文社。

南博（一九六八）「解説」『メディアはマッサージである』河出書房新社。

宮澤淳一（二〇〇四）『グレン・グールド論』春秋社。

Genosko, Gary (1999) *McLuhan and Baudrillard*. Routledge.

Lefebvre, Henri (1974, 2000) *La production de l'espace*. Anthropos.（斎藤日出治訳〔二〇〇〇〕『空間の生産』青木書店。）

McLuhan, Marshall (1962, 2011) *The Gutenberg Galaxy*. University of Toronto Press.（森常治訳〔一九八六〕『グーテンベルクの銀河系』みすず書房。）

McLuhan, Marshall (1964, 1994) *Understanding Media*. MIT Press.（栗原裕・河本仲聖訳〔一九八七〕『メディア論』みすず書房。）

McLuhan, Marshall and Bruce R. Powers (1989) *The Global Village*. Oxford University Press.（浅見克彦訳〔二〇〇三〕『グローバル・ヴィレッジ』青弓社。）

Williams, Raymond (1974, 1992) *Television*. Wesleyan University Press.

第九章　マンガに集う／マンガで集う

瓜生吉則

第一節　マンガに集う人々

（1）「コミックマーケット」という空間

毎年八月の半ばと一二月の終わり、東京・有明の国際展示場（東京ビッグサイト）には三日間でのべ五〇万を超える人が押し寄せる。会場内では多種多様なジャンルの「同人誌」やグッズが販売され、マンガやアニメ、ゲームなどのキャラクターに扮した「コスプレイヤー」も数多く見られる。最近ではＮＨＫがニュースで取り上げるようにもなった「コミックマーケット」（以下、「コミケット」）は、魅力的な表現が人々を引き寄せる、と同時に、人々が蝟集すること自体が魅力として喚起される、そんな不思議な空間である。

マンガの楽しみ方は、①そこに描かれた記号やストーリー、キャラクター、世界観などを享受すること…「読者」としての楽しみ、②マンガを描いたり、キャラクターになりきる（コスプレ）こと…「作者・表現者」としての楽しみ、③単行本や雑誌、付録、キャラクターグッズなど、商品として流通するマンガに関連するモノを手に入れること…「消費者」としての楽しみ、などが挙げられよう。紙媒体、あるいはパソコンやスマホなどのデジタル媒体で、われわれはマンガという表現と出あい、それに触発されてマンガを描いたり、グッズを買ったりする。しかしそれでマンガとの関わりが完結するわけではない。複製技術による表現でもあるマンガは、「自分のほかにもそれを楽しむ人たちがいる」ことを想起させずにはおかない。その他者は、自分が描いたマンガを読んでくれる人かもしれないし、作家や作品の魅力を語りあえる人かもしれないし、一緒にコスプレを楽しめる人かもしれない。作者と読者とをつなげる媒体であるだけでなく、読者同士を交流させる触媒ともなる。「コミケット」は、マンガの持つこの二つの特性を現前化させたイベント（のひとつ）である。

（2）全員が「参加者」

個別の作品の受容に留まらず、その愛好者が一堂に会するイベントが開催される。マンガも含む「大衆文化」は、個人的な享受・消費だけでなく、集団的な享受・消費も重要な活力源としてきた。インターネットが普及し、作品への見解を掲示板やブログ、ＳＮＳなどで表明したり、愛好者同士がネット上で交流したりすることが以前に比べて非常に容易になったことで、逆説的に「リアル」な空間共有の価値が高まったとも言えよう。夏に集中的に行われる「フェス」は今や恒例の音楽イベントとなっているし、二〇一二年から開催されている「ニコニコ超会議」は、ネット動画配信サービスを大きな会場で体感できるイベントである。東京ゲームショウなど、最新の作品や技術が披露されるイベントも、通年的に数多く開催されている。

だが、これらのイベントと「コミケット」とは、一点においてまったく様相が異なる。「コミケットに『お客様』はいません」(1)。コミックマーケット準備会が発行する「コミケットマニュアル」には、運営者・出展者・一般入場者すべてが、このイベントへの対等な立場の「参加者」であることが謳われている。「コミケットは表現の可能性を拡げるための自由な『場』として、自らを規定します。それは、参加の意思を持つ全ての人々と、全ての表現を受け入れていくことを意味しています」(2)。「自由」な表現空間はすべての「参加者」が協働して作り上げるものである、という理念ゆえに、商品やサービスを一方的に受け取るだけの「お客様」という固定した立場は「コミケット」にはふさわしくない、ということだろう。

同人誌やグッズを売り買いする場＝市場であるのに「お客様」がいない、奇妙な空間としての「コミケット」。ここでは、「プロが作り、アマチュアが受け取る」という、近代的なマス・メディアや大衆娯楽を支えてきた一方向的な生産—消費様式は必ずしも成立しておらず、「アマチュア」が「作り手」にも「受け手」にもなっている。また、「プロ」の作品を「アマチュア」が自在に読み換え／作り換える様態が、紙媒体に限定されない表現となって巨大な空間を構成している。

マンガを「読む」ことと「描く」こと、そしてマンガを媒介にして（物理的に／疑似的に）「集う」こと。以下では、四〇年の歴史を刻んできた巨大イベントを主な事例としながら、マンガが編制するコミュニケーションのありようの現在（の一断片）について考察していく。

第二節　「作り手／受け手」の〈あいまいな〉境界

(1)「見せる／見る」関係の流動性

「コミケット」では、「スタッフ参加者」によって広いホールに整然と並べられた（ただし、開催前日の設営日には「スタッフ参加者」ではない人も飛び入りで設営を手伝う）折り畳み式の机の上に「サークル参加者」が作成した同人誌やグッズが置かれ、「一般参加者」は人混みをかきわけながら机と机の間の通路部分を回遊し、お目当ての物品を購入する（購入者多数が見込まれる人気サークルは、屋外に待機列を作る必要から壁際にスペースが設置される）。ゲームショウや野外の音楽フェスなどでは、「作り手（見せる側）」が大きなステージやきらびやかなブースから「受け手（見る側）」に作品やサービスを提示することが通常的な形態だが、「コミケット」ではそこまで截然とした区分はなされていない。「サークル参加者」も自分のサークルスペースを離れれば「一般参加者」と立場はまったく同じである（また、三日間の開催期間すべてで「サークル参加者」となることは、参加申込が多いためにスペース配置が抽選となっている現状ではほぼありえない）。玉川博章によれば、現場の「スタッフ参加者」も、休憩時間などに「一般参加者」として同人誌購入などを行っているという(3)。

テレビのニュースや特集などで「コミケット」の象徴例とされる「コスプレ」についても、「見せる／見る」関係は必ずしも固定していない。会場である東京ビッグサイトの各所には「コスプレエリア」と呼ばれる場所が設定されており、そこでは「コスプレイヤー」とそれを見る（写真や動画の撮影をする）者とが一応は分かたれている。しかし「コスプレ」姿で物品販売をする「サークル参加者」や、場内整理・誘導などを行う「スタッフ参加者」も会場のいたる所で目にする。

こうした「見せる／見る」関係の流動的なありようは、情報量や資本の非対称性を前提とした「（プロの）作り手／（アマチュアの）受け手」という図式に基づく、一九世紀後半以降のマス・コミュニケーションや文化産業のシステムとは対照的である。「コミケット」にも商業メディア（プロ）が顧客（アマチュア）相手にプロモーションや物品販売を行う「企業ブース」と呼ばれるスペースが設けられているが、東京ビッグサイト西館四階という「隔離」された場所にあり、メインの即売スペースとは文字通り一線を画している（そして当然ながら、この「企業ブース」のみを目的として「コミケット」に参加する者も多数存在する）。

コミックマーケット準備会とコミック文化研究会による「コミックマーケット八八」（二〇一五年夏）参加サークルへのアンケート調査によれば、「定期的に商業メディアで創作活動」しているのは男性サークル七・七％、女性サークル五・八％、「不定期や過去に活動経験のある方まで含めれば、全体で二三・八％の方が商業メディアでの創作活動経験者」だという[4]。赤松健（『魔法先生ネギま！』『ラブひな』など）やよしながふみ（『西洋骨董洋菓子店』『大奥』など）のように、同人活動からプロへと転身したマンガ家も近年では珍しくない。上の数字を大きいと見るか小さいと見るかの判断は難しいが、「商業メディアとは縁のないアマチュア（のみ）」に限定されない、「プロ／アマ」の緩やかな境界にいる人々によって「コミケット」は成立している、とは言えるだろう。

（2）「コミケット前史」としての雑誌メディア空間

この緩やかな境界は、近代的複製技術の進展を背景として、日本の（広い意味での）「文芸」を下支えしてきた。『頴才新誌』『少年園』『少年世界』『赤い鳥』『少年倶楽部』など、明治以降続々と発行された子ども向け雑誌の「投稿」欄は、〈読む―学ぶ―書く〉の円環を誌面上で構成し、公教育における「読み書き（リテラシー）」を直接的・間接的に補完してきた。青年向けにも、プロへの登竜門としての文芸誌の投稿欄や投稿専門誌が明治以降は数多く登場したし、アマチュアによる同人活動も連綿と続いてきた[5]。

「投稿」欄は、編集側の「プロ」が「アマチュア」の投稿を選定し、優秀作が掲載されるという基本的な形態を持つ。雑誌ごと、投稿欄ごとに選定の基準が異なるのは当然だが、それは各メディアにおいて文法／約束事＝コードが異なる、ということである。「アマチュア」の投稿者たちは、選ばれた他者の表現や講評から、そのメディアのコードを習得していく。雑誌を「ともに作っていく」ことのよろこびは、雑誌の「受け手」である／でしかないアマチュアたちが、誰にでも開かれているコードを主体的に身につけ、「投稿」という形式でそのコードを駆使した表現活動を行う、つまり技巧面での高低はあれ「作り手」の立場を体験することで醸成されていく（「〇〇派」という閉鎖的なカテゴリーがそこから生まれることもある）。「投稿」とは、雑誌に埋め込まれた思想（イデオロギー）の送受信というより、そのメディアを成立させているコミュニケーションの形式（コード）の相互確認なのである。「投稿」する読者の熱意は、誌面を構成する表現が、公教育で教えられる文章や詩歌、絵画などから、学校や親に忌避されるマンガに変わっても一向に衰えはしなかった。敗戦後間もない一九四〇年代後半に創刊された『漫画少年』においては、「漫画つうしんぼ」という投稿欄が人気を博し、藤子不二雄、石森章太郎、赤塚不二夫ら、六〇年代以降に「プロ」として活躍する少年たちが、マンガの文法（コード）を修練・披露する場となっていた。後で触れる「劇画」家たち（辰巳ヨシヒロ、さいとう・たかを、桜井昌一ら）も、『漫画少年』への「投稿」経験を通じてマンガの基本的なコードを習得し、後にそこからの「離脱」を選択することとなる。(6)

一方、子ども向け雑誌は「交流」の媒体としての機能も早い段階から確立している。投稿欄や編集者から読者に向けた通信欄からの発展形として、読者同士がコミュニケーションするハブの役割を、雑誌というメディアが担ったのである。投稿欄が雑誌を「通して」他者を知る機会を提供したとすれば、交流欄は雑誌「において」他者と関わる機会を提供した。例えば川村邦光は、大正期以降の少女雑誌での読者の（疑似的な）交流を〝オトメ共同体〟として分析している。(7)また大塚英志は、一九七〇年代後半の雑誌『りぼん』の読者欄や付録の分析から、「かわいい」文化が読者に共有されていった様相を考察している。(8)

さらに、こうした誌上交流だけでなく、「リアル」な空間に読者を集めるイベントも戦前期から盛んに行われていた。あくまで一例に過ぎないが、『日本少年』は「日本少年誌友会」を組織し、総裁に大隈重信、副総裁に新渡戸稲造を迎え、賛助員にも各界の名士を揃えた大会を開催している（明治四四年三月）。東京市内に一〇万枚という大量の宣伝ビラが撒かれ、当日は花火を打ち上げて耳目を集め、会場では各種企業とのタイアップで菓子や歯磨き、絵葉書などを配布もしたという。全国の小学校から図画・工作・作文・習字・裁縫など約一二万点を上野公園の商品陳列館に集めた「全国小学校成績品展覧会」も翌明治四五年に開催された。これらは雑誌読者を巻き込んだ「メ

ディア・イベント」の先駆けだったと言えよう。(9)

「投稿」を通じて表現のコードを習得・実践し、そのコードの共有者と（間接的に）誌上で、あるいは友人の部屋や教室、時にはイベントで（直接的に）「交流」する。インターネットなど影も形もない時代から、雑誌は「文芸」の愛好者たちを教育・啓蒙する媒体であり、彼らを（疑似的に）交流させる媒体であった。「コミケット」は、その意味で近代的な雑誌メディアの機能が現前化したものである。しかし、「コミケット」が実現するには、もうひとつの契機が必要であった。「作り手（プロ）／受け手（アマチュア）」の非対称性は「与える」側が「与えられる」側よりも多くの優れた技術や知識を持っている／知っている、という前提に支えられている。そこに敢然と立ち向かう者たちは、一九六〇年代になってようやく登場する。

第三節 「ぼくらのマンガ」とコミックマーケット

（1）『COM』と「ぐら・こん」

一九六七年、手塚治虫が主宰する「まんがエリートのためのまんが専門誌」として月刊誌『COM』が創刊された。「青年」向けマンガ雑誌の創刊ラッシュの中、『COM』の刊行（と『火の鳥』の連載）は手塚にとって、従来の「子どもマンガ」からの脱皮を目指す試みでもあった。

しかし、そこに掲載された手塚や石森章太郎、永島慎二ら「プロ」によるマンガとともに／それ以上に当時の「青年」読者を惹きつけたのは、読者投稿をプロのマンガ家が講評する「まんが予備校」や、全国の「同人」たちが支部での活動報告や同人誌紹介をしたりする交流欄で構成される読者ページ「ぐら・こん」であった。既存の雑誌では見られない、新しい感性がほとばしる（と感じることのできる）マンガが掲載され、全国各地の無名のアマチュアたちによる活動（ファンクラブ、サークル、〝漫研〟など）が紹介される。『COM』および「ぐら・こん」は、前節で見た子ども向け雑誌メディア空間の機能を正統的に引き継いでいた。

当時の一読者は、北海道の女子高生に「ぼくらのマンガ」の可能性を発見する。既成のマンガのコードが同世代によって更新されつつあることへの昂奮を、彼は次のように回想している。

「青春・実験まんが」が、児童まんがから離れたひとつのコースとして、独立せざるをえなかった背景は、ぼくらがぼくら自身の手によるぼくらのためのまんがを発見していったこと、子供のための読み物であり、大人にとっては息ぬきでしかなかったまんがが、ようやく青年期に達し、メディアとしての自意識を持ちはじめたということに他ならなかったのである。だからぼくは、岡田史子の登場をこそ、「ぼくらのまんが」としての青年まんがの出発点におきたい。岡田史子の出現は、まんがが与えられるものでなく、ぼくらがつくりだすものだと、ぼくらが自覚した始まりであったし、そのようなものとして、すべてのまんがを眺めることの始まりでもあった。そんなぼくらの視野に、『アクション』や『ヤンコミ』や『ビッコミ』や『プレコミ』は、登場してきたのだ。(10)

世代的感性に基づく新しい表現の模索と「同人誌」の刊行という点では、既に一九五〇年代後半、関西の若手マンガ家たちによる「劇画」が、『COM』の読者たちに先行している。「この〝影〟の発刊にこぎつけた我々の潜在心理のなかには、中央の雑誌に対するコンプレックスと挑戦意識がなかったとは言いきれまい。……どうせ中央の雑誌に描けないならせめて我々の手で雑誌形式のものを……といった気持ちがどこかにあったのではないだろうか？」(11)。子どもを主要読者としていた（五〇年代後半の）手塚マンガの射程外であった「青年」読者へ向けて「青年」が描くことを標榜した「劇画」は、貸本（店）というメディア（空間）の存在を背景に、表象としての〈手塚治虫〉

との距離によって自立／自律を目指す運動であった。(12)

『ＣＯＭ』が創刊されたのは、生まれた頃から（手塚が開拓者の一人として量的・質的に右肩上がりを続けてきた）マンガに親近感を持つ〝団塊の世代〟が一〇代後半にさしかかった時期にあたり、先述したように「青年」をターゲットとしたマンガ誌も次々と創刊されていた。(13) ほぼ同時期、『週刊少年マガジン』（以下、『マガジン』）は発行部数百万部を達成している。『巨人の星』や『あしたのジョー』などの人気作を掲載する同誌は、六〇年代後半、単なる一少年雑誌の枠を超えたメディアとなっていく（〝右手に『ジャーナル』、左手に『マガジン』〟）。マンガは、子どもの時期に限定された娯楽の域を越え、文字通り「マス」メディアとなった。

しかし、年齢層や性別を「作り手」がマーケティングの作法で区分して発行される雑誌に対しては、例え内容が読者の嗜好にあっていたとしても、一部のマンガ愛好者から不満が生まれる。「作り手／受け手」関係が固着していくということは、マンガという表現の可能性が狭められる、ということになりかねない。「ぼくらのマンガ」はそれらとは対極的なものとして想念される。

「与えられる」側としての「読者／消費者」に留まることへの拒絶と、「自らが作り出す」ものとしてマンガを捉え直すことへの期待と自信。既存のコードを自分たちの感性で書き換えていくことを可能だと思わせた媒体が『ＣＯＭ』という雑誌であり、「ぐら・こん」という読者欄であった。しかし、その『ＣＯＭ』は一九七一年に突如休刊してしまう（完全廃刊は七三年）。新しいマンガ表現の可能性を模索する「青年」たちが、いよいよ立ち上がる。

（2）「コミックマーケット」誕生

第一回の「コミックマーケット」が開催されたのは一九七五年一二月二一日。同年夏の「第四回日本漫画大会」をめぐる運営方針を批判した同人サークル「迷宮」が運営の中心となり、日本消防会館の会議室で行われたイベントに集ったのは、延べ七〇〇人、参加サークルは三二。

日本どころか世界にも類を見ない規模となった現状を見知っていると、アマチュアが作成した同人誌を売り買いする空間としての「コミケット」が、規模の差こそあれ四〇年の時を重ねて現在に至っていることが不思議には思われないかもしれない。だが、どんな歴史的な事象もそうであるように、「コミケット」もまた一本道で現在に至ったわけではない。

「（マンガ）愛好者／同人が一堂に会する空間」は、「コミケット」に先行して上記「日本漫画大会」が一九七二年から開催されていた。『COM』および「ぐら・こん」の消滅に伴い、交流のハブを失った「同人」たちが集う空間として企画されたものであり、その第一回目のプログラムは、アニメの上映会やプロのマンガ家による挨拶など、アメリカのコミック・コンベンション（現在まで続く「コミコン・インターナショナル Comic-con International」は一九七〇年にサン・ディエゴで第一回が開催）と似た形式であったという[14]。

雑誌上での擬似的な交流ではなく、実際に空間を共有するイベントで「ぼくらのマンガ」を可視化すること。「日本漫画大会」ではあくまでサブ企画的な扱いではあったが、アマチュアによる同人誌即売のコーナーがあり、後にこれを特化して「コミケット」が構想されたと、「コミケット」準備会の初代代表を務めた霜月たかなか（代表名としては原田央男）は回想している。「ともかく商業誌とは違う、自分の知らないまんがの世界がそこにあるというのが、目にも新鮮に映った[15]」。

その霜月（原田）は、「コミケット」がマンガ愛好者の集いであるだけでなく、「マーケット」の空間となることにこだわった。「事実として本の販売で、金銭のやり取りが行われないわけはない。しかし、そこには本を出すための必要悪だという若干の後ろめたさがついてまわってもいた。だがマーケットのひと言はそんな自己満足的なストイシズムや思い入れを剝ぎ取り、同人誌を裸の商品として、その評価を市場＝読者に委ねるように機能してしまう」[16]。さらに、「コミケット」は「迷宮」同人である亜庭じゅんの起草による〝マニア運動体〟論の実践のひとつの形態でもあった。「創作同人に対する我々の方向は、各同人グループの集約点的な発表の場の確立であり、現在孤立している全ての創作グループを全体として、状況のうちに共有することである。それこそがマンガ空間の拡大につながる途である[17]」。

〈商品〉としての同人誌を媒介に「作り手／受け手」をフラットな関係に置くということ。参加者へのインタビューやアンケート調査を通じて「コミケット」の内実を詳細に分析した玉川博章は、アメリカではよく見られる（そして日本の「漫画大会」やその参照元となっている「ＳＦ大会」にも共通する）「コンベンション」形式では、参加者が「プロ」を仰ぎ見る「アマチュア（愛好者）」という上下関係に置かれてしまいがちなこと、それに対して「同人誌即売コーナーを取り出し、プロを呼ぶというコンセプトを排することで、プロとファンという対立軸がなくなり、ヒラエ《ママ》ルキーをなくし参加者を平等に考えることができる」ことが「コミケット」を（当時としては）画期的なイベントたらしめた、と指摘している[18]。

「コミックマーケット準備会」という名称も、コンベンション形式の「見せる／見る」の非対称性や上下関係を極力避けるための理念を示している。「スタッフ参加者」にとっては会場の設営や「一般参加者」の誘導など、「コミケット」という空間を「準備」することが第一義であって、彼らが何か具体的な企画を他の参加者に提供するわけではない（定例ではないが、シンポジウムを主催することはある）。販売される同人誌やグッズは「サークル参加者」がめいめいに用意し、「一般参加者」はそれを買い求めたり、「コスプレ」をしたりして楽しむ。本章冒頭で触れた、「コミケット」という空間には「お客様」が存在しない、との謂は、「コミケット」への「一般参加者」を「受け手」の立場に固定させず、生成変化する〈運動〉の構成員であることを自覚してもらうための理念表明なのだ（「一般参加者」から「入場料」を徴収しないことも、そのひとつの現れであろう）。

第四節　『少年ジャンプ』と「二次創作」

（1）「形式」としての『少年ジャンプ』

「コミケット」が始まった一九七〇年代、日本のマンガ業界では『週刊少年ジャンプ』（以下、『ジャンプ』）が着実に部数を伸ばしていた。一九六八年に創刊された同誌の、「友情・努力・勝利」の三大編集テーマ、アンケート（至上）主義に基づく冷徹な編集方針、マンガ家との専属契約などは、マンガ『バクマン。』[19]でも悲喜こもごも描かれている。

連載の存続／打ち切りやストーリーの方向性など、マンガのあり方を決めるのは「作り手」ではなく「受け手」の意向（の込められたアンケートはがき）であるということ。『COM』が「作り手／受け手」の流動性（それは「コミケット」の理念と直結する）を後押しするハブとしての機能に存在意義を見出されたのと対照的に、『ジャンプ』は「受け手（消費者）」の意向に徹底的に従うという編集方針によって、自らの媒体の「送り手」機能を希薄化させ、読者の望むものを載せる媒体である／でしかないことに特化する。「友情・努力・勝利」という抽象的な理念を掲げてはいても、かつて『マガジン』が（元祖〝おたく〟とも言える）大伴昌司を迎えて編集した奇抜な特集記事やグラビアのように、何らかの情報やメッセージを届けて読者を「教育・啓蒙」することを、『ジャンプ』は積極的に放棄しているのだ[20]（創刊当初はそうした企画を掲載するだけのスタッフも資金もなかった、という理由もあるだろうが）。

「（プロ／アマを問わない）作り手」のほとばしる感性が生み出す独創的な表現にこそ価値を見出すロマン主義的な視点からすれば、こうした『ジャンプ』のありようは、マーケティング的に管理された「マンガ生産工場」のように映るかもしれない。『マガジン』全盛から一〇年も経たないうちに起こった少年雑誌の覇権の変化に、かつて

『COM』に「ぼくらのマンガ」の可能性を見出した先の青年は落胆し、次のように言い放つ。

　少年まんがは存在しない。あるのは少年雑誌と、内容を喪ったスタイルだけだ。そう言いきってしまっても、よいのだとぼくは思いはじめた。ぼくらの胸を熱くした、想像力と夢をかきたてた知恵と力と勇気の世界、そこではたしかに「正義」が、〔ママ〕具体的な姿を持って存在していた「ぼくら」の観念世界は、もうないのだ。……ぼくは、とりあえず、少年まんがとは少年雑誌に象徴される、少年たちの趣味を満たす、ひとつのスタイルなのだという結論で満足しておこうと思う。そしてぼくは、ぼくの観念のなかの「ぼくら」の少年まんがにも、とりあえずのさよならを言ってしまおうと思うのだ。ぼくがふたたび「ぼくら」になる日まで、さよなら子どもの時間。[21]

　感傷的な文体ではあるが、この指摘は『ジャンプ』の本質（の少なくとも一部分）を言い当てている。しかし、マス・メディアとしての子ども向け雑誌が（何の疑いもなく）保持してきた「教育・啓蒙」的機能をあっさりと放棄したことによって、『ジャンプ』のメディア性は「コミケット準備会」のそれと逆説的に近似する。「送り手が受け手に何かを与える」という、固定した「送り手／受け手」図式の棚上げ。中に何を入れるかは「参加者」が決める、「透明な媒体」としてのあり方。「マーケット」であることにこだわった霜月（原田）の構想は、おそらくは最も想定外の場所で既に現実のものとなっていたのだった。そして現在、「コミケット」に出展される同人誌では、『ジャンプ』の掲載作品を原作とした「二次創作」が一大ジャンルとなっている。これは歴史の皮肉なのか、それとも必然なのか。

（2）「二次創作」という技法／スタイル

二〇一五年冬の「コミケット」へのサークル参加申込用紙に記入する「ジャンルコード」では、四六あるジャンルのうち、「創作」と明示されているのは五つしかない[22]。それ以外は、マンガやアニメ、ゲームなど、主に商業メディアが発売・放映している作品を原作としたものである、ということになる（なお、「オリジナル雑貨」が「その他」に分類されてはいる。また、『ジャンプ』関連には四つの「ジャンルコード」が割り振られている）。誰も思いついたことのない物語やキャラクターを自分の頭で考え「創作」することこそ「作り手」としての醍醐味であり、存在価値である、とする「オリジナル第一主義」の立場からすれば、「二次創作」は「原作」の焼き直し、最近の言葉で言えば劣化コピーに過ぎないことになろう。しかし西村マリは、「すでに材料が揃っているのだから、ゼロからおそるおそる手探りで出発するより、勢いがつきやすく、むしろ深層に到達しやすい。しかも同時にヤオイ物語のおきまりのスタイルが与えられている」という「二次創作」の敷居の低さを肯定的に捉えている。「枠があるので安心して表現できる。イメージを背負ったものをいろいろ組み合わせてみて、ピンと来ればそれだけでかなりのことを表現できる[23]」。

「原作」との距離感、特に上記の「ヤオイ物語のおきまりのスタイル」とされている、少年や青年同士の（濃淡はあれ性愛的（セクシャル）な）関係性に照準する作法（コード）を作り手／受け手が共有することで成立する「二次創作」の読書空間。それをフィッシュの「解釈共同体」概念[24]やド・セルトーおよびジェンキンスの「密猟」概念[25]を参照しながら積極的に評価することも、逆に「原作」への冒瀆だと批難することも可能だろうが、本章で注目したいのは「やおい」的なコードそのものというよりも、既存のコードの書き換え／読み換えの、この気軽さ／容易さを可能にしている「形式」であり、それを可能にしている「場」のあり方である。

ボードリヤールの「シミュラークル」概念を参照しながら一九八〇年代の様々な文化事象を分析した大塚英志は、

こうした「二次創作」行為を、「〈原作〉を抽象化しそこから一定のルールを抽出し、そのルールに従ってさまざまなバリエーションを作っていくという遊び」であると指摘している。[26] また、八〇年代半ばに流行した『キャプテン翼』や『聖闘士星矢』（いずれも『ジャンプ』連載）の「やおい」同人誌を描く少女たちについて、「少女たちはまんがを描く技術は獲得した。しかし、〈創作〉はできない、だから、既にあるキャラクターと既にある物語を組み合わせる、という手法を発見した。それが『翼』『星矢』コミックの本質なのである」[27] とも述べている。大塚は「二次創作」そのもののレベルの低さや「オリジナリティ」の欠如を論難しているわけではない。やはり問題はその「形式」（の過剰な迫り出し）である。

その大塚が『ジャンプ』の編集のあり方を、同様のゲーム的なものとして指摘していることは興味深い。「〈少年まんが〉の本質のみを抜き出し、デフォルメした奇妙な複製である『ジャンプ』作品は、当然のことながらすでに存在した〈少年まんが〉よりも〈少年まんが〉的である。複製がオリジナルよりも本物らしい、というのは消費社会が抱え込んでしまったけっこう難儀な逆説であるが、『ジャンプ』コミックはこの逆説を見事に体現したものだったのだ」[28]。「少年マンガのシミュラークル」として描かれる『ジャンプ』作品には、少年たちがスポーツや格闘技などの〝バトル〟を通じて「友情・努力・勝利」という抽象的な理念を具現化したものが多い。そして、ライバルとの死闘を経て築かれる友情、という（「少年マンガ」には実に典型的な）描写は男性読者にとっては自然なものでも、それを自然のものとはしていない（多くは女性の）読者には「ホモソーシャル」な関係として捉え直され、「〈やおい的〉二次創作」の恰好のネタとなる。この点でも、『ジャンプ』と「コミケット」（で多く見られる「〈やおい的〉二次創作」）とは逆説的に相性が良いのである。

第五節　マンガで集うとは何事か

(1)「場／器」であり続けること

「二次創作」という技法を習得した「作り手でもあり受け手でもある」アマチュアのマンガ愛好者たちは「同人誌」やグッズを作成して（自分で裁縫した「コスプレ」衣装を身に纏って）「コミケット」に集う。既存のコンベンション形式への批判・反発から〝マニア運動〟の具現化としての始まったイベントは、しかし早い段階から矛盾を抱えてもいた。「ぼくらのマンガ」の可能性を「（二次）創作」に賭けていた者にとって、「オリジナリティ」についての自身の理想と、現実に「コミケット」に出展されるマンガとの明らかな懸隔を受け入れることはできなかった。霜月（原田）は一九七九年夏の第一二回をもって「コミケット」準備会代表から降りることを決意する。

ファンクラブやコスプレを否定する気はさらさらないが、自分が最初期待した以外のサークルや流行が増える一方で、まんがの創作サークルの増加は微々たるもの。しかもその創作サークルの作品でさえ、あからさまに商業作品の二番煎じと思われるものばかりが大半とわかって、そこから同人作品の未知なる世界が広がるものと期待していた自分の気持ちが萎えてしまった。(29)

現在では「オリジナル」のみを出展対象とする同人誌即売会も数多く存在する。それは「コミケット」の「二次創作」への傾斜が生んだとも言えるが、「内容」を運営側があらかじめ用意しないことを基本理念としている以上、「コミケット」が「二次創作」を「オリジナル」より質的に劣るものとして差別的に扱うことはできない。「何もない状態から始まったコミケットは、とりあえずゲットーを作ることから始めた。――今、巨大なゲットーの中で充足しているマンガ、アニメファン達を見る時、それを十全に肯定することはできない。しかし、場であり、容器であるコミケットは参加者の自由意志を押さ《〔ママ〕》えることはしないだろう。だとしたら、残るのは『作品』だ」[30]。霜月（原田）の後を継いで準備会の代表を務めた米沢嘉博も、創設から一〇年を経た時点でこのように「コミケット」の抱える問題を指摘しながらも（そして「作品」とカッコつきで「ぼくらのマンガ」への微かな期待を滲ませつつ）、「自由」な空間であり続けることを宣言した。

「作り手／受け手」関係の流動性を「マーケット」の論理で刺戟しながら「ぼくらのマンガ」を追求すべく始まった「コミケット」も、「技巧」であると同時に「芸術」でもある〝art〟としてのマンガの二面性に絡め取られている、とシニカルに指摘することはたやすい。だが、翻って考えてみれば、「実現」が難しい（精確に言えば、一度として完全には「実現」したことのない）理念が四〇年もの長きにわたって（多少の文面の変化はありながらも）掲げられ続けるイベントが、会場を転々としながら開催され続けたという単純な事実は、素直に驚くべき出来事ではないか。宣伝文句と中身が違う状況が続けば、通常の〈商品〉の「お客様」は離れていく。そうならなかったということは、「マーケット」であることを（ほぼ唯一の）内容としながら、「コミケット」自身は〈商品〉ではなかった、ということになる。

本章冒頭で触れた「コミケットマニュアル」では、規模や参加者など、常に変化していく情況にあわせて「コミケット」という空間自体が変化し続けるという「根本精神」は変わらないことを次のように謳っている。

　コミケットは場である以上、その実質は参加者や表現によって変化しつづけていきます。そして、この理念や考え方も、コミケットを共にとり行う参加者で共有される以上、時代の要請や参加者の入れ替わりによって変化していくのでしょう。／しかし、コミケットがあらゆる参加者と表現を受け入れる場であるという自己規定、そうした場を恒久的に継続していくという存在目的、そして恒久的な継続のために変化しつづけるという根本精神は、コミケットがコミケットである以上、不変なものだと考えています。(31)

「コミケット」に出展される多くの「二次創作」作品の多くは、おそらく「ぼくらのマンガ」を志向した〝マニア運動体〟論の思想とは相容れないものだろうし、「企業ブース」のみに向かう人は「お客様」でしかないのではないか、という指摘を否定し去ることも難しい。しかし、彼らもまた「コミケット」という「場／器」を構成する人々である（マニュアルの謳う「参加者」とは厳密には呼べないにしても）。「場／器」である／でしかないこと。この「形式」の特化にこそ、「コミケット」の不思議なメディアとしてのあり方を見出すことができる。霜月（原田）による開催第一回の総括レポートは、今読み返してみれば十分に預言的である。

コミケット、すなわちコミック＝マーケットを、他のまんがコンベンションから切り離すのは、まさしく、〝マーケット〟としてのその機能に他なりません。それも、場の確保と、連絡、宣伝といった本当に機能的な部分のみが、主宰者側《ママ》にとってなせる全てであり、コミケットの成立にさいして、ゆだねられる大部分が、出品者もしくは展示者等としての参加グループ、個人に実はかかっていることからもわかるように、コミケットは、ファンダムの存在を前提にした、いわば、海に浮かぶ木片のごときものであり、また現在のところ、確かにそれ以上のものではないのです。(32)

(2)〈メディア〉としてのマンガのありようを探るために

「漫画やアニメを共通体験とする世代が育てたコミケットは、プロ漫画家も多く輩出させたが、むしろ漫画を一種の限界芸術、極私的交流手段として描き享受するスタイルを定着させた舞台であり、大衆芸術の受容形態として読者論的研究が待たれている」[33]。『大衆文化事典』の「コミケット」の項目がこの一文を末尾として執筆されてから、既に四半世紀近くが経過した。当時もすでに参加人数はのべ二〇万人を越えており、「コミケット」は社会現象として注目されていた（連続幼女誘拐殺害事件に端を発した「おたく」バッシングや「有害コミック」騒動など、ネガティブな側面が強かったが）。

ちょうどこの頃から、描線やコマ、キャラクターなど、マンガをマンガたらしめる物質的な要件について探究する「マンガ表現論」が批評・研究の世界では注目され始めた。「マンガ表現論」の視角は、しかし語感から想定されるような、マンガを「描く」側の文法だけを検討課題としてきたわけではない。夏目房之介らが中心となって編集されたマンガ表現の百科全書とも言えるムックのタイトルがいみじくも『マンガの読み方』[34]となっているように、「作り手」のみならず「受け手」にも共通の文法＝コードが共有されて初めて、マンガは自律した表現形態として認知／探究可能となるのである。

そして、上記の解説にある「限界芸術」とは、専門家がつくり専門家が享受する「純粋芸術」と、専門家がつくって大衆が享受する「大衆芸術」とを生み出す基盤＝「最小粒子」として、非専門家がつくって非専門家（大衆）が享受するものについて鶴見俊輔が当てた用語である[35]。このいささか奇妙な造語は、専門家（プロのマンガ家）による「原作」を非専門家（アマチュア）が享受した後（ここまでは「大衆芸術」の水準）、今度は自らが作り手となって同じ非専門家に向けて作成する「二次創作」を考える上で、非常に示唆に富んでいる。さらに鶴見は、「作り手／受け手」ともに共有されたコードによってマンガが受容されていくありようを「作者―読者共同体」と呼んでいる。(36) 紙媒体でのコミュニケーションを前提にした用語ではあるが、「コスプレ」をした人々が「二次創作」作品を売買する「コミケット」もまた、「作者—読者共同体」の一事例として考察することは可能であろう。

「世界に誇る」と日本人が自認できるほどの多様性と量的規模を持つマンガという表現／メディア。「作り手／受け手」のあいまいな境界、両者の円環的関係を可能とするコードの共有と実践、紙媒体とリアルな空間との（必ずしも順接とは限らない）連続性。「コミケット」は、マンガが〈メディア〉としてバラエティ豊かなコミュニケーションを現出させていることを体感することのできる、実に興味深い出来事《イベント》である。

〈注〉

(1)『コミケットマニュアル　C八九サークル参加申込書セット版』コミックマーケット準備会、二〇一五年、四頁。
(2) 同上、五頁。
(3) 玉川博章（二〇〇七）「ファンダムの場を創るということ　コミックマーケットのスタッフ活動」玉川博章・名藤多香子・小林義寛・岡井崇之・東園子・辻泉『それぞれのファン研究』風塵社、一一～五三頁を参照。
(4)「コミックマーケット四〇周年調査」コミックマーケット準備会編（二〇一五）『コミックマーケット四〇周年史』有限会社コミケット、三二七頁。
(5) 紅野謙介（二〇〇三）『投機としての文学——活字・懸賞・メディア』新曜社、を参照。
(6) 桜井昌一（一九八五）『ぼくは劇画の仕掛人だった【上巻】劇画風雲録』東考社、四七～四八頁を参照。また、『漫画少年』全般については寺田ヒロオ編著（一九八一）『「漫画少年」史』湘南出版社、を参照。
(7) 川村邦光（一九九三）『オトメの祈り』紀伊國屋書店。
(8) 大塚英志（一九九一）『たそがれ時に見つけたもの』太田出版。
(9) 上田信道（二〇〇一）「大衆少年雑誌の成立と展開——明治期『小国民』から大正期『日本少年』まで」『国文学』第四六巻六号。

(10) 村上知彦（一九七九）『黄昏通信（トワイライト・タイムス）同時代のマンガのために』ブロンズ社、二一八〜二一九頁。
(11) 佐藤まさあき（一九八四）『劇画私史三十年』東考社、二二三〜二二四頁。
(12) 瓜生吉則（二〇〇五）「読者共同体の想像／創造――あるいは、『ぼくらのマンガ』の起源について」北田暁大・野上元・水溜真由美編『カルチュラル・ポリティクス一九六〇／七〇』せりか書房、一一四〜一三四頁を参照。
(13) 『コミックmagazine』（一九六六年、芳文社）、『漫画アクション』（一九六七年、双葉社）、『ヤングコミック』（一九六七年、少年画報社）、『ビッグコミック』（一九六八年、小学館）、『プレイコミック』（一九六八年、秋田書店）など。
(14) 霜月たかなか（二〇〇八）『コミックマーケット創世記』朝日新書、五八〜六四頁。
(15) 同書、六一頁。
(16) 同書、一三二頁。
(17) 批評集団　迷宮　'七五「マニア運動体論」霜月『コミックマーケット創世記』一九八〜一九九頁より重引。
(18) 玉川博章（二〇一四）「コミックマーケット――オタク文化の表現空間」宮台真司監修／辻泉・岡部大介・伊藤瑞子編『オタク的想像力のリミット』筑摩書房、二二八頁。
(19) 原作・大場つぐみ、作画・小畑健。二〇〇八〜二〇一二年に『週刊少年ジャンプ』で連載。
(20) 詳しくは瓜生吉則（二〇一四）「〈少年―マンガ―雑誌〉という文化」井上俊編『全訂新版　現代文化を学ぶ人のために』世界思想社、一四七〜一六二頁を参照。
(21) 村上、前掲『黄昏通信』二一五頁。初出は『ヤング&子ども通信』八一号（一九七八年一一月）。
(22) 『コミックマーケット八九サークル参加申込書セット』コミックマーケット準備会、二〇一五年、八〜九頁。
(23) 西村マリ（二〇〇二）『アニパロとヤオイ』太田出版、二二三頁。
(24) スタンリー・フィッシュ／小林昌夫訳（一九九二）『このクラスにテクストはありますか？（解釈共同体の権威）』みすず書房、を参照。
(25) ミシェル・ド・セルトー／山田登世子訳（一九八七）『日常的実践のポイエティーク』国文社、Jenkins, Henry（1992）*Textual Poachers: Television Fans and Participatory Culture.* Routledge.
(26) 大塚英志「ゲームとしての創作」『定本　物語消費論』角川文庫、二〇〇一年、七七頁。なお初出は『筑波学生新聞』一九八八年一一月一〇日号。
(27) 大塚英志「〈やおい〉の方法」『定本　物語消費論』八一頁。初出は『筑波学生新聞』一九八八年一一月一〇日号。

(28) 大塚英志「〈複製〉メディアとしての『ジャンプ』ブランド」『定本　物語消費論』八五頁。初出は『本の雑誌』一九八九年三月号。
(29) 霜月『コミックマーケット創世記』一八二頁。
(30) 米沢嘉博（一九八五）「序説」コミケット準備会編『コミケット・グラフィティ　マンガ・アニメ同人誌の一〇年』朝日出版社、一六～一七頁。
(31) 前出『コミケットマニュアル』五頁。
(32) 原田てるお（二〇〇五）「あぴいる　なぜコミック＝マーケットか……?」コミックマーケット準備会編『コミックマーケット三〇'sファイル　一九七五―二〇〇五』青林工藝舎、三二頁。初出は「COMIC-MARKET REPORT　75WINTER」一九七六年三月四日発行。
(33) 浅羽通明（一九九四）「コミケット」『縮刷版　大衆文化事典』弘文堂、二七五頁。原本の机上版は一九九一年発行。
(34) 『別冊宝島ＥＸ　マンガの読み方』宝島社、一九九五年。
(35) 鶴見俊輔（一九六七）『限界芸術論』勁草書房。なお、初出は『講座・現代芸術』第一巻「芸術とは何か」勁草書房、一九六〇年。
(36) 鶴見俊輔（一九九一）『鶴見俊輔集7　漫画の読者として』筑摩書房、八九～二七六頁。

第Ⅲ部　メディア・システムを読み解く

第一〇章　電話リテラシーの社会史
——電話のマナー教育は、何を伝えたのか？

坂田謙司

第一節　メディアとリテラシーと教育

「もしもし」は電話の最初に使う言葉であり、電話を切るまえには「さようなら」「失礼します」などの挨拶をする。これは、われわれが「自然」に行っている電話のかけ方である。また、「電話のマナー」という言葉は今でもよく使われるし、固定電話と携帯電話に関わらずわれわれはそれを「知っている」。だが、なぜそれを自然に行い、知っているのか。どこでそれを習い、修得したのかは判然としない。電話というメディアは生まれた時から存在していたし、生育するにつれて身についた習慣のようにも思う。だが、果たしてそうだろうか。

電話以外のメディアも、考えてみよう。ＰＣの操作は、情報授業として用意されている。携帯電話の利用に関する問題点も、学校で学ぶべき対象になっている。テレビに代表されるマス・メディアの仕組みや情報を批判的に読み解く方法も、学校で学ぶ内容である。これらは「情報リテラシー」や「メディア・リテラシー」という言葉で表されている。メディア・リテラシーを「メディア」と「リテラシー」とに分解してみれば、メディアを使う能力と解釈することができる。先述の「電話のマナー」も「電話リテラシー」と呼び変えることも可能であろう。なぜ、われわれはメディアのリテラシーを学ぶのか。なぜ、リテラシーは教える対象になるのか。

本章では、電話というメディアを扱うが、それは一九世紀末に始まった電気的でパーソナルなコミュニケーション・メディアであるというだけでなく、最初にメディアとしてのリテラシーを学ぶ、教える対象でもあったからである。そして、そのリテラシーが自明化・普遍化していくプロセスにおいて行われた「教育」に焦点をあて、メディアとリテラシー教育との関係を探っていきたいと思う。

第二節　電話への眼差しとリテラシー

(1) 本章の視点と方法

本章で考察の対象とする「電話」について、簡単に振り返っておこう。知られているように電話は一八七六年にアレクサンダー・グラハム・ベル (Alexander Graham Bell) によって生み出された音声メディアである。電話は電信に続く電気的なメディアであったが、二〇世紀に入り初めて家庭でも使われるようになったパーソナルなコミュニケーション・メディアでもあった。電話が登場した当初は電信が社会の情報通信インフラとして世界をつなぎつつあったが、その利用はビジネスが中心であった。また、電信会社や駅などに併設された電信局に勤務するオペレーターが作業を専門的に行っていたので、利用者は電信の送受信の際に窓口を訪問するだけであった。つまり、利用者が電信というメディアを使って直接送信したり、機械に触れたりすることはなかったのである。

ところが、電話の場合は基本的に利用者自身が電話機を操作しなければならず、利用者同士の電話回線を接続する「交換作業」を専門のオペレーターが行ってはいたが、そのオペレーターとの様々なやりとりも利用者自身で行わなければならなかった。また、電話という装置が媒介したコミュニケーションはこれまでになかったものであり、対面で行われる音声コミュニケーション、つまり「会話」とは異なるものであった。そのために、装置の使い方や通常の対面コミュニケーションとは違ったコミュニケーション能力が必要となった。つまり、電話というメディアの利用には、一定の「電話リテラシー」が必要だったのである。

電話に関する研究や電話が作り出すコミュニケーションに関する研究は、これまでに数多く行われてきている。それらの視点は、電気的メディアと身体の関係や、距離を超えて作られる新しい人間関係、声のみのコミュニケーションが作る新しい「親密な関係」への関心などが中心であった(1)。

電話に関する先行研究の中でも、本論では吉見俊哉・水越伸・若林幹夫『メディアとしての電話』を出発点としたい。なぜなら、序章に書かれている、改めて電話の自明性を問い直す研究手法を用いるからである。

本書の研究は、このような電話をめぐる近年の社会的状況の変化に注目しながら、同時にそうした変化の前提となってきた〈電話〉の自明性とはいったい何であったのかを明らかにすることを目指している(2)。

つまり、メディアが現に存在している、あるいは利用している状況を改めて問い直し、メディアとしての意味を再構築することがここでは重要視されているのである。同時に、クロード・S・フィッシャー『電話するアメリカ』における歴史社会学的な手法も取り入れていく。フィッシャーは、アメリカにおける電話普及のプロセスと電話がもたらした社会変化について、様々な資料を元に詳しく分析しており、そこには本論で扱う電話に対する教育がどのように行われ始めたかも確認できる(3)。

（2）メディアとリテラシーの関係

電話利用に関する能力を本章ではリテラシーとして捉えているが、メディアとリテラシーの関係には様々な考え方がある。例えば、鈴木みどりはメディア・リテラシーを「市民がメディアを社会的文脈でクリティカルに分析し、評価し、メディアにアクセスし、多様な形態でコミュニケーションを創りだす力をさす。また、そのような力の獲得をめざす取り組み」と定義している。(4) 浪田陽子は「特定の分野に関する知識を持っていること、あるいはその知識を活用する能力という意味で使われるようになっている」と指摘していて、メディア・リテラシーの学びの要素を、「①メディアの仕組みや特徴、社会における役割を理解すること。②メディアのテクストをクリティカルに分析すること。③各種メディアを用いて情報の編成・発信を試みること」としている。(5) さらに、水越伸はメディア・リテラシーを「メディア使用能力」、「メディア受容能力」、「メディア表現能力」の三つの能力が重層的に重なり合って成立していると指摘している。(6) 一方、教育工学の視点からメディア・リテラシーを考えると、「『受け手』『使い手』『つくり手』という三つの立場と、育成される三つの能力『メディア特性の理解力（わかる）』『メディア選択・利用能力（つかう）』『メディア構成・制作力（つくる）』の組み合わせから、『視聴能力あるいは、情報理解』『利用法の理解』『選択利用』『制作法の理解』『組み合わせ制作』『構成制作』」という六つの学びへつながりが示されている。(7)

一般に、メディア・リテラシーで対象としているメディアはテレビや広告など、情報の発信と受信を一つの組み合わせとしてわれわれとの関係を築いているものである。そして、重要な点は、「メディアにアクセス」できることにある。このようなメディア・リテラシーにおいて、電話というメディアは一見重視されていないように感じられるが、電話が登場してから一〇〇年以上の歴史の中では、電話特有のリテラシー教育が行われてきたのである。

本章は、これらの先行研究とは異なり、電話の機能やコミュニケーションではなく、電話というメディアが社会の中に普及していくプロセスにおいて「リテラシー」がどのように教育され、結果として何を生み出したのかの解明を目的としている。

第三節　アメリカの初期電話リテラシーと教育方法

（1）一九世紀末の初期電話における教育の必要性

ベルが音声を電気信号に変換して遠隔地に送る現在の電話の基礎となる特許を出願（発明）して以来初めて、距離を超えた声による電気的なコミュニケーションが行われるようになった。草創期の電話は、当時の重要な情報通信インフラであった電信に代わるビジネス用途を模索していたが、文字として残らないこと、すでに地上だけでなく海底ケーブルも使った地球規模の電信網が構築されつつあったことなどを理由に、「電気の玩具」[(8)]としての評価しか受けなかった。その一方で、声を遠隔地に伝える技術は人々の想像力をかき立て、会話を前提としたビジネス用途とは異なる利用も行われていた。それが、「テレフォン・ヒルモンド」に代表される「放送型音声情報サービス」であり、電話利用は「会話」と「放送」という大きく二つの方向性を持って進んでいった。[(9)]

このような放送的な利用方法と同時に会話のメディアとしての電話利用は進んでいったが、その際に電話機の使い方が利用者に理解されないという問題と、非対面で行われる会話に対するマナー問題が起こった。つまり、個別に使う道具としての「正しい操作方法」を周知する必要と、新たに登場した「距離と階級を超越」し「非対面の会話」におけるコミュニケーションを円滑に行うためのマナーの周知が必要となったのである。フィッシャーは『電話するアメリカ』の中で、この問題に当時の電話会社が頭を悩ませていた様子を以下のように記している。

電話時代の最初の数十年、電話会社は利用法の発見だけでなく、顧客に電話の適正な使い方を指導しなければならないという課題に直面した。すなわち、電話機の正しい扱い方や電話を使う際のエチケットを提示する必要があったのだ。チラシや広告、電話帳の告知文などを通じて、会社は電話機の扱い方を加入者に指導した。（中略）一九世紀の間は、会社は顧客に最初はクランクを三回回し、それから受話器を持ち上げるよう指示し、二〇世紀になると、受話器を持ち上げてからダイヤルの穴に指を入れて時計回りに回すよう書いたのである。(10)

今日われわれが当たり前のように使っている電話機の操作や、電話における会話のマナーなどが、初期においては定まっていなかったということである。そして、それは電話が普及していく過程で作られていき、われわれは何らかの方法で学んできたという事実を示している。では、具体的にはどのような指導が行われていたのであろうか。

（2）電話におけるジキル博士とハイド氏

初期の電話は、通話を行う際に交換台を呼び出す操作が必要であり、二〇世紀になると次第に相手の電話番号を直接ダイヤルする操作へと変わって行った。例えば、現在の一〇代の若者にダイヤル式の電話機を使わせても、戸惑うであろうことは容易に想像できる。電話機は未知の装置であり、どのように操作するのかを何らかの方法で教わる必要があったのである。

そして、もう一つの指導対象がマナー（エチケット）である。(11)では、電話利用には、どのようなマナー指導が必要だったのだろうか。当時の電話会社の多くは技術的な指導だけでなく、加入者による「電話の誤用」に対する社会教育まで引き受けることになった。「電話の誤用」とは、すなわち礼儀正しい会話ができないことを指す。初期の電話利用者は、非対面の会話という新しいコミュニケーションに戸惑った。その結果、ゴッフマンが言うところの、通常の対面で行われる「敬意とふるまい」ができなかったのである。[12]

この問題は電話会社にとってかなり深刻に受けとめられ、様々な対策がとられた。例えば、一九一〇年にベル社から出された「電話をかけるジキル博士とハイド氏」という広告では、「ベル社の驚異的な成長で電話はどこにいても使えるようになったが、反面、その誤用も公の関心事となってしまった」とイタリック体の文字で強調された。また、同時期のAT&T社は電話機に装着するカードに「電話の誓い」と印刷されたラベルを貼ったが、そこには「私は黄金律（ゴールデン・ルール）を信じ、電話で話すときも、対面で話す時のように礼儀正しく、思慮深くあるようにつとめます」という文言が印刷されていた。

黄金律とは宗教や道徳に共通する「他者から望まれる行動」であり、この場合は対面のコミュニケーションで求められる言葉遣いや礼儀を指す。目の前にいない相手に対しては通常の礼儀や丁寧な言葉遣いが行われないという問題は、現在のネット社会でも見られる共通点とも言えるだろう。電話会社は、このような啓発活動以外にも、改まらない利用者へのサービス打ち切りや罰金、刑法罰を盛り込んだ罰則まで用意していたのである。[13]

初期の電話利用における利用のマナーには、統一した基準（規範）がなかった。興味深いのは、われわれが英語の基礎で習う電話の第一声「ハロー（Hello）」は電話会社には不評であり、使わないという基準が提示されたことである。

AT&Tは、当初「ハロー」は俗悪だとしてその利用を阻止しようとした。しかしその試みは見事に失敗し、負けを認めた同社は、のちに交換手の愛称として、「ハローガールズ」を採用している。[14]

「ハロー」の不評は、不要な挨拶によって回線使用時間が延びることを嫌ったのが主な原因と考えられる。

（3）電話の使い方を利用者に教える

正確な制作年代は不詳だがThe Chesapeake and Potomac Telephone Company（以下、C&P）は、電話利用に関する丁寧な説明書（チラシ）を制作している。[15] C&Pの説明書は全部で四種類あり、「Starting a telephone talk」、「Telephone front」、「Concentrate while telephoning」、「Finishing a telephone talk」と、電話利用全般についての正しい使い方を解説している。「Starting a telephone talk」によれば、正しい電話のかけ方として相手の声が聞こえたら「自分の名前を名のる（This is X speaking）」ことを推奨している。

This saves a lot of preliminary questioning and confusion and rids the line of unnecessary repetition of "Hello!" "Well?" "What do you want?" and that over-annoying "Who's this?"

同様に、「Finishing a telephone talk」には、会話が終わった後は「Good-bye」や挨拶なしに受話器を置くことが求められている。電話回線は共有されているという意識を忘れずに、他の利用者への配慮する必要性も書かれている。

If you finish a telephone conversation and hang up your receiver without saying "Good-bye" or something else to indicate that your part of the conversation is finished.

他の二つは、現在のビジネスマナーに近い内容である。「Telephone Front」という説明書には、電話をかけたい時や呼び出しベルが鳴ったらすぐに応答できるように、仕事机の上を整理して電話機を手前に置きましょうと書かれている。この説明書には、電話機はデリケートなので乱暴に扱わない、湿度に弱いので窓の近くには置かないなどの注意書きもある。

Keep your telephone in front of you on the desk where it is easily accessible when you want to make a call and where it is in no danger of being knocked about.

「Concentrate while telephoning」は会話中の態度についての注意書きで、相手に対する礼節を持って会話を行わなければならない。見えないからとタバコをくわえながら話したり、机に足を乗せたりと言った非礼な態度は慎むべきであると記されている。

Concentrated, courteous attention given to a telephone talk is mark of respect paid to the talker that is appreciated. Concentrate on what is being said talk with a smile.

このような電話利用に関する説明書は、フィッシャーが指摘しているように、単なる取扱説明書の範疇を超えたマナーを教育する教科書的な存在でもあったと考えられる。加えて、会話の始め方と終わらせ方の説明書に添えられたイラストには若い女性が登場し、会話中のマナーに関しては明らかに男性ビジネスマンが描かれている。ここには、当時の社会とメディアにおける共通のジェンダー意識が見える。女性の会話は不必要に長く、冗長である一方、ビジネスマンの男性は横柄であり、乱暴であることを前提として、電話の利用方法におけるマナー＝規範が作り出されているのである。

(4) 階級を超える電話とマナーの誕生

マナーは「その時代、その地域における文化であり、ある集団の間で認められた身体技法」である。[16] また、西欧社会でのマナーは、上流階級と労働者階級を区分けするためのひとつとして存在し、特権階級としての立ち居振る舞いを修得することによって自身の階級を知らしめることが可能だったのである。[17] しかしながら、電話は遠隔地にいる人間同士の会話を距離に関係なく可能にしていった。その距離は、物理的な距離だけなく、階級という社会的な距離も超えてしまったのである。一九世紀末のコミュニケーションは、社会階級による区分けが一般的であり、異なる社会階級の人間同士が直接会話する場面は限られていた。しかし、電話が登場して以降、電話という電気的な声のコミュニケーション・メディアによって、異なる階級に属する人間同士が「非対面」かつ「声のみ」で出会うことになった。その結果、電話利用に関する様々な軋轢となって現れた。電話と言うメディアは、階級や民族というコミュニティの境界を曖昧にし、時には完全に突き抜けていたのである。

そのもっとも顕著な例が、下層階級出身の男子電話交換手であった「ボーイズ」たちと、主な電話利用者であった男性の上流階級者とのトラブルであった。彼らは一六歳か一七歳の元電信技術者であったが、粗野で乱暴な言葉遣いをする「少年＝ボーイズ」たちであり、上流階級の利用者たちへの対応も粗野で乱暴であった。[18] 顧客離れを恐れた電話会社はようやく方針を改めて、交換手を中産級階級の若い女性たち「ガールズ」に置き換えた。その結果、交換手の役割が技術的な「回線の接続」からより補助的で援助的な「声の秘書」へと変化していったのである。これは、階級間の会話ギャップが解決されたというよりも、ガールズたちが男性利用者たちの要求に沿った対応をしたという結果に過ぎない。すなわち、ガールズたちの秘書的な対応は、男性利用者たちが属する社会階級における女性たちの役割とほぼ重なっていたにすぎなかった。それはヴィクトリア朝期の社会が女性に期待していた「従順で忍耐強く仕事に従事すること」であり、交換手という職業に求められていた役割や、中産階級の女性たちが持っていた社会規範と一致していたのである。[19]

キャロリン・マーヴィンは、電話が生み出した階級間の相互侵犯をこう指摘している。

服装や態度におけるアンバランスな印象は、対面的なやりとりにあってはよそ者であることを示す一種の階級章としてたちまちあからさまになったものであるが、電話や電信ではやっかいなことに目に見えないものになってしまったため、さまざまな問題や危険が生じることになった。[20]

可視化された階級差を前提とした対面のコミュニケーションには「相対的な地位に沿ったかたちでのやりとりの規則が編み込まれていた」のであるが、非対面の電話においては「対面で行われる階級差を前提としたコミュニケーション規範が成立しないのでそれを偽装したり隠蔽したりすることが新たなメディアのおかげで可能になってしまった」のである。この偽装や隠蔽は下層階級から上流階級へだけでなく、その逆もまた成立させてしまったのだ。その結果、電話には見えない階級間の差異を吸収し、平準化するための「マナー」が必要となったのである。[21]

つまり、初期電話を使える人々は自身の階級に合わせた立ち居振る舞いを実践しており、それは先述の電話交換手との関係として端的に表れている。しかし、電話というメディアが社会へ広まるにつれて、階級間を隔てていた壁を突き抜けて、普段交わらない人々を声のみで結びつけてしまった。しかも、その壁は実社会においては厳然と存在しているにもかかわらず、電話という声のネットワーク内においては可視化されていない。電話をかける場合は相手を知っているので、どの階級に属しているかが見えないにもかかわらず、意識の上では「可視化」されている。これにしても、最初に電話に出た相手が本人か秘書かは分からないのだ。一方、電話がかかってきた場合は、相手が誰かを確認するまで分からない。電話が一般化した後も突然個人空間に侵入する電話への拒否感が強かったように、階級をまたいで侵入する可能性を持っていたのである。

電話に必要なのは、相手の電話番号を知ることである。電話帳はその必要から生まれたが、もう一つ利用者に電話利用教育を行う教科書としての役割もあった。田村紀雄は、電話会社の電話帳への眼差しを以下のように記している。

電話局が人々に一番周知したいと考えたのは、一種のマニュアルである。このなかには「電話リテラシー」「電話マナー」のようなものも入っていた。（中略）「電話リテラシー」のひとつには、ケロッグ社のイラストのように、マイクとレシーバーを正しい位置で会話するという機器操作の問題だが、ソフトやマナーの課題もあった。利用者のコールと交換手の間の会話がなりたたないことであった。[22]

ここでのマナーは、利用者と交換手とのコミュニケーション問題であった。特に、多様なアクセントが混在する状況の中で、一定のルールやマナーが実践的に作られていくのである。

移民による多様な文化、アクセントをもつコミュニティの住民同士が交換手を通じて会話し、少なくとも「電話会話」でスタンダードをつくっていった意味は大きい。[23]

電話の普及が進むにつれて、階級間や民族間で作られていたコミュニティの壁が崩れ、相互の交流が声のみの非対面で行われるようになった。その軋轢を避けるために作られたのが会話の基準であり、それを身体化したルールだった。そして、それを利用者に教育する方法として使われたのが、パンフレット、ブックレット、電話帳などの印刷メディアであり、「映画」という娯楽メディアだったのである。

（5）映画を使った電話マナー教育

電話に関する教育は、映画を使っても行われていた。例えば、一九二〇年「Bray Educational Film」制作の『How the telephone talk』では、会話のマナー自体は登場しないが、音が広がる仕組みや音が電気信号に変換される電話機の構造などが、アニメーションと実写の組み合わせで解説されている。約五分間の映像は、教育機関や教育現場での利用を前提に制作されたものと思われる。映画を用いた教育は、ラジオ、レコードといったメディアを用いて行われていた一九二〇年代以降のアメリカ視聴覚教育の中に位置していた。『How the telephone talk』は、映画というメディアを教具として用いて、電話というメディアの仕組みと使い方を学ぶという、教室における二重のメディア教育が含まれている(24)。

また、一九二七年にAT&Tが制作したダイヤル式電話の使い方を解説したサイレント映画『Dial Telephones How to Use the Dial Phone』は、一九二七年五月二八日深夜に行われたダイヤル式電話のサービス開始に先立って、その使い方を解説する目的で制作されたと思われる。最初にサービスの開始日付と、「ブルーブック Blue Book」と呼ばれた電話帳を開始日以前に使わない注意が表示される。その後、二九日以降のダイヤル式電話の使い方が、アニメーションと実写の組み合わせで順番に解説されていく。この映画はダイヤル式電話の使い方に特化していてマナーについては語られていないが、これは利用者のマナーが全体に向上したことを意味してはいない。事実、電話のマナー向上についての啓蒙映画は、トーキーが普及する一九三〇年代以降にも制作されている。一九四〇年代制作の『Telephone Courtesy』という映画では、先出のC&Pが制作した説明書で守るべきマナーとして語られている事柄とほぼ同じ内容が登場する。トーキー映画なのでストーリーもあり、よりリアリティをもって

受けとめられたであろう。(25)

このように、米国における電話という音声メディアは、利用方法に関するインストラクション、すなわち「リテラシー」教育が利用者に対して行われた最初の電気的メディアである。そして、そのリテラシーに含まれるマナーは、電話というメディアが生み出した非対面と階級差コミュニケーションを薄め、平準化するために作られたのである。これらの教育はチラシ、ブックレット、電話帳、映画などの手段を通じて行われていた。また、一九五一年に作成された小冊子「The telephone and how we use it」では、二四頁にわたり電話の歴史や正しい使い方を解説している。この小冊子はWayne University の College of education（ウェイン州立大学教育学部）と The assistance of the Audio-Visual Materials Consultation Bureau（視聴覚教材支援協議会）が、小学校の教材として作成したものである。(26) 同様の教材がどの程度作成されたかは現時点では定かではないが、メディア利用やマナーも含む「リテラシー」が、学校教育の対象として捉えられていた一例と言えよう。

第四節　日本の初期電話リテラシーと教育方法

（1）初期電話状況と電話マナー

次に、日本において電話リテラシーの教育がどのように行われたのかを確認してみよう。日本に電話が初めて輸入されたのはベルが電話の特許を取得した一年後の一八七七年、翌年の一八七八年には電信局製機所でベル方式による二台の国産電話機が制作された。東京と横浜間に電話が開通したのが一八九〇年一二月一六日であり、当時の加入者数は東京一五五、横浜四二であった。

ところで、われわれが電話を利用する際に使う「もしもし」であるが、電話登場以降しばらくは「おいおい」や

「もしもし」が混在しており、男女によっても使う言葉が異なっていたようだ。[27] 一八九二年の『朝日新聞』連載の「電話」という小説から、当時の電話が使われていた様子が確認できる。

電話といふ調法なもの世に弘まりてより貴顕紳士銀行會社は言うに及ばず名ある商人は皆家の内へ器械を据付け東京市中四里四方果てから果ての得意先よりの注文は勿論数里隔ちし横浜港の同業と賣買の相談も美濃と近江の寝物語よりいと安く五分と七分の押引きも顔の見えぬが互ひの強み掛値も言へば値切りもして結局ところが時計の針十分と廻らぬ間に賣りませう買いませうの相談整ひ手を拍つ所をボタンを押てチリヽンノリンで左様ならブツリと切れば先様はお替り今度は先方からの御案内チリヽヽヽンの呼鐘の音。[28]

東京―横浜間に電話が開通して二年後には、東京の商取引に電話が活用されている様子がわかる。この後段には電話での会話が登場するが、「もしもし」という言葉は使われていない。電話を初めて使う婦人が登場するが、会話の終わりの挨拶としての「左様なら」を言うように係員から指示されている。時代が下って一九三四年『読売新聞』には、具体的な電話のかけ方が登場する。「女中さん読本」という連載記事に「電話のちしき」が二回に渡って掲載され、「上」編では手動と自動の電話機の使い方が図解と共に、「もしもし」の具体的な使用場面が登場する。

先方が電話口に出られましたら先ず此方の名前をハッキリ告げてからお話しに取りかゝります（中略）他所から電話が掛つて来た場合には、素早く受話器を耳にあてゝ「モシモシ」と此方から聲をかけ、「こちらは何々ですが」と此方の名前を先に申上げることは、先方に非常によい感じを興へるものです。[29]

電話をかける時には名前を名のるだけで「もしもし」は使わず、かかってきた時にのみ「もしもし」を使って名前を名のることが求められている。これが、先方に好印象を与えるだけでなく、電話のマナーとして登場しているのだ。[30] 小泉和子によれば、女中の心得を説いた「女中訓」が一九三〇年代には雑誌記事や単行本として登場し、来客への応対や礼儀作法の中に電話対応も含まれていた。[31] これらの雑誌や単行本は女中が直接購入して読むと言うよりは、雇い主が購入して女中に読ませたり、雇い主である主婦が「家庭全般を預かる女性全般のマニュアル」として読んでいたりした可能性が指摘されている。[32] いずれにしろ、女中が雇える程度の中流以上の家庭には電話が取り付けられており、女中の日常生活の中に電話での対応や会話が組み込まれていたことを示している。逆に言えば、一般家庭での電話利用は、まだまだ広まっていなかったことになる。一方で、商売での電話利用は増えていったようで、一九三八年一月三〇日『読売新聞』には、「豆ニュース」という小さな連載記事に「電話のかけ方」が登場する。

山形縣下の山形商業學校では、「商賣をうまくするには、まづ電話のかけ方から……」というワケで、電話のかけ方八ヶ條を印刷して市内の會社、銀行、商店などに三千枚配りました。

八ヶ条は、(一) 挨拶、(二) 明朗、(三) 懇切、(四) 機敏、(五) 簡潔、(六) 正確、(七) 礼儀、(八) 非常、であり、電話のマナー集となっている。学校で学ぶ生徒を対象としたものではないが、教育機関が一般向けの電話マナー教育に関心を示した一例と言えるだろう。

（2）戦後の電話普及とマナーの登場

電話が一般化するようになるのは、戦後のことである。戦災によって多くの電話施設が破壊されたが、ＧＨＱの要求もあって電話の復旧は急務となった。戦災の復興が進み、経済面や人々の生活面でも電話への欲求が増え、電話を利用する場面が多くなった。終戦後数年経った時点で、早くも電話の使い方に関する記事や書籍が登場するようになる。例えば、一九四八年の『読売新聞』「モダンマナー」という記事には、電話の話し方、私用の長話し、電話をかける時間帯、電話中の訪問者への対応など七つの電話マナーが示されている。筆者はカロリン・ヘグナー・ショウという女性で、海外での電話マナーをそのまま翻訳していると考えられる。また、一九五一年一二月八日『読売新聞』に掲載された「エチケット集」という小さな記事では、「電話の応対」と題してビジネスにおける電話マナー（エチケット）が以下のように示されている。

電話をかけると「モシモシ」も「ハイハイ」も言わずに、電話機を外したままの人がいますがたよりない気がします。外国流に、こちらから聞くまえに、名前をいってくれるのはビジネスライクです。秘書に相手の人を呼び出させ、電話口にしばらく待たせるのは失礼です。せめて、その番号が出たら、本人とかわり、相手の人を呼ぶ方が丁寧です。

一九五一年時点での電話加入数は約一三六万九〇〇〇件であり、翌一九五二年以降のデータでは事務用が一四四万五〇〇〇件、住宅用が九万五〇〇〇件となっている(33)。日本で電話交換業務が始まって約六〇年が経とうとしていた時点において、電話はビジネスを中心に利用されていたことがわかる。しかし、電話のマナーに関しては六〇年前と変わらずに、まだ明確にはなっていなかったことがうかがえるのである。

ビジネスでの電話利用が増えるにつれて、電話のかけ方に関する啓蒙的な記事がビジネス系雑誌に登場するようになる。例えば、『ＪＩＳ』一九五二年四号の清水正夫「電話のかけ方」や『関西経済』一九五二年七号の宮田修「電話のかけ方」では、ビジネスマナーとしての電話のかけ方や会社での電話対応の重要さが細かく書かれている。これらの記事に共通しているのは、電話対応の「マナー」である。「要は礼儀を失うことなく、できるだけ短時間に要領よく用件を果たすにある」(34)や、「その会社で実務に携わる凡ての人が、あらゆる電話の対応について、気持ちよく能率的に親しく成し遂げるような雰囲気をもっていること」(35)のように、電話という新しい非対面のコミュニケーションを対面のコミュニケーションと等価に置き換えて捉えることを求めている。

このような状況の中で、電話は単に普及率を上げるというだけでなく、その使い方に関してなんらかの「教育」を行う必要性がでてきた。一九五〇年以降、先出の新聞記事やビジネスマナー本などに電話が取り上げられるようになったが、学校や社会という場においても電話に関する教育が行われるようになった。

（3）学校教育における電話

学校教育に登場した電話は、ビジネス現場における用件電話のマナー教育とは異なる文脈を持っていた。すなわち、国語という教科の中で「読み書き、話し聞く」という「国語リテラシー」を学ぶ教具として電話は扱われたのである。一九五一年の小学校学習指導要領国語科編（試案）第二章「国語科の内容」には、「機械を通して話を聞く、話をする」という体験の中に電話が登場する。第三章「国語科学習指導の計画」では、教具としての電話に加え、具体的な国語の能力として四年生の「話すことの能力」の中に「電話をかけることができる」という項目が登場する。これは、「聞き手の心持を考えて、常に話した効果を忘れないという態度を習慣づける点にある。そのために、心の持ち方と話術のくふうに留意させること」を重視することを目的としている。そして、電話教育の意義が以下のように示されている。

電話をかけることのできることは、文化生活に応ずるためには必要である。社会科などでは、見学・調査に先だって問合せの電話をかける。家庭で電話の取次をする。家の人に頼まれて簡単な用件の伝言を代弁する。電話のある友だちどうしで、打合せや連絡をする。このような機会は都会の児童には多いが、日常の対話とはやや条件が違うために、慣れないとなかなか要領を得た通話ができないものであるから、機会をとらえては練習すべきである。(36)

また、電話指導の注意点として、「電話のかけ方の指導と共通語の指導とは、地域によってその必要性を異にする。したがって、その動機づけに不自然さのないよう留意することがたいせつである」と、「方言使用への配慮」を求めている。(37)この電話利用における「方言使用」は、社会における電話教育においても重視される、電話マナーの一つになっているのは偶然ではないだろう。

次に、五年生になると電話をかけられるだけでなく、電話の必要性の理解へと進む。「電話を使う必要をわからせ、要点をとらえ、聞きよい声で、はっきりした発音で、礼儀をわきまえて落ち着いて話せるようにする」ことが求められる。(38)そして、六年生では「聞くことの指導」として電話が登場し、「電話をかけたり、取り次いだりする機会をつくり、電話を通じて相手の話をよく聞いて、それをはっきりと他人に伝えることのできるようによく聞き取る」能力獲得へと進んでいく。(39)

この学習指導要領に合わせて学校現場での電話教育が始まったが、現場だけでなく学校放送を用いた教育も行われていた。ＮＨＫ学校放送は一九三五年にラジオで始まり、一九五三年にはテレビの本放送と同時にテレビ学校放送が始まった。NHK学校放送は「教育課程に沿った」内容が求められていて、学習指導要領の内容を前提とした番組内容となっている。宇野義方は、電話の普及と学校放送の関係を以下のように記している。

われわれの日常生活を振り返ってみると、電話の占める位置が次第に大きくなっていることを痛感する。NHKのラジオ学校放送国語教室の小学校の五、六年生に対して、「電話と放送」という単元が設定され、電話で話すときのことばづかいや、電話での要領のよい話し方が何年間も扱われてきたことは、その端的な例であろう。(40)

一九五八年に改定された小学校の学習指導要領の国語における第五学年では、「聞くこと、話すこと」を指導する上で「電話やマイクロホンなどを使って話す」ことが望ましいと記されているだけで、既に電話のかけ方を学ぶ内容は消えている。次に改定された一九六八年度小学校の学習指導要領の国語からは、電話を学ぶ項目は完全に消えている。

一方、電話教育は、小学校だけでなく中学校・高等学校の教育にも登場する。一九五一年の中学校・高等学校学習指導要領理科編（試案）改訂版では、国語科の中に電話が登場する。中学校第一学年の「話すこと」の具体例に「電話やメガホンなどを使う場合、なるべく要領よく話す」があり、(41)高校の国語科の「話すこと」における具体的目標として「電話で、むだのない話ができる」ことが書かれている。(42)一九五八年度の中学校学習指導要領では、第一学年「聞くこと、話すこと」の指導留意点として「劇、校内放送、放送、録音機または電話などを適宜利用した学習をさせることを考慮する」ことが記されている。(43)中学校の学習指導要領から電話が消えるのは一九六九年度中学校学習指導要領以降であり、高等学校の指導要領は一九六〇年度高等学校学習指導要領からである。中学校・高等学校の場合は電話の使い方を学ぶと言うよりも、電話を教具として活用することに力点がある。

このように、電話は一九五〇年代初めには小学校、中学校、高等学校の国語学習に登場していたが、それは電話のかけ方やマナーという意味でのリテラシーではなく、国語における「話し聞く」能力としての国語リテラシーを学ぶ対象であり、教具でもあった。その際の特徴として、「方言」使用を控えるという国語の標準化が示されている。言い換えれば、「標準」的な国語を使えることが、電話リテラシー獲得を意味したのである。

(4) 社会教育における電話

では、社会における電話教育はどのような形で現れ、どのような文脈を持っていたのだろうか。先述のように、電話は多くの人々にとってまず仕事上で使うことが求められていたが、その際の応対や話し方に関する知識は持っていなかった。例えば、一九五八年七月一五日の『朝日新聞』には、東京都大田区の中学校では、大田区教育委員会、日本電信電話公社（以下、電電公社）東京電通局などの共催で「電話のエチケットコンクール」が開催された記事が載っている。「電話の掛け方や話し中のエチケットは子供のうちから体得させようというのがねらい」と、その目的が示されている。区内から選ばれた一二名の中学生が、様々なシチュエーションでNHK放送劇団員と会話をする。また、一九五九年二月一四日の『朝日新聞』には、「巣立つ高校生に電話エチケット」と題する記事があり、「上野の松坂屋ホールで『私たちの電話のつどい』が電電公社主催で開かれた。この三月高校を卒業して職場に就く人たちに、電話のエチケットを身につけてもらおうというのがネライ」と記されている。学校の国語教育という文脈ではなくなく、社会生活の準備という文脈において電話のマナー教育が学校と電電公社によって結びつけられている。

日本の電話マナーに対する社会教育の大きな目的は、アメリカのような階級差を吸収して平準化することではなく、電話で話す言葉の規格化・平準化、すなわち電話用語としての「共通語」修得が主眼であった。そこには、方言への差別意識があり、高度成長期に各地方から大都市へ就職した若者たちの言葉を「標準化」するためであった。電話マナーを学ぶ側から見れば、方言差別に伴う「電話恐怖」を克服するための教育だったのである。例えば、瀬谷信之は、電話教室の必要性をこう記している。

わたくしはしばしば、新入社員の電話教室に、講師として招かれます。そのたびに耳にするのが、男女を問わず、「電話はこわい」です。新入社員は、いちどは電話恐怖症にかかるようです。ベテラン社員のなかで、電話をこわがるのは、この言語障害のほかに、なまりや方言がどうしてもでてしまい、電話に出るのをちゅうちょする人のようです。(44)

電話を怖がる原因として「方言」があり、そのためにうまく会話ができない状態を「言語障害」と表現している。これは標準語化されていないことから来る差別への恐怖であり、その差別をなくすのではなく、差別されないように標準化された言葉と会話技術というマナーを修得するのが電話教室の重要な役割だったのである。

また、高度成長に伴う集団就職などで地方から都市部へ働きにでてくる場合、地方での電話使用は限定的であったため、就職前に電話の使い方を学ぶ必要があった。地方における電話教育を担っていたのが地方農村の有線放送電話であった。有線放送電話は、戦後の放送・通信網からこぼれ落ちた地方農村が、独自に生み出した放送と電話の両機能を併せ持ったハイブリッドメディアであった。放送機能はＮＨＫラジオの再送信と自主放送、電話機能は原則地域内のみでの通話が可能であった。一つの回線を放送と電話で共有していたので、一日の中にそれぞれの利用時間帯が設定されていた。一九六〇年時点の有線放送電話施設数は一九六五、加入数は約一〇三万五〇〇〇件であった。同年の電電公社の加入数が三六三万三〇〇〇件だったので、その多さが分かるだろう。この有線放送電話は地域内のみの通話であったが、大人だけでなく子どもたちの電話体験も促し、電話マナーを学ぶ機会ともなっていた。その教育は、電話帳に書かれた電話利用方法の説明文に含まれたマナー提示によって主に行われていた。しかし、地域で完結していたので、電話における標準語使用をそこから学ぶ機会はなかったのである。(45)

都市部における電話教室は、一九六〇年代以降各地で行われている。先述のような標準化された言葉の修得以外にも、電話マナーの普遍化が電話教室として行われていた。一九六七年六月一四日『読売新聞』には「札幌と〝モシモシ〟文京元町小で電話教室」という記事があり、「電話のエチケットを小さいときから身につけよう」という趣旨で、電話の正しいかけ方を学ぶ小学生の姿が報じられている。また、一九六八年三月九日の『朝日新聞』には「お母さんもいかが　ダイヤル電話教室」という記事があり、「PTAのお母さん方や団地の主婦たちも利用して下さい」と対象者が大人の女性であることが示されている。そして、記事には電電公社が一九六三年から「中学、高校生の就職準備のための学校向けと、新入社員教育・社内研修用の二種の『ダイヤル電話教室』サービスを始めた」と書かれている。

電話教室は電電公社のサービスとして積極的に実施されていたようで、一九六七年二月二七日『読売新聞』「でんでんニュース」No.七九には東京二三区で実施しているダイヤル電話教室の案内が載っている。このダイヤル教室は社会人を対象としているが、小中高校生でも参加ができる。電電公社の電話教室は先出の記事にあるように一九六三年から実施されており、一九六七年二月から一九六八年六月までに六回の「電話エチケット講座」開催告知が『朝日新聞』には載っている。その大きな目的は「エチケット」つまり電話利用のマナー教室である。電電公社の電話普及は急速に進んではいたが、一九六〇年代から七〇年代にかけては高度成長に合わせて電話需要がビジネスだけではなく、一般家庭でも高まっていた時期でもあった。一九六三年には固定電話の加入数が五〇〇万件を超え、自動交換機の導入や全県庁所在地都市相互間の自動即時通話達成（一九六七年）など、電話は社会や人々の生活上必要不可欠なメディアとなっていった。その結果、多くの電話初心者が誕生し、電話を巡るトラブルが頻出したのである。

一九七一年五月三〇日『朝日新聞』記事「新エチケット語録　電話は相手の身になってかけること」では、「現代の対機械エチケットで欠かせないのは電話の扱い方である。電話のエチケットはびっくりするほど未発達だ。これは、みんなが、電話について何のビジョンももっていないからじゃないか」と、電話利用におけるエチケットの欠如を指摘している。その最大の問題は「いまの社会で許される唯一最大の、他人の家庭へのプライバシー侵害」であり、電話をかける際の気遣いの必要性を訴えている。翌月の六月一九日『朝日新聞』「電話の作法」にも、電話の使い方に関する苦言が載っている。ある会社の重役が秘書に電話をかけさせてきて、相手がでてからおもむろに電話を替わるという体験をもとに、以下のように電話の作法について苦言を呈している。

会社ではえらい人なので、秘書に相手を呼び出させておいて、その間仕事をしているのらしい。しかし、私は彼の部下でもないし、彼が私よりえらいという証拠もない。同じ会社の下僚や、系列会社の下役ならともかく、他の会社の人間にはもっと礼を尽くすべきであろう。

この記事が掲載された時点で日本の電話普及率はアメリカに次ぐ世界第二位であるが、記事に書かれている事例はアメリカの電話会社が初期利用者に対して教育した内容とまったく同じなのである(46)。

電話の作法に関しての記事は、この後も随時掲載されている。一九七三年二月二日『朝日新聞』「電話のエチケット　番号を間違えたらわびましょう」は、文字通り間違い電話をかけた際の礼儀作法への指摘。一九七七年二月一〇日『朝日新聞』「電話マナー」は電電公社が行っている新社会人向けのダイヤル教室の紹介だが、昨年一年間だけで約一二〇〇回の教室が開催され、年々希望企業が増えていることを伝えている。一九七〇年代後半に電話が社会にどのように溶け込んでいたのかを知る記事もある。一九七七年八月九日『読売新聞』「小学生の電話」には、電電公社による東京と大阪の小学一年生から六年生のいる五〇〇世帯に対する調査結果が載っている。帰宅が遅くなった際に自ら電話連絡を入れる小学生が全体の四〇％にのぼっていて、小学生たちは「電話世代」である実態が明らかとなっている。この調査では、「親が子供に電話のかけ方を教えた時期は、幼稚園までが六〇％、小学一年生までになると八五％に達している」と、子供たちの電話体験が家庭を中心に進んでいることが示されている。

第五節　電話リテラシー教育と標準化というマナーの普遍化

以上のように、電話というメディアの自明性を「マナー」というリテラシーとその「教育」という観点から問い直し、その実践と背景を確認してきた。われわれは自らの電話リテラシーを自明なこととして受け入れ、その自明性を疑うことがない。その自明な電話リテラシーは、電話というメディアが今日まで普及していく過程において様々な教育手段でわれわれに組み込まれ、社会の中に普遍化・自明化されていったのである。

なぜ、われわれは長電話を不快に感じ、電話会話での礼儀や電話利用のマナー遵守を強く求められるのであろうか。それは、「電話とは必要な連絡を行うための道具であって、特に用件をもたない通話によってその道具性が損なわれるべきではないという、電話の使用法に対する暗黙の前提」が存在しており、この暗黙の前提は「電話することは非電話空間で生じる人々の用件を済ませるための道具的な振る舞いとして、非電話空間に従属しているものと理解される」から生まれたとされている(47)。

そこには暗黙の前提＝自明性を社会全体で共有するシステムが存在したはずである。それが、本章で考察した

「電話リテラシー」の教育なのである。

電話というメディアが初めて社会に登場した当初から、電話はその機器の操作方法とマナーも教育する必要があった。それは、電話機が新しい技術の集合体であっただけでなく、通話者同士の距離（物理的、社会階級的）に関係なく行われる非対面の会話という新しいコミュニケーション技術を前提としていたからであった。しかしながら、その際に用いられたコミュニケーション・マナーは従来の対面で行われていた階級差を前提としたマナーであった。それを電話コミュニケーションに組み込んで差異を薄め、普遍化することが教育の重要なポイントであった。戦後の日本においては、電話普及と電話で使うべき標準的な言葉という言語の規格化として、学校と社会において行われた。言い換えれば、電話マナーとは丁寧さよりも差異を最小化し、標準化する作法であり、その教育とは作法を普遍化する作業だった。それが、「電話リテラシー」という教育だったのである。

電話に関するマナーは、国語教育や電話普及に伴って普遍化した。われわれは、自明化した電話リテラシーを身につけている。現在でも、ビジネスマナーとしての電話リテラシー教育は存在しており、内容も大きくは変わってはない。しかし、本章で考察したような初期における電話リテラシーとは異なり、名刺の交換方法や挨拶の仕方などの一般的な身体作法に含まれている。そして、電話が携帯化し、通話以外の多くの機能が付加されるに従って、新たなマナーと教育が必要となった。現在行われているメディア・リテラシーには電話（携帯電話）が含まれており、それは社会の中で安全に電話を使いこなすサバイバル・マナーに他ならないのである。

〈注〉

（1）例えば、McLuhan, Marshal（1964）*Understanding media : the extensions of man*. McGraw-Hill.（栗原裕・河本仲聖訳〔一九八七〕『メディア論――人間の拡張の諸相』みすず書房。）Gumpert, Gar（1987）*Talking tombstones and other tales of the media age*. Oxford University Press.（石丸正訳〔一九九〇〕『メディアの時代』新潮社。）Meyerowitz, Joshua

(1986) *No sense of Place : The impact of Electric Media on Social Behavior.* Oxford University Press.（安川一・上谷香陽訳〔二〇〇三〕『場所感の喪失』新曜社。）藤竹暁（一九七九）『電話コミュニケーションの世界』ダイヤル社。吉井博明（一九九三）「電話利用の新しい形態と電話ネットワークの社会的意味」『現代のエスプリ306　メディア・コミュニケーション』至文堂。金光昭（一九六五）『赤電話・青電話』中央公論社、などがある。

（2）吉見俊哉・水越伸・若林幹夫（一九九二）『メディアとしての電話』弘文堂、一三頁。

（3）Fischer, Claude S.(1992) *America Calling : A Social History of the Telephone to 1940.* University of California Press.（吉見俊哉・松田美佐・片岡みい子訳〔一九九二〕『電話するアメリカ』NTT出版。）

（4）鈴木みどり編（二〇〇一）『メディア・リテラシーの現在と未来』世界思想社、四頁。

（5）浪田陽子（二〇一三）「メディア・リテラシー」浪田陽子・福間良明編『はじめてのメディア研究』世界思想社、八～九頁。

（6）水越伸（一九九八）『AERA Mook　情報学がわかる』朝日新聞社、五二～五三頁。

（7）村野井均ほか編（一九九九）『学校と地域で育てるメディアリテラシー』ナカニシヤ出版、三頁。

（8）吉見俊哉（一九九五）『「声」の資本主義――電話・ラジオ・蓄音機の社会史』講談社、一〇三頁。

（9）テレフォン・ヒルモンドはハンガリーのブダペストで一八九三年から約二〇年にわたり、毎日ニュース、娯楽などの音声番組を、電話回線を使って加入者宅に届けていた。吉見、前掲書、一一三～一一八頁。

（10）フィッシャー、前掲書、九二頁。

（11）エチケット（etiquette）はフランス語で、宮廷における儀礼から日常生活の様々な作法を指すようになった。一方、われわれはより一般的な言葉として、「マナー（manner）」という言葉も使っている。こちらもほぼ同義であり、電話利用に関する作法である。本章では、より身近な言葉として「マナー」を使うことにしたい。

（12）Goffman, Erving (1967) *Interaction ritual : essays on face-to-face behavior.* Anchor Books.（広瀬英彦・安江孝司訳〔一九八六〕『儀礼としての相互行為――対面行動の社会学』法政大学出版局、四二～九三頁。）

（13）フィッシャー、前掲書、九三頁。

（14）フィッシャー、前掲書、九四頁。

（15）The Chesapeake and Potomac Telephone Company は、一八八三年にアメリカ・ワシントンD.C.で設立された電話会社である。ダイヤル方式電話の説明ではないので、恐らく初期のブックレットと考えられる。

（16）加野芳正（二〇一四）「〈マナーと作法〉の社会学にむけて」加野芳正編著『マナーと作法の社会学』東信堂、八頁。
（17）加野、前掲書、九頁。ブルデューはマナーと階級の関係を「ハビトゥス」という概念を用いて説明している。Bourdieu, Pierre（1979）*La distinction : critique du jugement*. Éditions de Minuit.（石井洋二郎訳〔一九九〇〕『ディスタンクシオン』（Ⅰ・Ⅱ）藤原書店。）
（18）Martin, Michele（1991）"*Hello Central?*" McGill-Queen's University Press, pp.54-56.
（19）Martin, ibid., pp.52-53.
（20）Marvin, Carolyn（1998）*When old technologies were new : thinking about electric communication in the late nineteenth century*, Oxford University Press.（吉見俊哉・水越伸・伊藤昌亮訳〔二〇〇三〕『古いメディアが新しかった時――19世紀末社会と電気テクノロジー』新曜社、一七三～一七四頁。）
（21）社会言語学においては、使用言語の違いを地域、階級、職業、性別などの違いに基づくとし、標準的か非標準的かによって社会的な評価が変わるとしている。川村陽子（一九九八）「標準語と方言　の社会的意味」『人間と環境――人間環境学研究所研究報告』七七～八五頁。
（22）田村紀雄（二〇〇〇）『電話帳の社会史』ＮＴＴ出版、五一頁。
（23）田村、前掲書、五三頁。
（24）これらの教育映画がどのように上映されていたのかを明確に示す資料はまだ見つかっていないが、主には教育機関で視聴覚教材として利用されたと考えられる。しかし、これら教育映画に登場する人物が白人の中産階級以上であることからも、初期電話の利用者たちは特定の人種と社会階級に限られていたことがわかる。
（25）小柳和喜雄（二〇〇四）「教育メディアと環境」西之園晴夫・宮寺晃夫編著『教育の方法と技術』ミネルヴァ書房、一八九～一九一頁。
（26）The assistance of the Audio-Visual Materials Consultation Bureau は、一九四五年に視聴覚教育をサポートする目的で設立されていて、ブックレット以外にもフィルム（映画）教材の作成などを行っていた。https://reuther.wayne.edu/files/WSR000206.pdf.（二〇一五年一二月二二日最終アクセス）
（27）逓信総合博物館監修（一九九〇）『日本人とてれふぉん――明治・大正・昭和の電話世相史』ＮＴＴ出版、五三～五五頁。
（28）幸堂得知『電話』（前編の一）『朝日新聞』一八九二年五月一七日。

(29)『読売新聞』一九三四年四月七日。
(30)一九三四年四月八日の「下」編では、自動式電話と公衆電話の使い方のみが書かれている。また、四月二三日の「電話の取りつぎ」という記事では、電話での用件を正確にメモし、間違えのないようにするコツが書かれている。
(31)小泉和子（二〇一二）『女中がいた昭和』河出書房新社、五六頁。
(32)小泉、前掲書、六一～六二頁。
(33)総務省『情報通信統計データベース』「電気通信サービスの加入等の状況（昭和12年度～平成16年度）」より。
(34)清水正夫（一九五二）「電話のかけ方」『ＪＩＳ』（五）四、一五三頁。
(35)宮田修（一九五二）「電話のかけ方」『関西経済』六（七）、二五頁。
(36)『昭和二六年小学校学習指導要領国語科編（試案）』第三章「国語科学習指導の計画　第八節　第四学年の国語科学習指導はどう進めたらよいか」三（二）四。
(37)前掲、三（三）二。
(38)前掲、「第九節　第五学年の国語科学習指導はどう進めたらよいか」三（二）三。
(39)「第十節　第六学年の国語科学習指導はどう進めたらよいか」二（二）九。
(40)宇野義方（一九七〇）「三分間電話のお目見え」『言語生活』二二七、四八～五二頁。本章執筆時点で、ＮＨＫ教育放送「Ｅテレ」「高校講座　国語表現」第三三回「世界との対話」に「電話のかけ方」学習がある。内容は、正しい電話のかけ方として、以下のようなマナー中心に声のみのコミュニケーション能力習得を目的としている。
相手に電話をするときのポイントは以下の五つです。
①自分から名のる。
②先方の都合を尋ねる。
③電話の目的と依頼内容を述べる。
④日時などを復唱する。
⑤自分の連絡先を伝える。
NHK　Online（http://www.nhk.or.jp/kokokoza/tv/kokuhyou/archive/resume033.html）（二〇一五年一二月二一日最終アクセス）
また、放送大学教養学部夏季集中科目　司書教諭資格取得に資する科目「学習指導と学校図書館」第八回「情報リテラシーの育成（三）情報・資料の活用」には、「電話のかけ方」が含まれている。
(41)『昭和二六年　中学校・高等学校学習指導要領理科編（試案）改訂版』「第二章　中学校の国語科の計画」二（四）。
(42) 前掲、「第四章　高等学校の国語科の計画」二（五）。
(43)『昭和三三年度　中学校学習指導要領』「第2章各教科第1節国語第2各学年の目標および内容」二A（三）。
(44) 瀬谷信之（一九六五）『電話の話術』光文社、一〇～一二頁。
(45) 有線放送電話に関しては、坂田謙司（二〇〇五）『「声」の有線メディア史――共同聴取から有線放送電話を巡る「メディアの生涯」』世界思想社、を参照。
(46) 日本電信電話公社北陸電気通信局文書広報課編（一九六八）『でんわ小事典』日本電信電話公社北陸電気通信局文書広報課。
電話のじょうずな使い方　一四項目から抜粋。
・電話をかける時刻、相手の居場所や状態を考え、迷惑にならないように。
・ベルが鳴ったらすぐに出ましょう。
・電話の長話は時間のむだです。ずばり用件に入りましょう。
・ないしょ話や打合せは、相手に聞こえないよう、送話口を手で押さえて。
・敬語はほどほどに。見うちの者には敬称をつけません。
・話が終わったら、かけた方がさきに、受話器は静かに置きましょう。
(47) 吉見・水越・若林、前掲書、四七～四八頁。

第一一章　メディアスポーツ研究の実践的課題

――スポーツ中継番組における能動的な「読み手」の形成に関わる一考察

川口晋一

広い意味でのメディアスポーツ研究は、変化するスポーツとメディアの関係を捉えつつ研究を積み重ねてきた。現在、それは主にスポーツ社会学の一つの領域として発展しており、一九九〇年代中頃からは、ブリティッシュ・カルチュラル・スタディズなどの批判理論と交流を持ち、スポーツのオールターナティヴな価値を追求するという意味でも研究の深化が期待されるようになってきている(1)。実際、テレビ・スポーツの言説分析はある程度蓄積され、メディアスポーツの象徴機能についても多くの論者が言及するようになったと言えよう。また、メディアスポーツの構造と機能を捉えようとする理論的な研究(2)も進み、結果として消費過程におけるヘゲモニー闘争に目を向けたものだけでなく、生産場面や流通場面にも光が当てられるようになった。さらに、スポーツ社会学では「メディア・スポーツ文化複合(3)」という概念枠組みでスポーツを捉え、メディアスポーツをめぐって生み出される様々な現象や問題について分析・研究を進める潮流が九〇年代後半よりできつつある。そこでは、特にメディア資本（メディア・コングロマリット(4)）によって支配されるメディアスポーツをめぐって、対抗する市民の実践的課題について整理し、運動を展開することの重要性が指摘されるようになっている。このように、メディアスポーツ研究は運動論や「権力論」を持った批判理論として構築され、少なからず現実にアプローチする可能性が期待されるものとなったと言えるだろう。

しかし、その一方で、メディアスポーツ研究は、例えばメディア・リテラシー研究のような実践的な展開を持たずにここ二〇年ほどの時間が経過したと言ってよい。スポーツが社会で一定のコミュニケーション領域を形成するものであり、ましてや近代の矛盾を払拭できず、むしろその矛盾がマスメディアによって増幅され、絶大なる影響力を振るっていることを考えるならば、実践的展開の不在は、さらに重大で深刻な問題として捉えられるであろう。キラーコンテンツとしてのメディアスポーツ、特にリーグ・スポーツの中継番組はその地位を益々高め、「みるスポーツ」だけでなく「するスポーツ」にまで重大な影響を与えるようになっているのだ。

本章では、メディアスポーツ研究の展開を「受け手」の能動性を中心に振り返り、メディア・リテラシーとの関わりの中で実践について考え、また、ここ一〇年ほどの間に展開が始まった「スポーツ・リテラシー」について検討することで、メディアスポーツ研究におけるテレビのスポーツ中継番組におけるクリティカルな「読み手」の形成について論じていくこととしたい。

第一節　メディアスポーツ研究とメディア・リテラシー

(1) メディア・リテラシーとの接点

メディアスポーツ研究を含むスポーツ社会学の領域において、メディア・リテラシーは、多様に展開するカルチュラル・スタディズの一つと捉えられ、その初期段階においてもごく自然に受け入れられたと言えよう。山本教人は二〇〇〇年当時、スポーツとメディアの結びつきを「恋愛結婚」に例えながらも、そのメディア・メッセージの強力な影響、特に支配的なイデオロギーの「重要な引き受け手」になる可能性について言及し、そういったメディアの強力効果である「決定論的なメディア・イメージ」に対抗するものとして「メディア・リテラシー」について紹介している。また、シカゴ学派のコミュニケーション論における受け手の「反応」の論理的重要性についても言及し、「このようにメディアによって伝えられるスポーツは、一方ではそれらを取り巻く広範な政治的、文化的、経済的関係を再生産することに寄与し得るであろうし、また一方では、既存のそうした関係に変更を迫ることを可能ともしよう（傍点引用者）」[5]と、メディアスポーツ研究の理論、さらにはその実践に繋がる研究の重要性を位置づけている。山本は、この論文の中で、「メディア・スポーツ研究」[6]の動向を「メッセージの制作に関する研究」「メッセージの内容に関する研究」「メッセージの受け手に関する研究」の三つに分類している。[7]そして、メッセージの内容に関する研究に多くの努力が払われている反面、メッセージの送り手や受け手の研究が量的に十分行われてこなかったことに触れ、受け手の解釈と能動性を中心に、慎重にカルチュラル・スタディズの重要性について論じ、メディアスポーツ研究への位置付けを試みている。そのことを通して、特に「解釈という実践」[8]をめぐるイデオロギーや権力の再生産、そしてその変更（対抗）に光を当てようとしていた。

同時期、鬼丸正明はカルチュラル・スタディズを含む諸理論を丹念に分析・検討し、「スポーツ公共圏」[9]論を模索・構築しようとしていた。そして、「今日のメディア論においては、公共圏を単なる『批判空間』に終わらせず、新たなメディアの場、メディア・コングロマリットに対抗できるようなメディアを形成する場として理解する潮流ができつつある」[10]ことを挙げ、その代表的論者の一人としてメディア・リテラシーの鈴木みどりの名を挙げている。このように、スポーツ社会学とブリティッシュ・カルチュラル・スタディズが繋がりを持ち、メディアスポーツ研究に一定の蓄積が見られた一九九〇年代に、新たな展開や方向性が模索され始め、メディア・リテラシーは特にその運動論や実践の重要性が評価される形で位置付けられていたと言えよう。

しかし、その後一〇年間でカルチュラル・スタディズの枠組みで言説やナラティヴなどの分析がスポーツ番組に対して数多く行われていたのに対し、スポーツを対象としたメディア・リテラシー研究あるいはメディア・リテラシーの運動論を吸収し、「受け手」の実践的な展開を想定したメディアスポーツ研究が行われることはなかった。また、鬼丸の「スポーツ公共圏」論を具体的な運動や実戦へ展開しようとする研究も行われなかった。

(2) メディア・リテラシー研究とスポーツ文化

メディアスポーツ研究では、先に見たような二〇〇〇年までの研究動向を受けて、メディア・リテラシーのクリティカルな「読み」を中心とする受け手の研究が積み重ねられることが期待される状況にあったが、実際そのようにはならなかった。大橋充典と西村秀樹は、山本論文以降の研究動向に目を向け、「メディア・スポーツに関するメディア・メッセージの内容を再度検討すること、さらにその受け手の関わり方について検討することは急務となっている」としている。(11) メディアスポーツを「批判的」に捉えようとする研究が増加する中で、「受け手」研究が少ないという動向受けてのことである。

二一世紀に入り、デジタルメディアの急速な発展を伴った環境変化と、郵政省（当時）による研究会報告書(12)が出されたことなどにより、メディアに関わる研究活動は一般的に活発化したが、スポーツとメディアの研究に関しては、二〇〇二年の日韓W杯開催の影響もあったのだろうが、メガイベントそのものに向かい、「受け手」の研究が十分深められることはなく、多くの課題が「受け手」研究に残されたことはたしかである。

大橋と西村は、メディアスポーツ研究の「批判的」検討に際して、主要には従来の研究枠組みを広げる形で、インターネットなどと比して操作能力に左右されないテレビ・メディアのプログラムの類型化を行い、改めてメッセージの孕む問題とその分析の重要性を指摘している。(13) その背景にあるのは、日本固有のメディアスポーツのメッセージと「読み手」の主体的力量の低さという問題であり、認識である。そのような視点から、彼らは日本国内におけるメディアスポーツとメディア・リテラシー教育が重なる領域の研究についても検討している。その結果、そういった研究はほとんど見当たらないことが問題とされる。[14] 彼らはまた、メディア・メッセージの無批判な受容がスポーツ文化の衰退に繋がると考えており、「情報の受け手であるわれわれは様々な形に変化するスポーツに対してメディア・リテラシーを鍛える必要があり、また今後そのような実践の場を増やしていくことが重要なのである」としている。[15] その際に、「今後スポーツのメディア・リテラシー教育を発達させる上で参考とすることができる（傍点引用者）」[16] とし、大学での分析的授業とディスカッションを実践事例として挙げ[17]、特に「ディスカッションにおける多様な解釈や批判的な眼差しは、まさにメディア・リテラシーの理念に重なる部分である（傍点引用者）」[18] という評価を与えている。しかし、ここで彼らが扱っている事例は、言説やナラティヴのリテラシーに関わることが多く、映像に関わっては、神原直幸の視聴者が「アップ映像の挿入によって関連するプレーの評価が高くなる」という、制作者による操作可能性の問題を取り上げた部分に限られている。[19]

　さて、大橋と西村がメディア・リテラシーの理念に重ねて、スポーツに対する「多様な解釈や批判的眼差し」を持たせるための実践を想定しているところには何の異論もない。しかし、「スポーツのメディア・リテラシー教育」とはどのようなものを意味するのかについては、さらに検討を進めていく必要があろう。筆者は、スポーツ文化の固有性を踏まえて、少なくともスポーツ報道番組とスポーツ中継番組を分けて考えることが必要だと考えているが、大橋と西村は、類型化したスポーツ番組のそれぞれにメディア・リテラシーがどのように生かされるかについては検討していないのである。今後、その問題を検討していくことが重要と思われるが、それと同時に、さらに子どもの教育や市民レベルの参加を意識した、そしてスポーツ観賞を楽しみながらも、その分析や「読み」の能力を高め、スポーツ文化を評価し育てるためのリテラシーを考えることが、実践的なメディアスポーツ研究の展開を考えていく上で重要なのではないだろうか。

第二節　メディア・リテラシーと「スポーツ・リテラシー」

これまでメディアスポーツ研究は、メディア・リテラシーと接点を持ち、その運動や「読み手」の能動性・クリティカルな読みの問題を共有しようとしてきた。それが十分な展開を見なかったのは、スポーツ・ニュースなどの報道番組は分析できても、そのままの形でスポーツ中継番組の分析などに利用できなかったからであろう。[20]しかし、それはむしろメディアスポーツを変更・転換する発想が弱く、また、教育や実践よりもむしろ実証研究が必要であるという、研究者の認識の問題に由来することを忘れてはならないだろう。

さて、ここまでメディアスポーツ研究とメディア・リテラシーの関係について触れてきたが、以下、近年になって他分野のリテラシー概念同様に、目立って使用されるようになってきた「スポーツ・リテラシー」に目を向け、その内容について検討することでメディアスポーツ研究の実践的課題について考えていきたい。「スポーツ・リテラシー」といっても、実際それは様々なところで使われるようになっており、例えばスポーツジャーナリストの養成講座において必要とされる「読み書き能力」を示すこともある。しかし、ここでは何らかの形で初期のメディア・リテラシー研究の影響を受けて発展させられたと思われるものについて検討していきたい。[21]それは、スポーツ社会学とは別の領域のもので、特に体育科教育という、まさに教育と実践の現場で行われているものである。

（1）学力論・政策批判としての「スポーツ・リテラシー」

おそらく最初にこの概念を学問的に定義し、使用し始めたのは海野勇三であろう。海野は学力論としてこれを捉え、「スポーツ・リテラシーの３Cを育てる」として以下のように述べている。[22]

スポーツ部活動を通じて子どもに育みたいもう一つの力、それは、言うまでもなくスポーツの享受能力である。ところで、子どもたちが学校時代を終了した後もスポーツ文化を生涯にわたって享受していくためには、どんな力が必要だろうか？　わたしは、最近の「メディア・リテラシー」研究に触れるなかで、スポーツ・リテラシーという用語を用いてそのことを考えている。詳述は別の機会にゆずるとして、とりあえず、ここではスポーツ・リテラシーを、「市民としてスポーツにアクセス（する・見る・読む・支援するなど）し、分析・鑑賞・評価しながら、多様な形態でスポーツ・コミュニケーションを創りだす能力」と仮定義しておこう。そのうえで、スポーツへのアクセスに際して何より必要なこと、それはスポーツへの強い動機と実践する力である。また、スポーツの分析・鑑賞・評価に際して必要なことは、批評つまりクリティカルな主体性だろう。さらに、多様な形態でスポーツ・コミュニケーションを創りだす際に求められること、それは異質な者同士の対話と共同にもとづく変革と創造への探求である。

わたしは、スポーツ部活動に期待する教育力として、このようなスポーツ・リテラシーの形成を挙げたい。とくに、スポーツが市民生活のなかに広く深くねざした文化として定着しつつ、同時に様々な問題を生起してきている今日だけに、未来の主権者としての子どもたちに co-operative（協同的）で critical（批判的）で creative（創造的）な力を獲得させる必要があると考えている。

すでに海野は二〇〇二年に「仮定義」の段階とはいえ、メディア・リテラシーの理念を発展させ、そして山下高行のグローバリゼーション論や「コスモポリタニズム」[23]、そして鬼丸の「スポーツ公共圏」論といったスポーツ社会学での議論に通底する形で、見事にメディア・コングロマリットに対抗できる力としての「スポーツ・リテラシー」を表現していたと言えよう。それは、メディア社会でスポーツを享受するための「アクセス」「分析・鑑賞・評価」のみならず、メディア・スポーツ文化複合における画一化されたコミュニケーション状況を多様化する、すなわち「公共圏」に「異質な者同士の対話と共同」でスポーツを転換する主体を見据えている。そして、海野がスポーツへの「アクセス」に際して何よりも「強い動機」「実践する力」が必要である点を強調しているところは、オールターナティヴなスポーツを作っていく上で最も重要なパワーの源と言えるだろう。

その後、海野とその共同研究者たちは、主に二〇〇六年に従来の学力概念を「拡張」する形で研究成果を報告しているが、まとまった著作物などを公表するには至っていない[24]。今後、体育科教育・学力論以外のスポーツ分野の研究者と共同することで、さらに彼らの研究・研究運動が広がりをみせることが期待される。彼らの学力論の研究背景には、

○「する」スポーツ中心から、「する」―「観る」―「視る」―「読む」―「話す」―「支える」スポーツへと参加態様の多様化、○学校・職場から地域・クラブへ（スポーツ活動の場）、○教師・コーチからメディア・自己教育へ（指導者）、○青少年・勤労世代中心から女性および中・高年者への参加者層の広がり

という市民レベルのスポーツ活動の質的変化に注目していることがあり[25]、これに対して学校体育をはじめとしたスポーツ教育システムにどのような対応が求められているかという実践的課題を追求しようとしている。これらのスポーツをめぐる現状分析とそれにそったスポーツ・リテラシーの定義付け、また現場での実践は、鬼丸の議論〈注〉（9）を参照されたい）にもあるように、メディアスポーツと教育を統合的に考え、実践の中身を検討していく上できわめて重要と言えるだろう。

さて、スポーツ管理・マネージメント研究者の清水紀宏は、近年の日本のスポーツ政策について、その思想や論

理を焦点とし、「永久追放を半ば覚悟しながらスポーツ立国論批判」を行っているが[26]、その彼の力強い主張の根底にあるものに触れてみよう。彼は「公共」「人権」という視点から、「人々は、人格形成や経済発展ましてや国のプレゼンスを高めるためにスポーツに参加するのではない。スポーツの公共政策は、生活者である人々のスポーツライフの質と、スポーツを生涯の友とするに必要なスポーツ・リテラシーをこそ保証することに優先的に取り組まなければならない[27]」として、その「スポーツ・リテラシー」に以下のような注釈を付けている[28]。

ここでは、スポーツ文化を理解し、享受し、コミュニケートし、集団・組織を整え・運営し、環境創造する能力という意味で「スポーツ・リテラシー」を用いている。従って、スポーツ・リテラシーとは、近年議論が盛んになっている文化リテラシー、ヘルス・リテラシー、情報リテラシー、メディア・リテラシー、身体リテラシーそしてシチズン・リテラシーなどを含む総合的な能力である。それは、スポーツ文化を享受・継承・創造する権利主体（市民）としての共通教養である。

この清水の考えは、メディア・コングロマリットを中心に構成されるメディアスポーツに対してクリティカルに、そして実戦・運動を含めた対抗的なスタンスで向き合うといった文脈に直結するものではないだろう。しかし、彼は現代のスポーツに対する危機感、そしてスポーツやオリンピックの「絶対化」に批判的な目を向け、そして「多様性こそ民主主義社会の根幹である」として二〇二〇年東京五輪招致に対して「都民の総合窓口」に寄せられた四二〇件の意見中、八二％が招致反対であったことを紹介し、例えそれが少数であったとしてもそうした意見が無視される状況が健全でないと捉えている[29]。

筆者は、当面のところ海野や清水のような人間発達や権利思想を含む「スポーツ・リテラシー」をメディアスポーツ研究の実践論構築に取り入れていけばよいと考えている。メディア・リテラシー研究自体もここ十数年でかなりの広がりや深まりを見せているが、メディアスポーツ研究における運動論と実践的課題の模索は、先述の大橋と西村が既に触れているように、常にその基本理念を意識しつつ確立していく必要があろう。

（2）「スポーツ・リテラシー」と能動的な「読み手」

メディアスポーツ研究における実践的課題、すなわちスポーツのコミュニケーション領域における主体形成を考えるならば、「スポーツ・リテラシー」が、これまでにみたように、メディアスポーツをクリティカルに読み解くだけでなくメディア・コングロマリットに対抗する運動に繋がる教育・実践として確立される必要があるだろう。しかし、先に見たようにそれはまだ現在ではとても厳しい状況にある。では、私たちは今の状況をどのように捉え、展望を見出せばよいのだろうか。今一度、メディア・リテラシーに目を向けてみよう。鈴木みどりは、一九九七年当時、メディア・リテラシーに関心を示すオーディエンスの増大に触れて以下のように、その運動と可能性に関わる状況分析をしている(30)。

確かに、メディア・リテラシーでは、メディアと私たちの関係をどう変えるかが大きな関心事である。いや、私たちがメディアとの関係を相対化し、それを私たちの側からどのように変えていくかを考える、と言い換えたほうがいい。なぜなら、メディア・リテラシーの取り組みでは、メディアによって情報の一方的な「受け手」とされてきたオーディアンスをメディアの能動的な「読み手」に位置づけ直すことが出発点となるからである。メディア・リテラシーに関心をもつ人が増えていることは、視点をこのように転換して、すでに出発点に立っている人が数多くいることを意味している。

二〇年ほど前にメディア・リテラシーはこのような状況にあった。残念ながら「スポーツ・リテラシー」はそのようなところにはまだ至っていない。現在必要なことは、改めてメディア・リテラシーの理念に照らしつつメディア社会を生き抜く市民を見通し、メディアスポーツという情報（流通）環境あるいはメディア・スポーツ文化複合を明確な対象として、市民がメディア・コングロマリットと対抗していく力を想定することだろう。その力について鈴木の言葉を借りるならば、「メディアからの情報を一方的に受容するだけでなく、メディアとの関係をより能動的なものに変えていくことのできる力の獲得が不可欠である。そのような力の獲得をめざすメディア・リテラシーで基本となるのは、メディアの側からではなく、私たち視聴者・読者（オーディアンス）の側からメディア問題を考える視点である」[31]。清水が指摘しているように、個々の市民の、例え小さな声でも、また立場が違うものであっても尊重し、それをもとにしてスポーツの問題を考えるものでなければならない。そして、何より海野らの実践などのように、教育の場で将来を担う子どもたち一人ひとりが学力を身に付けていかねばならないだろう。スポーツがあまりにも多様に、そして無批判に捉えられている状況の根底には、そもそも近代スポーツの孕む根本的な問題がネグレクトされているということがあろう。メディアスポーツのみならず近代スポーツについて考える力が身に付き、スポーツそのものを批判的に捉えることができる市民的成熟があって、初めて「スポーツ・リテラシー」は出発点に立つことができるのではなかろうか。そのように考えると、現場ですでに取り組まれている海野らの実践は、現在、多くの困難を抱えているだろう。

さて、それではメディアスポーツ研究はまずどのような取り組みを開始すべきなのだろうか。それは、海野らが仮定義した、「見る」「分析・鑑賞・評価する」といったところを受けて、具体的に「スポーツ中継番組」について検討していくことでないかと筆者は考えている。

第三節　スポーツ中継番組における主体形成

(1) スポーツ中継番組とクリティカルな「読み手」

スポーツは、メディア社会において一つのコミュニケーション領域を形成しており、スポーツに関わる情報でメディアを介さないものはなくなっている。そして、テレビ・スポーツでも様々なジャンルに類型化できるほどに番組が多様化している。また、それらの番組に関わる情報は、選手の競技生活と身の回りの出来事を中心に広く流通し、スポーツ界のリアリティを構成しつつ、少なからず人々に共有されるようになっているのが一つの特徴であろう。そのような情報環境の中で、おそらく視聴者が最もクリティカルな「読み手」となり得ていないのは「スポーツ中継番組」であろう。それは、大多数の視聴者が同じ情報を消費すると同時に、ありのままのものを見ていると信じているからでもある。現在、試合・ゲームの内容やレベルに問題がなければ、「絶叫中継批判」などを除いて、特別大きな不満なども持たずにやり過ごされている。(32)

しかし逆に言えば、メディア企業にコントロールされるメディアスポーツのイメージやメッセージに日々触れる私たちは、常にクリティカルな「読み手」であることが求められるようになっていると言えるだろう。その理由は、私たちが現場で起きていることと違ったものを見せられているといったことや、様々な価値を植え付けられているといったことに留まらない。メディアによって支配されるスポーツは、私たちのアクセスや実践をも規定するようになっているからだ。「メディア・スポーツ文化複合」という概念は、まさにその渦中にいる私たち自身が、そのネットワークの中で如何に「読み」そして「実践」するかに意味を見出させてくれる概念装置でもあるのだ。

すでに、グローバリゼーションのもと、メディア・コングロマリットの力によってグローバルなメディアスポーツに再編されたリーグ・スポーツの動きに対して，ローカルなスポーツ・ファンやサポーターのコミュニティが「対抗する」実践は数多く生まれている。しかし，上記のようなリーグ・スポーツにおける問題，例えば「ヨーロッパ・サッカー」というメディアスポーツにおける問題は，ローカルなサポーターとクラブ・オーナーとの問題に留まらない。グローバルに再編された後にアクセスが可能となったファンであり，コンテンツ消費者である彼ら（例えば日本人）の大多数は，個々に膨大なサッカー文化に関わる知識や情報を獲得しながらも，クリティカルに現在のサッカー文化およびサッカー産業の動向を見ているとは言えないのである。このような人々を「スポーツ公共圏」における議論の主体として位置付け，あるいは現在の子どもの未来を見据えて力量を形成するのが「スポーツ・リテラシー」の役割ではないだろうか。

スポーツ中継番組はスポーツ文化に規定される独自の構造を持っており，それは主に映像の処理に関わることである。そして，切り取られた映像そのものと，そのスウィッチングの処理に関連した実況や言説が特定の意味を持ったメッセージを生み出すので，スポーツ中継視聴者がクリティカルな「読み手」になるには，まずはスポーツ種目やゲーム特性に合わせた映像処理の基本特性について知らねばならない。つまり，スポーツが表象するものについて読み解く力を身に付ける以前に，スポーツ文化そのものの享受能力が求められるのである。

（2）スポーツ中継における「スポーツ・リテラシー」

またスポーツ中継番組は，メディア・コングロマリットのスポーツ文化支配において，キラーコンテンツとして視聴者と繋がるネットワークの中核に位置するものであり，間違いなく教育・実践においてヘゲモニー闘争の主戦場として発展させていくべき重要な対象でもある。その中でも映像が最重要の課題であろう。スポーツ中継番組は現在，メディア・コンテクスト，ナラティヴで溢れているが，「読み手」にとって大切になるのは，加工・編集されたメディアスポーツとしての映像や音声が、現場のスポーツとは別物であると理解しつつ、まずは中継が行われる際の基本原則がどのようなものであるかを知ることである。そのことがナラティヴへの無批判な同化を避け、異化作用を生み出すために重要なものとなると言えよう。なぜならば、意図的なメッセージは、常にゲームの流れや状況にそぐわない、基本原則を外した映像とセットになり初めて効果を持ち得るからである。

以上の点については、ガーリー・ヴァネル（Whannel, G.）が、スポーツの文化的特性、特にスポーツ種目やゲームの特性による時・空間の構成と映像処理の基本的な関係を「映像変形」として示し、テレビのスポーツ中継におけるその変形原理について論じている[33]。ここでは、スポーツ中継番組における「スポーツ・リテラシー」にとって最も基礎的な身に付けるべき力は何か、という視点からヴァネルの映像とその変形の原理について捉え直してみたい。筆者が想定しているのは、①まず中継番組が客観的にどのような制約や条件の下に映像化されているのか（種目ごとの基本的なカメラワークはどのようなものか）について知識をもち、そして映像および番組の構成を見きわめられることであり、②次にその基本的な構成から変更があるのかないのかをその場で感じることができること、そして、③映像構成や処理方法に変更があった場合に、その変更の質と量について、「リアリズム」「エンターテインメント」というテレビ・スポーツ中継の基本的な特性[34]に則して分析し、考えることができ、④最後に、映像と言語的な処理との関係を説明できることである。

ヴァネルは、それぞれのスポーツの現場の観客席で、スペクテイターとして最も理想的な視角で試合・ゲーム観戦する場合と同様のカメラ・ポジションをプライム・ポジションとし、それがテレビ中継で量的に最も一般的に使われるものであるとしている。そして、具体的に以下のようにスポーツ種目の競技特性に応じた「映像変形」（加工の分類）を行っている。それは、①シンプル、②カットの挿入、③カット・パターン、④スペースの移動、⑤スペースの断片化である。これら五つは、それぞれ映像化する際の、主にプレイ空間と選手やボールなどの移動特性により、①相対的に狭い空間で行われ、移動特性がある程度限られたもの（フィギュアスケートなど）でシンプルなカメラワークで済むもの、②空間は相対的に狭いが、速い移動特性に合わせて（ボクシングなど）、それを「的確に」捉えるために別カットの映像を挿入する必要があるもの、③相対的に広い空間で行われ、移動特性が状況に応じて変化するが、ある程度プレイが行われる空間（位置）でパターンが決まっており（サッカーなど）、統合的なカメラワークが必要なもの、④相対的に広い空間で行われるために、引いた映像では選手が捉えにくいが、移動方向が一定なので（スピードスケートなど）、部分的に別角度の撮影で捉えようとするもの、⑤プレイ空間が広大で、実質的にプライム・ポジションと呼べるような全体を見わたすことができるカメラが存在せず、局所でそれぞれのプレイが行われるもの（ゴルフなど）であり、それぞれの断片をテレビが繋ぎ合わせることで視聴者に全体像を見せるものである。

これらについて知るために、まず人はそれぞれのスポーツ種目の競技特性について理解することが求められる。そして、実際の現場での出来事との違いをある程度意識化することができるようになる経験的トレーニングが必要となるかもしれない。そのことによって、「非媒介性」(35)がどの程度減るか分からないが、通常の基本を押さえつつ映像化されたスポーツとその基本を逸脱した映像は、ある種の違和感をもって感じられるようになるはずである。もちろん、そこにはそのスポーツに対する認識の深まり、観賞能力の発達といったことがある程度の前提にはなるだろう。そして、基本を逸脱した変更がどのようなもので、番組のどの程度の割合を占めるのか、そして、そのような変形に合わせてどのような実況やコメントが付けられるのか、何を表象しようとしていたのかといったことを考えることが「スポーツ・リテラシー」に含まれるものであり、メディアスポーツ研究の実践部分に繋がるものとなる。

残念ながら、現在のメディアスポーツにおいて常に大多数の「読み手」の「楽しみ」となるのは、日常生活に関わって価値観を刺激したり、再確認させたりする、準備された言説やナラティヴであり、そしてそれらに主体的（個別）に反応することによって生み出され、感じられる「人間ドラマ」である。スポーツに関わるコミュニケーションのほとんどは「人間ドラマ」とそれに関わる「勝負」に関連したことではないだろうか。メディアスポーツのオーディエンスの力量は十分育っていないのが現状であるが、そこで必要と考えられたのが実践としての「スポーツ・リテラシー」であり、「映像変形」の原理的理解であった。そして、「スポーツ・リテラシー」によってスポーツ中継番組視聴者の主体形成を行うことは、個人のリテラシーに留まらず、当然ながらメディアと市民のヘゲモニー闘争に可能性を見出し、オールターナティヴを模索するものでなければならないということも強く感じている。

メディア・コングロマリットによるメディアスポーツ（情報）の支配が強まり、事態はより深刻になりつつ、さらに主体形成にとっても困難が大きくなっているように思われる。しかし、状況はより複雑で、スポーツ中継番組の視聴者の主体形成もまた別の視点から見れば多くの可能性を持っている。例えば、一般的に有数な選手を集めたレベルの高いリーグの試合・ゲームは、余計な「エンターテインメント」性を作り出さずとも、人々を魅了するコンテンツとなっており、観賞能力を高めるものとなり得るからである。また、トップレベルの選手を揃えたリーグ・スポーツということに関わって、注目すべき状況や考慮すべき問題も数多くある。選手資源の一極集中に対して批判的かどうかは別として、多くの視聴者が「寄せ集めのスター集団」が戦術的にうまく機能しているかについて分析的に観戦し、リーグ内のクラブ／チーム間の戦力・財政力格差についても明確に意識しながら対戦を客観的に捉えるようになっていることは明らかである。ただ、そういった視聴者がどのように、そしてどの程度に能動的なのかについては今後の課題として残る。いずれにしても、現在の「メディア・スポーツ文化複合」の状態における、より安定したスポーツ中継番組というコンテンツの供給、そして安定したファンの視聴行動は、逆説的ではあるが、主体形成の一つの芽として捉えることができよう。ただし、スポーツ中継番組といっても、すでに見たように、実に様々な状況・ケースを想定しなければならず、したがって具体的な分析や実践に関わる課題は山積みであることは改めて指摘しておかねばならないだろう。また、スポーツ中継番組の能動的な「読み手」像は、現在楽しんで観ているもの、言ってみれば「娯楽」「趣味」に対しての能力を期待し、主体的な力量を想定しているので、リテラシーといっても、それに伴った教育・学習を実際に進めることに関してはかなりの困難が伴うものであり、むしろ現実的には不可能と言ってもよいかもしれない。しかし、スポーツに興味があれば、「映像変形」について学ぶことはそれほど難しいことではないだろう。また、今後「スポーツ・リテラシー」実践を通して子どもたちの教育を考える際には、海野が指摘している「強い動機」や「実践する力」が形成されることにより、将来的に大きくスポーツを動かすパワーが期待できよう。そして、何よりもメディアスポーツ研究自体が、子どもたちのために映像分析に関わる実践的研究を深めていくことが求められよう。

〈注〉

（1）一九九七年にホール（Hall, S.）と共に日本スポーツ社会学会国際シンポジウムに招待されたトムリンソン（Tomlinson, A.）は、ホールなどブリティッシュ・カルチュラル・スタディズ形成期の典型的な人物たちが、スポーツについて直接的に述べていないにしても、暗に示してきたことを以下のように述べ、議論を通して大きな影響を与えた。「第一に、スポーツは権力関係のなかで行使される文化的な企て、すなわち支配階級による身体的規律を感化する方策として見なされるべきであり、また同時にスポーツは、革新的で、オールターナティヴな価値を表現していくことが可能となる領域でもあるということである。第二に、スポーツは単に『スポーツ』という字義的な理解にとどまるものではなく、入り組んだ社会的・文化的諸関係の一部分として見なされるべきである。第三に、スポーツの文化的特性が把握されなければならない。すなわち、様々なスポーツは、世界観の競合を表現してきたわけであり、意識の様々なかたちとして特定の社会集団の価値を体現してきたのである」（アラン・トムリンソン／市井吉興訳（一九九八）「スポーツ文化の社会学——ブリティッシュ・カルチュラル・スタディズの視点から」日本スポーツ社会学会編『変容する現代社会とスポーツ』世界思想社、七四頁、参照）。

（2）佐伯聰夫（一九九七）「メディア・スポーツ論序説：メディア・スポーツの構造と機能——問題の所在と分析の視点のために」『体育の科学』第四七巻、第一二号、日本体育学会、九三一〜九三七頁、を参照されたい。

（3）高津は、この概念の定義するに至るまでの議論を整理しつつ、ロウ（Rowe, D.）による定義を採用している。そして、それを「メディア・スポーツ文化複合とは、今日のスポーツ文化の広範でダイナミックな領域を創造することと結びついた、メディア・スポーツ組織・過程・関係者・サービス・生産物・テクストのすべてを含む概念である」と翻訳している。しかし、複合（complex）という言葉が「モノや組織の集合体、あるいはコングロマリット、すなわち複合企業体のようなものを連想」させてしまうので、「モノや情報・イメージを含む生産・流通・消費の複合的なシステムをベースにして形成されるスポーツ文化のネットワークと実践の総体」と捉えるのが適切であるとしている。高津勝（二〇〇六）「スポーツのグローバルな過程——過去・現在・未来」高津勝・尾崎正峰編『越境するスポーツ　グローバリゼーションとローカリティ』創文企画、二二頁。

（4）メディア・コングロマリット（＝多国籍メディア複合体）は、キラーコンテンツを求めて、国際的なスポーツイベントはもちろん、スポーツ組織・機構も傘下に収める戦略をもって活動している。

（5）山本教人（二〇〇〇）「国内外におけるメディア・スポーツ研究の動向と今後の課題」『九州体育・スポーツ学研究』第一四巻第一号、九州体育・スポーツ学会、二頁。

（6）山本は「メディア・スポーツ」と表現しているが、本章では「メディアスポーツ」とする。また、他の文献・資料で「メディア・スポーツ」となっている場合もそのままとした。この用語・概念については早川が指摘しているように、厳密には異なる概念として捉えるべきものであるが、ここでは両者を広くこの領域で行われてきた研究を指し示すものとする。議論の詳細については早川武彦（二〇〇六）「メディアスポーツ」高津・尾崎編、前掲書、四五〜七三頁所収、また、等々力賢治（一九九五）「企業とスポーツ・メディア」中村敏雄編『スポーツメディアの見方、考え方』創文企画、一〇八〜一四四頁所収、を参照されたい。

（7）山本、前掲論文、三頁。

（8）山本、右同、六頁。

（9）鬼丸正明（一九九九）「メディア・スポーツ研究と公共圏論――批判的スポーツ理論におけるメディア研究」『研究年報』一八号、一橋大学スポーツ科学研究室、三四～三九頁。鬼丸正明（二〇〇〇）「『公共圏』論の現状と『スポーツ公共圏』論の可能性」『研究年報』一九号、一橋大学スポーツ科学研究室、二二一～二九頁。鬼丸は前者において、「メディア・スポーツ論の中で公共性（公共圏）について論ずるということは、メディア・スポーツと社会体育を統合的に論ずることに繋がる。それは社会におけるスポーツ実践とメディアにおけるスポーツ観との関連という社会学的問題をも提起するだろう」（三七頁-三八頁）と述べるなど、「スポーツ公共圏」に関わる議論を開始している。また、後者においてはその概念を「『スポーツクラブ』や『スポーツメディア』のように現実に存在し、様々な学的分析を加え得る対象としては存在していない。あくまで理論的・実践的な『可能性』として（潜在的な対象として）構想される概念である。換言すれば、スポーツ学の実証主義化に抗して、スポーツに関わる政策・教育・メディアなどのあるべき姿を問い直す規範的概念である」（二二頁）としている。

（10）鬼丸正明（一九九九）「メディア・スポーツ研究と公共圏論――批判的スポーツ理論におけるメディア研究」二四頁。

（11）大橋充典・西村秀樹（二〇一四）「メディア・スポーツの『批判的』検討」『健康科学』第三六巻、九州大学健康科学編集委員会、二八頁。彼らはこのように述べながら、一方で研究が行われてこなかった原因、メディア・リテラシー研究や実践が十分に根付かなかった原因を二つの理由を挙げつつ動向を追っている。その一つがイギリスやカナダのように実践的研究の蓄積がないこと、そしてもう一つをスポーツが「娯楽」として認知されていることによる「批判的」な読み解きに対する懐疑の目だとしている。筆者は、おおむねこの見解に賛同するものであるが、「娯楽機能」についてはこれまでのメディアスポーツの構造と機能に関する理論的な研究の成果を踏まえてさらに詳細な捉え方をした上で、メディア・リテラシーの実践や運動との関わりを探るべきではないかと考えている。ただ、一方で「娯楽」として認知されているからこそ、より戦略的な運動・実践が求められており、むしろ実践を積み重ねていくこと自体が重要課題になるのではないかとも考えている。

（12）一九九九年一一月から二〇〇〇年六月まで、七回にわたり当時の郵政省によって「放送分野における青少年とメディア・リテラシーに関する調査研究会」が開催されたが、その報告書として、二〇〇〇年六月二三日に発表されたものである。

（13）プログラムの類型化は、「スポーツ実況」「スポーツ・ニュース／スポーツ情報」「スポーツ・ドキュメント／スポーツ科学・教養」「スポーツ・バラエティ／スポーツ対談」の四つである。この中で、「スポーツ実況」はスポーツの大会あるいは試合の実況中継番組を指している。

(14) 筆者の調べでも先に述べたようにほとんど見当たらなかった。他には、柴岡が商業化に肯定的な専門学校生の状況について調査をもとに指摘しているのみであった。柴岡信一郎（二〇一〇）「『スポーツの商業化による功罪』に関するメディアリテラシー調査・分析」『教育研究フォーラム』第二号、学校法人タイケン学園グループ研究誌、四〜八頁。

(15) 大橋・西村、前掲論文、三二頁。

(16) 大橋・西村、右同、三一頁。

(17) 大橋と西村が挙げている授業の例は、加藤徹郎（二〇〇九）「筋書きのないドラマの『語り』を探る——スポーツダイジェスト番組『熱闘甲子園』における物語論」藤田真文・岡井崇之編『プロセスが見えるメディア分析入門——コンテンツから日常を問い直す』世界思想社、一一〜三六頁、を指している。一方、グループ・ディスカッションの例として挙げているのが、阿部潔（二〇〇八）『スポーツの魅惑とメディアの誘惑——身体／国家のカルチュラル・スタディーズ』世界思想社（阿部潔〔二〇〇一〕「シドニー・オリンピック「南北合同行進」の伝えられ方／視られ方——グループ・ディスカッションから見えてくるもの」鈴木みどり編『メディア・リテラシーの現在と未来』世界思想社、一四〇〜一五七頁所収、に同じ）に含まれるものである。大橋と西村は、自らも「メディアとスポーツ」というグループ・ディスカッションも含めた内容の講義において教育実践を行い、その効果を調査した研究を研究資料として発表している。大橋充典・西村秀樹（二〇一四）「スポーツにおけるメディア・リテラシー教育の実践報告」『健康科学』第三六巻、九州大学健康科学編集委員会、四一〜四六頁、を参照されたい。

(18) 大橋・西村、右同、三一頁。

(19) 大橋・西村、右同、二九頁。鬼丸はより詳細に神原の批判的分析を行っている。そして、その論文の中で、神原の映像分析が貴重なものであるとしながら、映像論の不在という問題に対して以下のように述べている。「本来言説は映像とともに作用する、故に言説分析は映像分析とともにおこなわれなければならないが、映像分析の視角が欠けているために、言説分析の研究のみが増加し、メディアスポーツ論に著しい偏頗が生じてきている」（鬼丸正明〔二〇〇五〕「メディアスポーツと映像分析——予備的考察」『一橋大学スポーツ研究』第二四巻、一橋大学スポーツ科学研究室、一三頁）。
　また、議論の対象となっている神原の著作については、神原直幸（二〇〇一）『メディアスポーツの視点——疑似環境の中のスポーツと人』学文社、を参照されたい。

(20) スポーツ・ニュースだけでなく、スポーツ・バラエティ、そしてスポーツ・ドキュメンタリー番組や、スポーツ中継

（実況）でもオリンピックなどの開会式・閉会式など、ライブ・スポーツをその中身とするものでない限りメディア・リテラシー分析は可能である。しかし、「スポーツ中継番組」に関しては、メディア・リテラシーを応用しつつも、何らかのスポーツ文化固有の問題を理解しない限り、たとえそれがメディアスポーツと呼ばれるものであっても分析はできない。

(21)　近年、「スポーツ・リテラシー」という用語を表題に含む書籍が二冊出版されている。高橋建夫編著（二〇一二）『基礎から学ぶスポーツリテラシー』大修館書店は、特に競技力、体力トレーニング、スポーツライフ（体）のマネージメント、スポーツキャリアや職業学校現場、そしてイベントに関わる基礎を学ぶための入門書である。早稲田大学スポーツナレッジ研究会編（二〇一五）『スポーツリテラシー』創文企画は、スポーツ領域以外の研究者やクラブの経営責任者、またジャーナリスト、そしてテレビプロデューサーなどで組織された研究会の成果として刊行されている。個々の論文はたいへん興味深いが、スポーツのオールタナティヴを追求せずにそのまま振興するというスタンスのものが多く、別の機会に改めて注意深く分析・検討する必要があろう。

(22)　海野勇三（二〇〇二）「部活動の教育的意味と教育力」『クレスコ――教育運動誌』二（八）［一七］、クレスコ編集委員会・全日本教職員組合、四～六頁、を参照されたい。

(23)　山下高行（二〇〇二）「グローバリゼーションとスポーツ――ノルベルト・エリアス、ジョセフ・マグワィアの描く像」有賀郁敏ほか『近代ヨーロッパの探求⑧　スポーツ』ミネルヴァ書房、三六五～三八七頁所収、を参照されたい。

(24)　海野勇三ほか（二〇〇六）「スポーツ・リテラシーに関する基礎的研究（一）――その構造的把握と新概念を提起する意味」『九州体育・スポーツ学研究』第二一巻第一号、一五頁（九州体育・スポーツ学会第五五回大会抄録集）、黒川哲也ほか（二〇〇六）「『スポーツ・リテラシー』に関する基礎的研究（二）――リテラシー・モデルの比較分析」『スポーツ教育学研究　第二六回大会号』二六頁、を参照されたい。

(25)　この質的変化については、先の海野ほか（二〇〇六）による「九州体育・スポーツ学会」での報告要旨に執筆されているものである。

(26)　スポーツ管理・マネージメントの領域に限らず、スポーツを批判することは一般的にかなり難しくなっている。まさに、情報・メディアが統制され、市民の声が抹殺された、二〇二〇年東京五輪招致キャンペーンがそうであった。

(27)　清水紀宏（二〇一二）「スポーツ立国論のあやうさ」『現代スポーツ評論』二六号、創文企画、五一頁。

(28)　清水、右同、五四頁。

(29)　清水、右同、四〇頁。

（30）鈴木みどり編（一九九七）『メディア・リテラシーを学ぶ人のために』世界思想社、ii頁。
（31）右同、三～四頁。
（32）高井昌吏（二〇〇九）「スポーツ中継とメディアの媒介性」高井昌吏・谷本奈穂編『メディア文化を社会学する――歴史・ジェンダー・ナショナリティ』世界思想社。ここで高井は、「スポーツ中継における『声』の問題をメディア論的視点から分析し、絶叫中継を批判するような意見がなぜ頻繁に登場するのか」（六頁）考えている。
（33）ヴァネルは、ブリティッシュ・カルチュラル・スタディズの研究者で、主に「アーティキュレーション」を用いてテレビのスポーツを分析した著作（Whannel. Garry〔1992〕*Fields in Vision : television sport and cultural transformation.* Routledge.）をすでに二〇年以上前に発表している。そこでヴァネルは、特にナラティヴの分析に力を入れており、日本でも何人かの研究者によって引用・検討されている。しかし、彼の主張する映像とコメンタリー（実況）ひいてはナラティヴとの関係については、筆者が紹介した以外はまったく触れられてこなかった（拙稿〔一九九六〕「テレビのスポーツと文化の変容――スポーツ中継の構造と視聴環境をめぐる問題」『メディアと表現文化に関する総合的研究』立命館大学教育科学プロジェクト研究シリーズⅣ、立命館大学教育科学研究所、五～二〇頁、参照。ちなみに、筆者はこの論考において彼の名前をヴァネルではなく、ウェンネルと表記しているが、今回よりヴァネルとしたい。実は、他の研究者の表記もワンネル、ウォンネル、ファネルなどまちまちなので注意が必要である）。ヴァネルの提起はきわめて基本的なことであるが、メディアスポーツの「読み手」に関わるスポーツ・リテラシーの実践的位置づけとしてたいへん重要な意味を持つものであると考えられる。それは、メディア・リテラシーでは十分扱い得ないスポーツの文化的特性を考慮に入れ、さらにメディアスポーツ研究において限られた映像分析、そしてそれを言説分析とセットにして研究するための原理が含まれているという点においてである。
（34）Whannel. ibid. p.94.「リアリズム」と「エンターテインメント」はスポーツ中継番組を制作する時にも、視聴者が分析する時にも重要な視点で、ヴァネルは両者を区別し、潜在的に矛盾していると考えることが重要としている。この、スポーツ中継番組の基本的な構造に関わる考え方は、スポーツ中継における「リアリズム」の追求（この場合は「ありのまま」「全体」をみせるということ）が、必ずしも「エンターテインメント」的価値を高めることに結び付かず、むしろ「加工・編集」されたもの（この場合「部分」であり拡大・強調されたものをみせるということ）に視聴者はリアリティを感じ、「エンターテインメント」的価値は、そのようなテレビによる「映像変形」によって高まるということを意味している。しかし、逆に「エンターテインメント」を過度に追求すること（＝スポーツ種目の特性から逸脱した「映像変形」）は、「リアリズム」を後方に退けてリアリティを喪失させ、「読み手」としての視聴者に過剰な「エンターテインメント」処理が行われたと判断させるようになるのである。

(35)　高井、前掲論文。高井は、スポーツ中継の「媒介性」を考える上で「非媒介性」と「過度媒介性」という視点を打ち出している。ここでの議論と関わって特に興味深いのは、メディアの存在を気付かせない「非媒介性」が、スポーツ中継のリアリティの基盤となっており、それが映像よりも音声によって変化するという点である。

第一二章　世界的スポーツイベントにおける広告効果(1)

――二〇一四FIFAワールドカップブラジル大会の事例から

小泉秀昭

二〇二〇年東京オリンピックの開催が決定し、今後スポーツへの関心が一段と増すことは容易に想像ができる。これまでも、ワールドカップやオリンピックなど世界的な規模のスポーツイベントが開催されるたびに、若者を中心とした熱狂ぶりは多くの場面で取り上げられ、注目を集めている。

一方、インターネットやスマートフォンなどの普及により、人々が受け取る情報は飛躍的に増えている。そのような状況の中、映画やテレビドラマ、ゲームといったコンテンツは、ある意味録画していつでも見ることができるなど、必ずしもその瞬間にテレビ受像機等の機器の前に居る必要はない。しかし、大規模スポーツイベントのテレビ中継はそれらとは大きく異なり、結果を知ることへの期待、同じ時間の共有というかつてテレビメディアが誇示していた優位性を遺憾なく発揮することができる稀有なコンテンツと言えよう。実際、テレビの視聴率をみても、二〇一四年の年間視聴率トップは六月に行われた「二〇一四FIFAワールドカップ（以下、ワールドカップサッカー）」日本対コートジボワール戦の四六・六％であり、その年の高視聴率番組のベスト三〇の内三分の一以上は大規模スポーツイベントのテレビ中継放送であった(2)。

これだけ多くの人々が興味を示すイベントであるスポーツには、巨額のお金が動き、一つの大きなビジネスともなっている。それに伴い、我が国でも二〇〇七年には「日本スポーツマネジメント学会」が設立されるなど、スポーツマーケティング分野の研究も進みつつある。

本章は、スポーツマーケティング領域の中で、特に広告、テレビCMに注目する。後述するがスポーツマーケティングの分野は多岐に渡る。大きくスポーツを行うそれ自体のマーケティングとそれを利用したマーケティングがある。スポーツを利用したマーケティングの中でもマスメディアを利用したテレビスポーツ中継は、実際スポーツを行ったり、またスタジアムに足を運ぶ人々とは桁違いの多くの人々と係わりを持つものである。また、これらの大規模スポーツイベントを多くの人々が、無償で観戦できるのは、企業が支払う広告費に大きく異存している。

本章では、ワールドカップサッカー等の世界的イベントの中継中に流れるテレビCMについて、そのテレビCMの内容が当該スポーツと連動することによって、その価値が増すという仮説を立て検証を行っている。一見、当たり前とも思われる命題であるが、これら大規模スポーツイベントの広告料金は非常に高額であり、それにもかかわらず現実的には、他の時間帯に流されるテレビCMと同様のものを、放送している企業も多く見られる。

また、スポーツパブや、大規模施設等でのパブリックビューイングやSNSなどを使用しながら、それらのスポーツ中継を視聴する消費者も確実に増えている。それらでも多くの場合に、テレビ中継された映像が使われている。そのような視聴環境にある中、どのようなテレビCMを制作し放送することが、そのブランドに対して効果が高いのかを検証することは、価値ある事と言えよう。

また単に、一民間企業のブランド価値を高めるということだけにとどまらず、スポーツイベントの資金確保によるスポーツの発展にも寄与することにも繋がろう。加えて、視聴者にとっても、楽しみにしているスポーツ中継を分断されかねないテレビCMの存在に関してその不快感を軽減したり、そのスポーツ中継自体から受ける視聴者の価値を高めることにも繋がることが考えられる。

二〇二〇年の東京オリンピックやその他の世界的スポーツイベントが成功し、我が国および世界のスポーツが今

表12-1　スポーツマーケティングの領域

	するスポーツ		見るスポーツ	
	公共セクター	民間セクター	公共セクター	民間セクター
スポーツのマーケティング	＊スポーツ振興戦略 ＊公共スポーツ施設の集客戦略	＊民間スポーツクラブの会員獲得戦略 ＊スポーツ用品メーカーの新製品キャンペーン	＊公共スタジアムの経営 ＊プロスポーツチームへの出資	＊民間スタジアムの経営 ＊プロチームの経営
スポーツを利用したマーケティング	＊公共広告（種々のキャンペーンや広報活動におけるスポーツ選手の活用）	＊フットサルや3 on 3を使った企業のPRや商店街の販促活動	＊スポーツによるまちづくり ＊スポーツを触媒（キャタリスト）として都市経営	＊実業団チームによる企業イメージの向上 ＊スポーツ・スポンサーシップ

出所：原田宗彦編著（2008）『スポーツマーケティング』大修館書店，28～29頁。

後益々発展するために、そしてテレビ視聴者がより良い環境でテレビ視聴を行うことができるために本研究が貢献できることを願う。

第一節　先行研究

(1)　スポーツマーケティングの領域

原田編著（二〇〇八）によれば、スポーツマーケティングの領域は、表12-1の通り「スポーツのマーケティング」「スポーツを利用したマーケティング」、そして「するスポーツ」「見るスポーツ」に分類することができる。本研究のテーマである広告は「スポーツを利用したマーケティング」の中の「見るスポーツ」、そして概ね民間セクターで行われるものに含まれる。その領域において原田宗彦は、スポーツ・スポンサーシップをあげており、テレビCMを含む広告もスポンサーシップと大きく関わりを持つものである。

近年この分野の研究は幅広く行われており、和書としては、原田編著（二〇〇八）の『スポーツマーケティング』など複数あり、また翻訳としてピッツ&ストットラー（二〇〇六）の『スポート・マーケティングの基礎』などを読むことができる。加えて、特にメディアとの関わりとして黒田編著（二〇一二）『メディアスポーツへの招待』といった文献もある。

一方洋書では，マリン，ハーディ&サットン（Mullin, Hardy & Sutton, 2014）やデービス&ヒルベルト（Davis & Hilbert, 2013）の文献など，'Sport（s）Marketing' とタイトルにつくものも複数出版されており，加えて特定の分野に焦点を当てているものとして，ブランドとの関わりに限定していたり，スポンサーシップにフォーカスを当てているもの，また消費者心理やマーケティングコミュニケーションに関連する文献などを見ることができる。

一口にスポーツマーケティングと言ってもその領域は非常に広く，すでに多くの文献が出されている状況である。

（2）テレビCMの広告効果研究

本章は，大規模スポーツ中継中に流されるテレビCMの効果に関するものである。したがってここでは，広告効果という観点から先行研究を見ていくことにする。

テレビCMの広告効果研究には二つの方向性が考えられる。一つ目は，広告表現そのものの研究であり，もう一つはその広告を流すメディアの研究，すなわちメディアプランニングの研究である。本研究は，特に広告表現に焦点を当てる物であるが，そのテレビCMが流される番組／コンテンツが世界的なスポーツイベントであるワールドカップサッカーの試合の放送であり，メディアプランニングの要素が含まれているとも言えよう。

本章では，ワールドカップサッカーの中継中に流れるテレビCMの表現の研究であり，番組コンテンツと広告の関係と置き換えられる。近年広告研究において，メディアコンテンツと広告の関係を明らかにしようとする研究が行われている。エンゲージメント理論と言われるものであり，本研究においても，課題を整理するうえで重要なものであると考え，次にエンゲージメント理論についての先行研究を見ていくことにする。

（3）エンゲージメント論について[3]

二〇〇六年三月ARF（The Advertising Research Foundation）は以下のような定義を発表している。「エンゲージメントとは、（広告が）、（番組や記事、イベントなどの）コンテキスト、すなわち文脈によって包み込まれることにより強化されたブランドのアイデアに対して顧客・見込み客が引き付けられること」。ここで、注意すべきは、広告単体では起こらず、そこには、番組や記事、イベントなどの、広告を取り巻くコンテキスト（文脈）が存在することである。エンゲージメント状態とは、何か広告が行われている文脈と当該広告が影響しあうことにより生み出されるオーディエンスの心理状況であるとも言えよう。[4] もちろん、単に、心理的な変化が起こるだけはなく、当該ブランドについて何らかのポジティブな態度変化が必要となるわけである。

二〇〇六年以降エンゲージメントに関する研究は欧米で多く見られる。本論文では紙幅の関係で、それらの研究を精査することは行わないが、石崎（二〇〇九）はこの分野の研究を非常に丹念にレビューしている。この研究において、これまでのメディア論でも質的効果研究の領域で、実はエンゲージメントに類似する研究が数多くなされていることが指摘されており、無意識的な文脈効果や無意識的な情報処理効果は本研究を行う上の基礎となっている。

エンゲージメント状態を検討する上で、筆者が考える基本的な仮説を整理することにする。まずオーディエンスが何らかの特殊な感情を、エンゲージメントをしているときに有していることは確かであろう。しかしながら、そのレベルには強弱があってしかるべきであり、暇つぶしのような状況でメディアに接している、すなわち広告を含む当該メディアへの関与が低い場合、またそれとは逆に強いエンゲージメントの状況が起こっている場合があると考える。その状況は当然ながら、オーディエンス個々人のそのコンテンツへの関与により異なることが予想されるが、またそのコンテンツと広告の連動の状況にも影響を受けよう。本研究のワールドカップサッカーの試合に当てはめれば、ワールドカップのテレビ中継は関与の高いコンテンツであり、強いエンゲージメント状況が起こっていると仮定される。

なぜ、このような考えに至ったかであるが、それはテレビメディアの特性が近年変化してきたからである。これまで、特にテレビメディアでは、寄りかかって見る媒体、受動的なメディアと言われてきた。しかしながら、ハードディスクレコーダーの普及や多様な媒体の出現により、若者を中心にメディアの使い分けが起こっている。例えば、サッカーの国際大会が非常に高い視聴率となっているなど、オンタイムのスポーツ中継などは集中して視聴するが、ドラマやバラエティなどはユーチューブ（YouTube）で見ている。またSNSやゲーム等に割く時間が増えるなど、より能動的にオーディエンスはメディアに対して接しているではないかと考えられる。つまらないものに時間をつぶす暇はなく、興味のあることとともにメディアの中を浮遊しながら生きているとも言えよう。筆者は、テレビメディアは受動的メディアではなく、徐々に能動的メディアへの変化を遂げていると考える。興味のないものへの接触はますます少なくなっているのである。

前述した通り、エンゲージメント状態とは、何か広告されている文脈と広告が影響しあうことにより生み出されるオーディエンスの心理状況と大きく関わる。広告される文脈、すなわちコンテンツと広告が影響しあうには、広告表現の内容が重要であり、広告表現とコンテンツが巧みに融和することができれば、広告表現に対して、ポジティブな反応を引き出せることができるだろう。逆にそれがなされない場合には無視され、広告のみで提示するよりマイナスの効果さえ起こしかねないものと考えられるのである。この「巧みな融和」こそ、単なるコンテンツと広告の連動を超える何かであり、それを検討することが、エンゲージメント研究の大きな課題であると考える。

本章の目的は、どのような要素がこの巧みな融和を実現するのかを明らかにすることにある。

このコンテンツと広告表現の巧みな融和を検討するために、コンテンツ、例えばテレビの番組等にオーディエンスが触れる場合に引き起こされる特殊な心理状況について検討を加えたい。それは、マクラッケン（一九九〇）の意味移転の考え方にヒントを得ている。すなわち、ワールドカップサッカーの試合でオーディエンスが感じる興奮、喜び、楽しさ、といった意味が、その番組中に流れる広告について意味移転し、最終的にコンテンツ、広告、オーディエンスが一体となると考える。このことが一種の強いエンゲージメントの状態ではないかと考えたからである。

本章では、ワールドカップサッカーが中継されるテレビ番組中のCMを取り上げることとした。非常に高視聴率なうえ、試合後多くの観客やスポーツバーでの観戦者が街にくり出し、一種の興奮状態にあるシーンをニュース等でよく見る。オーディエンスがコンテンツに影響をされた特殊な心理状態の例としては、非常に測定しやすいと考えたからである。また米国のスーパーボウル中継中に放送されるCMも有名であるが、それらのCMは、通常巨額なCM放送料が支払われている。それら国民的イベント等で流されるテレビCMは、接触ベースの指標を基本として、筆者が知る限りでは、特にオーソライズされた客観的な取引指標で売買がなされてはいない。そのことに違和感を持っていたためでもある。

（4）フロー体験の概念と遊び

スポーツイベント等のコンテンツに対しての消費研究については、ホルブルック&ハーシュマン（Holbrook & Hirschman）の快楽消費論が有名であり、特に堀内（二〇〇四）は多様な文献を整理し、快楽消費についての丁寧なレビューを行っている。堀内の整理によれば、快楽消費で扱っている快楽とは「感動・興奮・熱狂・癒し・うきうきすること」である（五四頁）。しかしながら、さらに深い消費者の心理的な状態等を見ることはできなかった。

そこで、着目したのが、米国の著名な心理学者であるチクセントミハイの「フロー」概念である。人間の没入過程を「フロー」という概念で明らかにし、以下のように述べている。「集中が焦点を結び、散漫さは消滅し、時の経過と自我の感覚を失う。その代わり、われわれは行動をコントロールできている感覚を得、世界に全面的に一体化していると感じる。われわれは、この体験の状態を『フロー』と呼ぶことにした。(中略) 集中した精神的、情緒的、身体的活動を通じてもたらされる、世界との完全な一体化の状態である」(チクセントミハイ、二〇一〇、iii頁)。その状況が、広告との接触のみにおいて起こるとは考えにくいが、広告が置かれている文脈、例えばテレビ中継されているワールドカップサッカーの試合を見ているオーディエンスの心理的状態では起こり得るのではないかと考える。そして、そのフロー状態の中で広告に接することにより、その状態が持続、関連することになれば、それがエンゲージメントしている状態に通じるのではないかと筆者は結論付けた。

しかしながら、チクセントミハイのフロー状況は、実際の行動が伴うことが前提であると読み取れる。例えば登山をし、極限の状況に達した時に起こす心理的状況である。また、彼はマスメディア、特にテレビを通してフロー状態を起こすことについては否定的である。彼の言葉を引用すると以下のようになる。「テレビを見たりくつろいだりというような、受け身的なレジャー活動をしている時には、フローはほとんど報告されない」(チクセントミハイ、二〇一〇、四六頁)。しかしこれは、テレビ番組を画一的にとらえたものであり、特に筆者が前述した通りテレビメディアを能動的に視聴することが増加していると考えれば、必ずしも当てはまるものではないのではないだろうか。

いくつかの文献を当たる中で頭に浮かんだことは、フロー状態は、大人になってからより、子ども時代のほうがその状態になりやすいのではないかという仮説である。子どもは好きなものになると単純な遊びに夢中になり、他のものが見えなくなる、これも一種のフロー状態ではないか。例えばカイヨワ(一九九〇)は、遊びの分類を行っており、「競争、偶然、模擬、眩暈」の四つの主要項目に区分することができるとしている。この考えをもとに、ワールドカップサッカーを例にとると、日本代表の選手と一体化し、夢中になっているオーディエンスがいる。これは模擬行為とも言えよう。また。眩暈に近い状況もあるのではないか。阪神タイガースが優勝した際に道頓堀川に飛び込んだり、スポーツバーで奇声を発するといった行動は、通常時には考えにくい。その中で、何か特別な情緒的状態といったものがあるのではないか。したがって、ワールドカップサッカーの試合など、たとえテレビを通したとしても、オーディエンスは一種のフロー状態にあるのではないか。カイヨワの眩暈、そしてチクセントミハイのフロー状態がエンゲージメントの状態に通じるのではないかという仮説に至った。逆に言えば、フロー状態に近い状態に至る状況を、筆者が規定するエンゲージメントしやすい状態、と定義づけたい。

コンテンツに対して、受動的な視聴より能動的な視聴が、より強いエンゲージメント状態をもたらす可能性があると筆者は考える。そしてフロー体験や子どもが遊びに夢中になっている状況が、より強いエンゲージメント状態をもたらす状況に類似していると仮定すれば、そのような状態では、オーディエンスは時間の流れを忘れ、当該コンテンツに集中している状況と言えるのではないだろうか。言い換えれば、オーディエンスの脳の中で、当該コンテンツの占有率が極度に高くなっており、そのような中で、広告活動を行っているブランドが知覚できる状況をエンゲージメント状態と呼ぶことができるのではないか。当然ながら、上記のような状態がエンゲージメント状態のすべてとは言い難いが、そのようなものもエンゲージメントの一部として捉えることができると考える。もしこのようにコンテンツに集中し、時を忘れるような状態にオーディエンスが身を置き、何らかの状態で当該ブランドを認知し、ポジティブな反応を得ることができたとすれば、それこそがエンゲージメント効果と言えよう。

第二節　実証調査

(1) 二〇一〇年の調査結果

これらの考察を踏まえ二〇一〇年六月に行われたFIFAワールドカップ南アフリカ大会をケースに調査を行った。具体的には、六月二四日に行われたオランダ対日本戦のテレビ中継中のハーフタイム中に流されたテレビCMについて、そのサッカーおよびワールドカップとの表現の連動のあるなしにより、試合五日後のCMの純粋想起がどのように異なるかを測定した。その結果、連動の強い、アクエリアス、コカコーラ、ソニーブラビア、VISAカードのCMの認知が三九・二%、三六・九%、三三・一%、一〇・八%と非常に高く、連動のないその他のCMは〇・〇〜一・五%がほとんどで内容的にはサッカー等と連動をしていないが、「私も日本のことを強く思っている」と時の谷垣自由民主党総裁が語りかけるCMが三・八%の想起率を獲得した程度であった。結果的にCM表現がサッカーあるいはワールドカップと連動しているものが、CM想起も高いという結果となった。その後、CM表現自体の訴求力の強さの違いや、エンゲージメント要素、すなわちワールドカップや日本チームの応援度の強い表現は想起率も高いのではないかという仮説を立て、一年後、ワールドカップサッカーとはまったく異なる時期に、これらの広告表現の訴求力を測定し、また応援イメージの有無も確認した。結果的に、個々のCMの広告表現の訴求力は必ずしも一年前の想起の結果とは相関がなく、明らかにワールドカップという特別な日に流れたという要因が強く働いていたことが明らかになった。また上記で挙げた、想起率の高いCMはいずれも応援イメージを強く持っており、二〇一〇年の調査では、ワールドカップのような世界的なスポーツイベントにおいて、そのテレビ放送中に放送されるCMの応援イメージの有無と想起率は相関関係があると結論付けた。詳しくは拙稿（二〇一二）

参照されたい。

しかしながら、この研究においても、いくつかの疑問および課題が残った。まず表現の違いにより、必ずしも「応援」というイメージだけでは、その効果は測りにくいのではないかと言う点である。たしかに、二〇一〇年の調査時にはオフィシャルスポンサー四社のCMは連動があり、それ以外のCMはサッカーあるいはワールドカップに関連する内容をテレビCM表現に用いておらず、もしオフィシャルスポンサー以外が何らかの連動する表現を用いた場合にどのような結果がでるのか。また上述した自由民主党のように、サッカーあるいはワールドカップという表現を用いずとも、何か応援という要素を感じられるものがあれば想起が高まるのではないかという新たな仮説が浮かんだ。加えて、どのような連動表現が想起率を高めるのかという点も含め、二〇一四年のブラジル大会でも同様の調査を行うことにした。

（2）仮説の提示と調査（二〇一四／二〇一五）の概要

上記の考察を踏まえ仮説を提示したい。

仮説一：ワールドカップの試合中に流されるCMについて、サッカーあるいはワールドカップサッカーと関連が少ないCMは無視され、認知されない。

仮説二：ワールドカップの試合中に流されるCMについて、サッカーあるいはワールドカップサッカーと関連が少なくとも、そのメッセージ内容がワールドカップあるいは日本チームを応援していると判断されればCMは認知される。

①調査の概要

【調査一】

●目的：ＦＩＦＡワールドカップブラジル大会日本対ギリシャ戦のテレビ中継中に流されたテレビＣＭに関して、ワールドカップサッカーおよびサッカーにとの連動具合によるＣＭ想起状況を明らかにする

●日時：二〇一四年六月二六日（放送後六日目）

●調査対象：立命館大学産業社会学部広告論受講学生（三一三名）

●調査方法：集合自記式記入

【調査二】

●目的：調査一の試合中、前半終了直後に放送されたテレビＣＭ一七本の視聴後の再生状況とワールドカップサッカーの応援度合いを明らかにする

●日時：二〇一五年四月八日（放送後一〇か月後）

●調査対象：立命館大学産業社会学部広告表現論受講学生（二六三名）

●調査方法：ワールドカップサッカーのシーンを含むＣＭ一七本を視聴後、自記式にて記入

②調査の結果

調査一の対象者からギリシャ戦の九〇分間試合を見たと答えた八七名に関してその試合中に流れたテレビＣＭを純粋想起で挙げさせた。講義日の関係もあり試合後六日間が既にたっており、アディダスやナイキなど実際には放送されないＣＭが誤答として挙げられているものの、上位のキリン、コカコーラ、アクエリアス、ギャラクシー、アウディ、みずほフィナンシャルグループ（以下、みずほＦＧ）は、いずれもワールドカップサッカーあるいはサッカーと関連するＣＭであった（表12-2参照）。一方連動がほとんどないＣＭも数多く放送されたが、想起がまった

表12-2　ワールドカップサッカー2014対ギリシャ戦6日後のCM想起率

N＝87

ブランド	想起率	CM放送本数／WCとの連動の有無
キリン・ファイア（30秒）	16.1%	（有）ザック監督・選手皆で応援
コカコーラ（30秒）	13.8%	（有）世界中で飲みながらサッカー
アクエリアス（30秒）	13.8%	（有）応援の音，本田選手
サムソン・ギャラクシー（15秒）	10.3%	（有）Cロナウドがロボットでプレイ
アウディ（30秒）	9.2%	（有）ザック監督が車に対して指揮者を演ずる
みずほFG（30秒）	8.0%	（有）登場人物が皆ユニフォームを着ている
本田技研（60秒×2本）	5.7%	（無）企業広告で，「負けるもんか」などのメッセージ
東進ハイスクール（30秒）	2.3%	（無）通常のCM
トヨタ・プリウス（90秒）	0.0%	（無）通常のCM
ペプシコーラ（30秒）	0.0%	（無）通常のCM
ダイハツ・タント（15秒×2本）	0.0%	（無）通常のCM
久光製薬（15秒×2本）	0.0%	（無）通常のCM
三菱電機（30秒）	0.0%	（無）企業広告
楽天カード（30秒）	0.0%	（無）通常のCM

注：90分試合を見たものを対象者とした。
　　その他アディダスなどの誤答の想起があった。
出所：筆者作成。

くなかったものも多くあった。この結果から、仮説一は認知レベルではあるが、支持されたと考える。この結果は二〇一〇年の前回大会とほぼ一致する内容であったが、想起率が五・七%とワールドカップサッカー関連のCMよりは低いものの一定効果が見られたものが本田技研のCMであった。六〇秒CMが二本流れたこと、またこのCMが二〇一三年度全日本シーエム放送連盟の総務大臣賞／ACCグランプリを受賞した作品であり、表現としての強さもあったと考えられる。しかしながら九〇秒の長尺CMで同じく二〇一四年のACCブロンズを受賞したトヨタ自動車のプリウスの広告が想起率〇・〇%であったことを考えると、本田技研のCMには頭に残る何かがあったことが考えられる。内容としては、二本とも企業広告であり、車の走るシーンから

「面白いからやる」あるいは「自分を超えろ」「負けるもんか」といったメッセージが印象的に描かれている。通常流されている見慣れたCMと比較して、ワールドカップサッカー、日本代表と連動があるメッセージが何らかの効果を生んだことが考えられよう。

もう一本今回のCMの中には特徴的なものがあった。それはサムソン電子のスマートフォンギャラクシーのCMである。今回サッカー・ワールドカップ関連のCMは六本流されたが、その中で唯一FIFAあるいは日本サッカー協会のスポンサー企業でないものがギャラクシーのCMであった。その内容は、有名サッカー選手のクリスティアーノ・ロナウドがロボットのようなスーツを着て、ボールリフティングを行うというものである。想起率が一〇・三％と他のオフィシャルスポンサーと同程度であったのも、有名サッカー選手を起用しサッカーのプレイをしているためと思われる。

表12-3はギリシャ戦のハーフタイムに放送された一四ブランド／社CM一七本をワールドカップあるいはサッカーとの連動度合いで整理した物である。強い連動があるものとしては、キリンやアウディのように、ザッケローニ監督がCMにでているもの。あるいはみずほFGのように、ブルーのユニフォームを皆が着用しワールドカップサッカーを応援しているシーンが登場するものなど、連動の仕方は様々である。また今回は特に「お〜お」というサッカーの応援のときに発する声をイメージさせる表現が多く見られたのも特徴的であった。また、オフィシャルスポンサーの表記がないが有名サッカー選手がボールリフティングを行っているCMについては連動があるものとして表記した。

一方、間接的な連動としては、上述したように本田技研の応援をイメージさせるメッセージを使われているものがある。また、サッカー解説のMCとしてよく登場する川平慈英が出ている楽天カードのCM、スポーツの後に比較的多く用いられる湿布薬のCMなどが見られた。まったく連動が見られなかったのは、ダイハツのタントと三菱

表12-3　ワールドカップサッカー，対ギリシャ戦ハーフタイム中に放送された調査 CM

ブランド	CM 素材内容	連動度合	ワールドカップとの連動内容
キリン・ファイア（30秒）	一般人のサッカーのシーンからザック監督が登場し PK のシーン，最後に「敬意を払う彼らは代表だから」と述べる	強い連動	監督，サッカーの試合のシーン，応援，メッセージなど全面に連動している
コカコーラ（30秒）	コーラを飲みながら世界中でサッカーでつながる内容，音楽は「お～お今一緒に叫ぼう」という応援を感じさせる内容	強い連動	音楽，ブラジル，などワードカップが全面に感じられ，最後に WC のスポンサーロゴも入る
アクエリアス（30秒）	登場人物が「お～お」という応援を連想させる声を上げながら走り，最後に本田選手が登場する。最後に少しだけ商品説明	強い連動	お～おという声，本田選手，公式スポーツ飲料のロゴ
アウディ（30秒）	ザック監督が車に対して指揮者を演じ，車のエンジン音が次第に「お～お」という音楽に変わる。	強い連動	監督，音楽，スポンサーのロゴと全面的に連動が感じられる
みずほ FG（30秒）	「お～お」という応援を連想させる音楽，登場人物がユニフォーム姿に変わり，最後に同行の社員もユニフォーム姿で登場	強い連動	音楽，ユニフォーム，最後にサポーティングカンパニーのメッセージなどすべてが連動
サムソン・ギャラクシー（15秒）	C ロナウドがロボットでリフティングをする中で商品が登場	連動	有名サッカー選手とプレイのシーンで連動
本田技研（60秒×２本）	車で走るシーンから，「面白いからやる」，もう１本は「自分を超えろ」「負けるもんか」というメッセージを伝えている	間接的連動	連動はないが，企業メッセージとして，チームを鼓舞するような印象が感じられる
トヨタ・プリウス（90秒）	実写版ドラえもんと多くの有名人を使いハイブリットで未来が変えられることを伝えている	間接的連動	連動はないが，強い物に立ち向かい未来を変えるということで応援にもとれるか
ペプシコーラ（30秒）	通常の CM であるが，タレントが桃太郎に扮して，鬼に立ちむかうシーンを現代的な映像で描いている	間接的連動	連動はまったくないが，強い相手に立ち向かうということから多少連想をさせるか
東進ハイスクール（30秒）	通常流れる，同校の講師が登場する内容	間接的連動	WCとの関連は，講師のメッセージが若干エール的に聞こえる可能性もあるか
久光製薬・サロンパス・フェイタス（15秒×２本）	有名人による商品の説明	間接的連動	連動はまったくないが，スポーツの痛みなど製品とスポーツの関連は若干あるか
楽天カード（30秒）	サッカーの中継を MC をよく勤めているタレントによる通常の CM	間接的連動	連動はまったくないが，登場人物がサッカー番組に良く出ている
ダイハツ・タント（15秒×２本）	有名人が３名が登場する通常の CM	連動無し	サッカーや WC との連動はまったく感じられない
三菱電機（30秒）	工場のシーンから，一人ひとりの人に向けて作っていることを説明するために，家族のシーンなど描き製品を作っていることを伝達	連動無し	同上

出所：筆者作成。

表12-4　放送6日後と10か月後のCM想起と応援イメージ　（単位：%）

ブランド	a）調査2：2015 CM想起（n＝263）	b）調査1：2014 試合6日後のCM想起（n＝87）	c）調査2：2015 応援イメージでの想起（n＝263）
キリン・ファイア（30秒）	25.9	16.1	9.5
コカコーラ（30秒）	58.2	13.8	28.1
アクエリアス（30秒）	42.2	13.8	26.2
サムソン・ギャラクシー（15秒）	22.1	10.3	0.8
アウディ（30秒）	42.2	9.2	15.6
みずほFG（30秒）	42.2	8.0	26.6
本田技研（60秒×2本）	63.9	5.7	11.0
東進ハイスクール（30秒）	24.7	2.3	0.4
トヨタ・プリウス（90秒）	64.7	0.0	1.5
ペプシコーラ（30秒）	44.1	0.0	0.8
ダイハツ・タント（15秒×2本）	29.3	0.0	0.0
久光製薬・サロンパス（15秒×2本）	27.3	0.0	0.0
三菱電機（30秒）	20.9	0.0	0.4
楽天カード（30秒）	11.0	0.0	0.4

出所：筆者作成。

電機の企業CMのみであった。しかしながら、間接的な連動があると考えられるものでも、本田技研のCM以外はほとんど想起がなかったことは特筆すべきことと思われる。

一方、一〇か月後の調査二では、ワールドカップサッカーのハーフタイムに流されたCMということを告知し、若干の試合の映像と続けて一七本のCMを学生に視聴させた。その後数分した後に純粋想起させてものが、表12-4のaの「二〇一五CM想起」の結果である。視聴後数分しかたっておらず、想起に差があることが不自然ではあるが、調査対象者が大学生ということで、彼らとのターゲットのマッチ度、また有名人を使用しているなどの表現内容の差により差が見られた。コカコーラが五〇％後半と高い想起率であったが、本田技研やトヨタ自動車といった企業も六〇％を超える想起率であった。一方、キリン・ファイアやサムソン電子のギャラクシーのC

Mは二〇％台という比較的低い数値であった。また、bの数値は調査一の試合六日後のCM想起の結果である。この二つの数値は明らかに異なり、CM表現の固有の要因が働いているのではなく、ワールドカップサッカーやサッカーの表現連動が作用していることを示すと考えられる。

興味深いのは表12-4cの数値である。これは同表aと同様に一〇か月後にaで想起されたCM中、ワールドカップサッカーを視聴者と一緒に応援していると感じられるCMを挙げてもらった結果である。直接ワールドカップサッカーを応援するシーンや選手が登場するもの、連動度合が強いものが高い想起率を示している。一方、当然ながら、特に連動感の薄いものは低い結果であった。ここで注意すべき点は、このcの応援イメージの数値と試合六日後のブランド想起の数値bの相関が非常に高いことである。コカコーラが一三・八％と二八・一％、アクエリアスは一三・八％と二六・二％がアウディは九・二％と一五・六％、そしてみずほFGが八・八％と二六・六％であったのに対し、ダイハツタントと久光製薬が〇・〇％と〇・〇％、三菱電機は〇・〇％と〇・四％であった。このことから、ワールドカップサッカーのような、オーディエンスが集中し、視聴しているような番組内で放送をされるCMについては、その連動性や応援をしているイメージがCM認知に大きく影響され、逆に連動性が薄く、応援をしているイメージを持たれないCMについては無視され、認知されないという傾向が見られた(5)。これは二〇一〇年の大会に調査したものとほぼ同じ傾向であった。

しかしながら、今回三本のCMに関し若干異なる傾向が見られた。一本目はキリン・ファイアのCMである。六日後の想起が一六・一％と最も高いにもかかわらず、応援のイメージは九・五％と他のスポンサー企業に比べると低い結果であった。直後の想起が高い原因としては、キリンという企業が長くサッカー日本代表のオフィシャルパートナーとして活動していたことが挙げられよう。

もう一本はギャラクシーのCMである。こちらは六日後の想起が一〇・三％であったにもかかわらず、応援イメージは〇・八％とかなり低いレベルであった。応援イメージが低い原因は、サムソン電子はＦＩＦＡや日本代表チームのオフィシャルスポンサーではなく、それらを直接的に連想するような広告表現を用いることはできないためと考えられる。

三本目は本田技研のＣＭである。こちらは五・七％と一一・〇％であり、六日後の想起でもサッカーやワールドカップ関連のＣＭを除けばかなり高い想起率であり、またサッカーなどとは関連しないメッセージのみであったにもかかわらず高い応援のイメージを有していたことがうかがえる。

第三節　新たなアンブッシュマーケティングの可能性

これらの結果を考察する中で、新たなアンブッシュマーケティングの可能性を見出すことができるのではないだろうか。すなわち、ＦＩＦＡあるいは日本チームに対するスポンサーとならずとも、このような世界的なスポーツイベント中継において、効果的なテレビ広告活動を行うことが可能であるということである。

それは近年注目を集めているアンブッシュマーケティングの可能性である。丸岡（二〇〇七）によれば、「アンブッシュマーケティングとは、プロパティ所有者に権利金を支払わずに、そのプロパティとの結びつきを作ろうとする計画的活動を示す。アンブッシュ（ambush）とは『待ち伏せ』を意味する」（二七一頁）。

黒田（二〇一四）は法律家としての立場から、アンブッシュマーケティングを二つに分類している。一つは直接的なものでイベントの標章等を無断で使用し、広告または販促活動を行うもので、これに関してはＦＩＦＡやＩＯＣなども規制を行っている。問題となるのはグレーゾーンである間接的なアンブッシュマーケティングである。間接的なものは大きく二つに分けられ、黒田他（二〇〇六）は「ライバル競争型マーケティング」と「イベント便乗型マーケティング」と呼んでいる。前者のライバル競争型としては、「ペプシコ　ｖｓ　コカコーラ」、「ナイキ　ｖｓ　アディダス」「アメリカンエキスプレス　ｖｓ　ＶＩＳＡ」（黒田、二〇一四）などがあり、おもに当該イベントの期間に協賛スポンサーの市場占有を防御するために行われている。一方、後者は、比較的小規模な企業が当該イベントに便乗し自社の知名度を上げようとする行為である。例えば、二〇一〇年のＦＩＦＡワールドカップ南アフリカ大会で、オランダのＢａｖａｒｉａビールは、オランダチームのカラーでもあるオレンジ色のコスチュームを身につけた美女をスタジアムに登場させ、自社のビールを飲ませ応援させた例もある。その行為を行った代表者が逮捕される事態となったが、それが日本の新聞にも取り上げられ、ある意味ＰＲ効果を高めた。[6]また、類似した便乗的なものとして、二〇〇二年のＦＩＦＡワールドカップ日韓大会における韓国のＳＫテレコムが韓国代表チームではなく、それを応援する韓国サポーターをサポートするという行為も用い、アンブッシュマーケティングを行っている（森津、二〇〇六）。

これらのものの多くは、協賛スポンサーに不利益を及ぼしたり、協賛スポンサーに価値を下げ、ＦＩＦＡやＩＯＣなどにおいても協賛スポンサーの獲得を困難にしている面もある。それらを鑑み近年では、足立（二〇一三）や中村・土生（二〇一四）などの商標保護の研究がある程度見られるが、実際の広告表現などの分析を研究するものをほとんど見ることはできない。

アンブッシュマーケティングは非倫理的問題行為として考えられがちであるが、黒田ほか（二〇〇六）は以下のように指摘している。「スポンサーシップを重視し、イベントに関連する企業のマーケティング活動を過度に制限することは、イベント価値の上昇を抑えることとなり、イベントの社会的意味も狭めてしまう可能性があることを考えなければいけない」（一六九～一七〇頁）。筆者の立場は、協賛企業にとっては、協賛を行うことによる広告の効果をしっかりと把握できるようにし、ＦＩＦＡやＩＯＣなどの当該団体の健全な活動を促進させ、一方協賛企業以外の広告主についても、無駄な広告活動を行わず視聴者が当該イベントをより楽しみ、イベント全体が盛り上がるような活動を行うべきであると考えている。その点から言って、今回のギャラクシーと本田技研のCMはアンブッシュマーケティングの新たな可能性を探る大きな指針になるものではないだろうか。すなわち、ギャラクシーは協賛企業以外での、当該スポーツに関するCM表現の可能性、そして本田技研のCMは当該スポーツとは関わりを持たない部分で、企業メッセージとしてコンテンツの連動効果を期待できるものと考える。

・当該CMの企業への調査

しかしながら、このような表現を制作することについては、いくつかの制約がある。最も大きな制約は当該団体、ワールドカップで言えば、FIFAや日本サッカー協会、またCMを放送するテレビ局である。今回日本サッカー協会およびテレビ局、そして実際のCMを制作した企業に対してメールでヒヤリング調査を行った。残念ながら現時点では日本サッカー協会およびテレビ局からは返事を得ていないが、調査一でテレビCMを出稿した広告主の多くからは何らかの回答が得られた。その内容をまとめると以下の通りになる。

協賛企業に対しては、当該団体よりアンブッシュマーケティングについて真摯に取り組むと言った包括的な条文の提示があるのみで具体的な指摘はないとのことであった。一方協賛企業以外は、サッカーのシーンを表現の中に入れないようにしてほしいなどの指摘はなかったとのことであった。サッカーのシーンを使用しているギャラクシーであるが、テレビ局の考査でも特に指摘されることはなかったとのことで、このキャンペーン自体も二〇一三年一〇月から二〇一四年七月まで使用していたもので、この試合のために制作された物ではないとのことであった。

これらのことから、直接的にロゴを使用したり、ワールドカップをイメージさせるものでなければ、広告表現にサッカーのシーンを使用することは現状では可能であり、またサッカーやワールドカップと直接関連しない人々への鼓舞／励まし／応援といったメッセージであれば、使用することは可能と考えられる(7)。そして、これらの表現はまったく関連を持たない広告表現よりは広告効果が高いことは上述した。また前述の調査一でも、「試合中に流れるCMでそのスポーツと連動した広告表現が使われることについてどう思うか」と聞いたところ、七割以上が「良い印象を持つ」と答えており、「あまり良い印象を持たない」は三％程度であった。また、視聴者はCMを協賛スポンサーのモノ、そうでないモノと分けて視聴していることは考えにくく、視聴者にとってもCMを通して既存コンテンツを楽しむ環境が作られることはプラスであると考える。

第四節　全体を通しての考察

二〇一〇年および二〇一四年のワールドカップの調査から、試合中に流されるテレビCMについてコンテンツと何らかの連動があるものは、そうでないものに比べ想起レベルであるが広告効果が高いことが明らかになった。また、今回の研究から、必ずしも協賛スポンサーでなくとも、連動をはかり効果的な広告表現を作り出すことは可能である事も明らかになった。加えて、当該スポーツとは直接連動しておらずとも、そのメッセージからワールドカップや日本チームを応援しているイメージを生み出し、広告効果を生み出す広告表現が存在する可能性も指摘することができた。また、何の連動もなく通常のCM表現の場合には、他の番組等で流すよりは無視され、効果がないと考えられる。また二〇一〇年の調査で質的なインタビューを行った際に、逆に商業的なイメージが強くセールスのために当該イベントを利用しているイメージがうかがえる広告表現についてはネガティブな意見も出されていた。前回の論文（小泉、二〇一二）でも指摘したが、応援（テレビ中継）にも場があり、そのグループ、集団の中に土足で踏み込んできて、「私は応援している」と声高々に言うことは日本人にとって良しとしないのではないか。大きな声でこれ見よがしに、そしてその場の他者とは違う応援行動をするものに対し、快く思わない文化が日本にはあると考えられる。たとえ、商行為である広告活動であっても、国を挙げてのイベントについては皆で一丸となって盛り上げ、楽しむという姿勢が当該ブランドについてもポジティブに働くと思われる。

前調査と同様に今回も学生を対象にした調査であったこと、またＣＭの想起をもとにした広告効果に限定されたことは今後の課題と言えよう。今後は、協賛企業の広告においてはどのような広告表現がより効果が高く、また協賛以外の企業において認知以外のブランドイメージなどの他の要素がアップするかなどを明らかにしたい。

二〇二〇年の東京オリンピックの開催では、巨額な費用が必要となる。広告の機能の一つとして、これらスポーツイベントのサポートがある。本研究により、協賛企業がより多く支援を行うようになり、また協賛以外の企業も無駄な支出を減らし国民全体でオリンピックやワールドカップサッカーなどの世界的イベント盛り上げられることを望む。また、視聴者／消費者にとっても世界的スポーツイベントにおけるスポンサーということを考える良い機会になれば幸いである。

＊本章は拙稿（二〇一二）「応援イメージ『共視性』を視野にいれたエンゲージメント状態の考察」『日経広告研究所報』二六二号、二〇一二年四月／五月号、一〇～一七頁をベースに、二度の調査を行い新たに執筆したものである。また本章はアンブッシュマーケティングの概念を取り入れ、前稿の課題も意識し異なる視点で執筆を行った。しかしながら研究の全体像を理解して頂くために、あえて前稿の一部を本章の第一節の三、四項において引用した。

〈注〉

（1）　本章で取り上げた中心的広告理論はエンゲージメントに関する理論である。これまでの先行研究では、新聞メディアやインターネットメディアといったメディアの違いよるエンゲージメント効果が検討されてきた。しかしながら、本研究ではそれをさらに進め世界的スポーツイベントの放送中に流れるテレビCMという媒体ビークルに焦点を絞りエンゲージメント効果を検討している。

加えて、近年広告コミュニケーション分野で注目されているアンブッシュマーケティングを取り上げ、これまでロゴなどの商標問題に焦点が当てられてきたものを、広告表現での検討をはかり、スポンサー企業と非スポンサー企業の共存の視点を新たに提示している。

（2）株式会社ビデオリサーチホームページ「二〇一四年　年間高世帯視聴率番組三〇（関東地区）」http://www.videor.co.jp/data/ratedata/best30.htm（最終更新日二〇一五年九月一七日）

（3）エンゲージメントに関する先行研究および筆者の整理については、基本的に、拙稿（二〇一二）「応援イメージ『共視性』を視野にいれたエンゲージメント状態の考察」『日経広告研究所報』二六二号、二〇一二年四月／五月号、一〇～一七頁の一一～一二頁を引用している。筆者がなぜこのような研究を行ったかを理解してもらうために、必要と考えたためである。

（4）本章ではコンテキスト・文脈とコンテンツという二つの用語を用いている。コンテキストはコンテンツを包含する概念と考える。コンテンツと述べている場合には、テレビ番組の内容など具体的な表現内容を表しており、コンテキストは、それを含むものと考え用いている。

（5）チャブリス、クリストファー&ダニエル・シモンの「非注意による盲目状態の理論」には「人間の脳にとって、注意力は本質的にゼロサムゲームである。一つの場所、目標物、あるいは出来事に注意を向ければ必然的にほかへの注意がおろそかになる。つまり非注意による見落としは、注意や知覚の働きに（残念ながら）かならずついてまわる副産物なのである」（二〇一一、五六頁）とあり、同様のことがテレビCM視聴においても起こっていることが考えられる。

（6）二〇一〇年六月一八日デイリースポーツ「オランダ美女軍団で、ミニスカゲリラ広告　非公式スポンサーババリア社のタグつけ36人が集団観戦」など。

（7）実際のテレビCMの放送については、テレビ局の考査を受ける必要があり、個別の案件として処理される。ここでは、大きな意味でも方向性を示唆する物であり、必ずしもすべてのテレビ表現が放送可能と断言することはできない。

〈参考文献〉

足立勝（二〇一三）「著名商標の保護について――アンブッシュマーケティング規制の検討を中心に」『日本大学知財ジャーナ

ル』六、三三～四五頁。

ARF（2006）Definitions about and the anatomy of Engagement. *Report of The 52nd Annual ARF Convention*, March 21st, 2006.

Davis, John A.(2013) Jessica Zutz Hilbert, *Sports marketing : creating long term value*, Edward Elgar Pub.

カイヨワ・ロジェ（原著一九七〇）／多田道太郎・塚崎幹夫訳（一九九〇）『遊びと人間』講談社。

チャブリス、クリストファー&ダニエル・シモンズ（原著二〇一〇）／木村博江訳（二〇一一）『錯覚の科学』文藝春秋。

チクセントミハイ・M（原著一九九七）／大森弘監訳（二〇一〇）『フロー体験入門』世界思想社。

堀内圭子（二〇〇四）『〈快楽消費〉する社会』中央公論新社。

石崎徹（二〇〇九）「広告媒体の質的効果の観察によるメディア・エンゲージメント概念の検討」『専修大学経営研究所報』第一七八号、専修大学、一～一五頁。

原田宗彦編著（二〇〇八）『スポーツマーケティング』大修館書店。

小泉秀昭「応援イメージ『共視性』を視野にいれたエンゲージメント状態の考察——番組コンテンツと連動したTVCM表現の可能性」『日経広告研究所報』二六二号、二〇一二年四月／五月号、日経広告研究所、一〇～一七頁。

黒田勇編著（二〇一二）『メディアスポーツへの招待』ミネルヴァ書房。

黒田勇・水野由多加・森津千尋（二〇〇六）「W杯における『待ち伏せ広告』の意味とその社会的インパクト」『関西大学社会学部紀要』三八（一）、一五九～一七四頁。

黒田健二（二〇一四）「国際的スポーツイベントと知的財産権保護——権利確保からアンブッシュマーケティング対策まで」『パテント』六七（五）、日本弁理士会、一六～二二頁。

マクラッケン・G（原著一九八八）／小池和子訳（一九九〇）『文化と消費とシンボルと』勁草書房。

Mullin, Bernard J. Stephen Hardy, William A. Sutton（2014）*Sport marketing 4th ed*. Human Kinetics pub.

ピッツ&ストットラー／首藤禎史・伊藤友章訳（二〇〇六）『スポート・マーケティングの基礎』白桃書房。

丸岡吉人（二〇〇七）「第六章　新しいブランドコミュニケーション」仁科貞文・田中洋・丸岡吉人『広告心理』電通、二四八～三〇四頁。

森津千尋（二〇〇六）「二〇〇二年W杯におけるスポンサーシップとアンブッシュマーケティング——韓国における『街頭応援』現象について」『広報研究』一〇、九七～一〇六頁。

中村仁・土生真之（二〇一四）「スポーツイベントの商標保護――アンブッシュ・マーケティングを中心として」『パテント』六七（五）、日本弁理士会、二三～二九頁。

第一三章　私事化とマス・メディア

――国際比較データを使った試論

筒井淳也

第一節　政治的関心と私事化

本章の目的は、公共的な事柄への関心の強さとメディア経験との関連の現状を、国際比較データを用いて描き出すことにある。二〇一五年の日本では、いわゆる一連の「安保法制」の可否をめぐって激しい政治的議論が闘わされ、九月の国会前の大通りでは、連日多くの人がデモに参加し、反対の声を上げていた。これは、少なくとも一部のアジェンダについては公共的な意思決定を行う政治への関心が一定保たれていることの証左になり得るかもしれない。

他方で社会学は、私事化あるいは私化（privatization）と呼ばれる変化について論じてきたこともたしかである。私事化の概念にはいくつかのものがあるが、公共的な関心を失うことは私事化の重要な側面として理解されてきた。連日メディアでは政治報道がなされ、またデモが各地で行われているとはいえ、投票率の低下に代表される政治参加意欲の低下が長期的に観察されており（安野、二〇〇三）、全体的には人々は自分たちの中での政治的関心への比重を小さくしてきたのかもしれない。

私事化は通常の意味での「人々の語彙」にはないものであり、また社会学者のこの概念が一般に還流している度あいも小さい。私事化は、少なくとも現段階では何人かの社会学者が人々の行動や思考のパターンを記述するための概念にとどまっている。とはいえ、適度な言い換えをすれば、一般の人々にすぐに理解できない概念、というわけではない。それだけに、研究者が人々のどのような振る舞いや社会の変化を指して私事化と考えているのかは、多様である。次節ではまず、私事化をめぐる概念の整理を行い、本章でどのような概念理解のもとで私事化を取り扱っていくのかを明らかにする。

第二節　私事化の概念をめぐって

(1)　私事化とナルシシズム

経済学の文脈では、privatization という概念はもっぱら「民営化」という意味で用いられている。これは、従来公営であった事業が民間の生産体制に移されることを意味している。経済学以外では、教育分野において私事化が同じような意味を持つこともある。ここでは、教育の供給主体が公立学校から私立学校へと移行することが念頭に置かれている。

これに対して社会学で私事化という時は、ほとんどの場合人々の関心の向きを記述する概念として使用されている。そのうえで、私事化（私的なものへの関心の強化）と公共的関心の喪失という概念の関連性については、事前に慎重に考察すべき点がいくつかある。

まず、公共的関心と私的な関心は対立するのかどうか、対立するとすればいかにしてか、という問題がある。一般的な理解は人々が自分のプライベートな生活に関心の重点を置くようになると、公共的事柄についての関心を失う、というものであろう。これに対して、個々の内面について関心を持つことと公共的関心とが必ずしも対立しない、という見方もある。本章ではデータを分析する際に結果的には前者の枠組みを採用するのだが、あらかじめ対立する二つの見方について見通しを持っておくことは、結果の解釈を行う上でも有用だろう。

もう一点は、以上の論点と重なるが、公的な事柄と私的な事柄との境界をどのように考えるのか、という問題である。これについては後で触れる。

私事化という変化について最も歴史的に長いスパンで記述しようとした社会学者は、R・セネットであろう。セネット（Sennett, 1977＝1991）は一八世紀イギリスやフランスの都市圏においてコーヒーハウスやサロンで展開される社交空間に注目し、そこに「パブリック」な空間の誕生をみた。ところが、そこで成立した公共的な振る舞いの規範は一八世紀から浸透していく資本主義的生産による公共空間の均一化や家族の価値の重視によって衰退し、逆に親密性の領域の論理が公共空間を侵食していくこと（親密性の専制）を批判的にみたのであった。

現代に生きる人々のこうした「内面」へのこだわりを、セネットは「ナルシシズム」という概念で捉えようとした。セネットはナルシシズムを単なる自己愛という一般的な理解を超えて概念化している。セネットによれば現代人に広く見られるのはナルシシズム的な人格障害であり、そこでは私的領域と公的領域、あるいは一般的に私と他者のあいだの境界を確立する上での困難がある。その背景には、いわゆる世俗化、つまり超越的な価値観の喪失がある。このため、世俗化の中で、自己が「生きる意味」といった難しい課題を無理に引き受けることになってしまった。

こういった変化は、少なくとも一部の大学教育の現場においてもみてとれるものかもしれない。学生、特に人文系学部の学生は、学ぶことの意義を、自らの内面とかかわらせて語ることがある。特に研究テーマを決める際にこの傾向が顕著に見られる。社会的な課題から研究テーマを引き出すのではなく、「自分の本当の関心はどこにあるのか」を探るのである。こういった学生にとっては、研究テーマの変更がしばしば生じる。特定の研究テーマである程度研究を進めたところで、「自分の本当の関心はやはりここにはなかった」という理由で研究を中断し、新たなテーマを探すのである。

ここには、教育・研究という本来は公的な——公的であるからこそ私立学校においても教育・研究に公的資金が投入されるのである——活動の意義が、あくまで自分の「真」の関心や自分の内面の深いところに起因する欲求と一致しているべきだ、というナルシシズム的規範がある。そしてこの規範は、一定程度指導する側と指導を受ける側で共有されていることもある。その場合、指導する側は上記の理由（「自分のほんとうの関心は別のところにある」）を受け入れ、研究テーマの変更を許可するのである。

政治的意思決定においてはこのようなかたちでのナルシシズム的「混乱」が見られることはない。しかしセネットによれば、民主主義社会において政治家を選挙で選ぶ一般の人々の意識にはやはりナルシシズム的混乱が見られる。すなわち、政策の方向性や政策立案・運営能力といった公的な基準ではなく、人柄といった「親密性」基準で政治家を選んでしまう、という傾向である。

セネット自身は必ずしも私事化という概念を用いて「公共性の喪失」を論じていたわけではないが、内面に関心の重点を置くという点でセネットのナルシシズム概念と私事化とは概念的に切り結んでいると言えるだろう。

(2) 私事化と公共性

セネットによる「公共性の喪失」の議論に真っ向から対立したのが、J・ハーバーマスであった（Habermas, 1990＝1994）。ハーバーマスは、一九世紀以降に「公共圏」が変質し、一八世紀的な公共討議の条件が失われたという主張を行う点において、一定程度セネットの議論と共有するところはあるが、この「公共性の構造転換」論においては、親密圏の位置づけをめぐってセネットとはずいぶんと異なった理論的枠組みが採用されている。

ハーバーマスにおいては、ブルジョア的な「小家族的親密圏」こそが、公共的討議の条件となった空間であった。というのは、ブルジョアの子弟はそこで公共的討議に参加するための内面的な訓練を受け、「公衆への関心を持つ私人」として形成される機会を得ることができたからである。このことの背景には、初期資本主義段階における、公権力から自立した（むしろ公権力と経済的利害の面で対立する）ブルジョア家族の台頭があった。やがて一九世紀になり、資本主義的生産が拡大していくにつれ、「国家と社会の相互浸透」が進み、公的なものと私的なものを峻別する社会経済的条件が失われていく。こうなると家族の成員はむしろ直接に商品経済やメディアのＰＲ空間にさらされるようになる。こうして公共空間は（ふたたび）「代表的具現」、すなわち権威をみせびらかす場になり、「文化を論議」する公衆は「文化を消費する」大衆に変質するのである。

セネットとハーバーマスの議論には重なる部分も多いが、内面的自立が公共空間での公論形成に促進的に作用するという考え方をしている点がハーバーマスの議論の特徴である。ハーバーマスは市民的公共圏の形成以前に、その母体として文芸的公共圏が成立していたと論じている。小家族的親密圏において内面の形成に貢献したと想定されているのは、基本的には人文知識であった。このような観点からすれば、学問的探求と自らの内面の探求を結びつけることは、必ずしも学問的探求の公共性を失わせるばかりではない、ということになろう。

Ａ・ギデンズは自らのモダニティ論の中で、やはりセネット流の私事化論に対して一定の異議を表明している（Giddens, 1991＝2005, 訳一九一頁）。これは先程述べた「私事化と公共的関心の喪失という概念連関」についての第二の論点に関わるが、ギデンズがまず強調するのは、内面的なプロセスへの関心が必ずしも自己への閉じこもり、他者への働きかけの衰退につながるわけではない、ということである。近代社会の再帰性とは、自己の心理状態と自己の環境とが複雑に絡みあっている状態を認識し、そこに反省の光を当てることを意味している。つまり自己に関心を持つことは、必然的に社会のあり方に関心を持つことだ、という認識がある程度共有されているのである。

ギデンズ自身は嗜癖などのいわゆる病的状態に注目するが、例えば就職活動に悩む学生でも、その悩みを自分の内面にのみかかわらせ、そこで完結させるとは限らない。「生きづらさ」を社会構造の理解に向け、そこから公共的な政治参加を強めるという筋書きは決して珍しいことではないかもしれない。実際に政治学やその周辺分野では、政治が自らの利害と絡みあうことを認識することが、政治的関心と結びつく可能性について検討されることが多い（石橋、二〇一四）。

他方で、関心が「外」に向かうことがすなわち公共的な関心の強化であるとは限らない、ということもまた事実であろう。政治への関心は、もしかすると個々の政治家がおりなす「政治劇」やスキャンダルへの関心であり、そうである限り、その関心はセネットのいうナルシシズム、つまり自己への関心が拡張されて公共的な領域を侵食すること（親密性の専制）にほかならない。

こういった曖昧さは、しばしば公的活動をより包括的に社会的活動あるいは社交性として捉える際にも現れてくる。ハーバーマスはセネットの描き出す一八世紀の公共空間における社交性と自らが強調する政治的公共圏とを区別し、前者は古いタイプの代表的具現の公共性にすぎないと批判したが、社交的なグループ形成と公共的な事柄への関心をはっきりと区別することはなかなか難しい。スポーツクラブは、たいていの場合個人の楽しみのためのコミュニティであろう。しかし一定の場面では公共的な関心を持つ主体になることもあるだろう。例えば公園の使用ルールに対して自治体と交渉をする、といった場面が考えられる。これが公共的活動でありうるのは、リクリエーションのための多くのグループ活動が、何らかの意味で純粋な私的享楽のためというよりは、公的な福祉の推進という目的にかなったものだ、という共通理解がある程度存在しているからである。パットナム（Putnam, 2000＝2006）がアメリカにおけるソーシャル・キャピタルや市民的活動の衰退、ひいては民主主義の劣化を社交活動としての「ボウリング」の衰退に象徴させたように、他者と何らかの交流を持つことと、政治的関心・活動とはゆるやかにつながっているとみてよい。

要するに、公的な物事への関心の衰退と私事化との関係は、通常考えられているよりもずっと重層的で、複雑に入り交じっているのである。この論文では、後にデータ分析を行う前に、もう一度この論点に立ち戻ることにしよう。

第三節　私事化とメディア

(1) 私事化論におけるメディアの位置

歴史的経緯に注目する文脈では、マス・メディアは公共性あるいは公的な意見形成において重要な要素として語られることが多い。ハーバーマスが論じたように、一八世紀のロンドンやパリで成立した市民的（政治的）公共圏は、新聞や雑誌を媒介として活性化されていった。その後、公共圏が構造転換したあとは、メディアはPR・プロパガンダや文化消費の媒体としてそうした転換を後押しした、とされる。とはいえハーバーマスの議論では、メディア自体がこうした転換を生起したとは考えられていない。公共圏の構造転換を推し進めたのは「国家と社会の相互浸透」、すなわち資本主義的生産様式の発達、組織の大規模化による職業世界の変化、親密性の空間への大衆消費文化の浸透など、社会経済的な変化であると考えられている。

メディアの役割を主軸に据えた議論としては、B・アンダーソンによるナショナリズム論がある（Anderson, 1983＝1997）。ナショナリズムの起源について、ゲルナー（Gellner, 1983＝2000）と同じくいわゆる近代化説に立つアンダーソンは、資本主義経済下における印刷・出版（主に新聞）が国民意識の形成を促した、と論じた。これは時代的にはハーバーマスにおける市民的公共圏の成立に当たる時期であり、これ以降国民国家が徐々にかたちをなしていくことになる。

他方で、私事化とメディアの関連について主題化された歴史的研究はそれほどない。ハーバーマスやセネットは一九世紀以降に資本主義社会において公共性が喪失されていくプロセスを記述する中でメディアを登場させるが、どちらかと言えばそれは脇役的な要素であった。

（2）私事化とパーソナル・メディア

その一つの理由は、おそらくメディア技術がパーソナル・メディアではなく、マス・メディアにおいて先に発達を遂げたからであろう。資本主義経済において最初に生産コストを下げたのは出版であり、次いで放送であった。電話普及時期のアメリカでは、電話サービスを提供する企業は、長い間私的目的での電話使用をやめるように訴え続けていた。私事の「おしゃべり」に利用されるようになるほど通話コストが下がるのは、それよりずっと後になってからである（Fischer, 1992＝2000）。

比較的低コストでパーソナル・コミュニケーションを可能にしてきたのは手紙であるが、手紙が私事のやりとりに使われるようになるのは、やはりそういった社会的条件が整ってからであった。例えば一八世紀、初期資本主義社会において文芸的公共圏を下支えした小家族親密圏において、ハーバーマスは「手紙」の役割に注意を促している（Habermas, 1990＝1994, 訳六七頁）。手紙の交換を通じて、ブルジョア家族の成員は「主体性の実験」を行い、公共圏における公論の担い手として成長していく、とされている。

手紙は内面の情報がやりとりされるプライベートなコミュニケーションの代表的手段であったが、極めて低いコストでそれに取って代わったのはインターネット上のアプリケーション（EメールやSNS等）であった。電話の普及プロセスやその活用のされ方についてフィッシャーらが明らかにした事実は、ある程度SNS等の新しいメディアについてもあてはまるかもしれない。電話は距離を克服するがゆえに、既存のパーソナル・ネットワークの範囲を広げるポテンシャルを技術的には持つ。しかし実際の利用（特に女性のそれ）においては、電話は既存のつながりを強化する働きをしていた。これはSNSにおいても見られる傾向であろう。

とはいえ、マス・メディアが専ら公共的関心を促し、パーソナル・メディアが私事化と関係する、と単純にみることにも無理がある。ハーバーマスが指摘するように、パーソナルなコミュニケーションが公論へのコミットメントの条件となることもあるだろう。SNSでは常にプライベートな経験の報告ばかりが行われているわけではない。SNSでは、公的な事柄（ニュース）をシェアした上で、コンタクトとそのことについて軽めの討議が行われることもある。逆にマス・メディアが運ぶコンテンツがすべて公論に関わるものばかりではないことも、ハーバーマスが指摘した通りである。

第四節　データと分析方針

(1) データと変数

以上を受けて、ここからはメディア経験と公共的関心の強さの関連性について、データの分析を行っていく。しかしデータの制約から、前節までに議論したことをデータで検証することにはかなりの困難がある。

今回用いるのは、「世界価値観調査（World Value Survey）」の第六波調査のデータである。世界価値観調査は数十か国に及ぶ国において共通の調査票を用いて行われる意識調査である。最初の調査（第一波）は一九八一年から一九八四年にかけて実施された。今回用いる第六波は二〇一〇年から二〇一四年にかけて行われ、参加国は六〇、回答者数は八万六二七二に及んでいる（ただしこのデータは一～六波の統一データに含まれる数値である）。

世界価値観調査では関心の構造に関わる質問がいくつか尋ねられている。政治意識や政治参加、人生における重点はどこにあるか、といった質問である。第六波データに含まれ、かつ今回のテーマに関係するものとしては、「政治は生活にとって大事か」という質問、自発的団体（スポーツクラブ、労働組合、政治団体等）への参加、重要だと思う価値観（「楽しい時間を過ごす」「社会の利益のために何かする」等）、投票頻度、などである。

すでに述べてきたように、政治参加が通常の意味での公共的関心からのみ行われるとは限らない。利害に基づいた政治行動を公共的関心に基くものとして認めないという定義は狭すぎるだろうが、例えば行動レベルで投票に行くということが、その人が最低限の政治的熟慮に基づいた上での公共的判断をする市民であるということを意味しているわけではない。また、スポーツクラブ等の社交的な団体への自発的参加についても、純粋に私的な享楽のためにそこに参加している人は少ないかもしれない。

様々な制約はあるが、今回は「政治への関心」の度合いを尋ねた質問への回答のデータを、私事化の指標とする。日本語の調査票における質問文は、「あなたは、政治にどのくらい関心を持っていますか」というもので、選択肢は「非常に関心を持っている」「やや関心を持っている」「あまり関心を持っていない」「まったく関心を持っていない」「わからない」となっている。今回は「わからない」を除いた四つの回答を順序変数として分析する。関心が強いほうが、私事化していない、とみる。

主要な説明要因は、情報源についての一連の設問である。第六波調査では、「われわれはさまざまな情報源を通して、国内外で起こっていることを知ります。次にあげる情報源から、あなたはどのくらいの頻度で情報を得ていますか」という質問に対して、「新聞」「雑誌」「友人や同僚との会話」「テレビニュース」「ラジオニュース」「携帯電話（通話機能のみ）」「Eメール」「インターネット」という項目が設置され、それぞれについて「毎日」「週一回程度」「月一回程度」「月一回以下」「まったくない」という選択肢が与えられている。

質問文からわかるように、この設問はメディアへの接触経験そのものを観察したものではなく、あくまで「情報源」を尋ねたものである。とはいえ、情報源は一定程度メディア接触を反映したものであるだろうし、実際に今回使用したデータにおいても、友人・同僚やパーソナル・メディアから情報を毎日得ている、と回答した者は決して少なくなかった。これは、質問文の解釈において回答者が「情報」の中身をかなり広く解釈したうえで回答していることを示唆している。

他方で、これらの調査質問を通じて得られたデータが、私事化あるいは公共的関心の衰退とメディアの関係についてどれほどの知見を与えてくれるのかについては、慎重に判断する必要がある。何よりも、「親密な心理プロセスへの関心は公共的な事柄へのコミットメントを促すのか、それとも阻害するのか」ということについてのハーバーマスとセネットにおける対立した見方に一定の知見を付け加えるような分析を今回のデータから行うことはできない。今回は、質問で問われている「政治への関心」が、通常の意味での私事化を測定したものであるという想定で分析を行う。

基本的な分析は、人口学的要因を統制したうえで、「政治への関心」に対して「情報源」がどのように関連しているのかを見ていくことである。「情報源」については、「新聞」「友人や同僚との会話」「テレビニュース」「携帯電話（通話機能のみ）」「インターネット」の五つのみを用いる。

（2）分析方針

「世界価値観調査」の第六波は六〇か国のデータを含んでいるが、政治への関心という面では国レベルの個体差が大きいと考えられるため、対象としたのは経済水準の均質性が高いと想定できるOECD加盟国（オーストラリア、チリ、ドイツ、エストニア、日本、韓国、メキシコ、オランダ、ニュージーランド、ポーランド、スロヴェニア、スウェーデン、トルコ、アメリカの一四か国）のみである。ただ、記述的分析の段階では、探索に関連変数が観察された国をすべて使った分析を行っている。アウトカムは順序変数であるので、推定には順序ロジットモデル（最尤推定）を用いる（値が高いほうが、政治的関心が強い）。アウトカム変数と説明変数の基本統計量は、それぞれ表13‒1と表13‒2に示した。人口学的要因の詳細（基本統計量）は省略した（これを含む分析の詳細について知りたい場合、別途著者に問い合わせてほしい）。国レベルの異質性が残されている可能性があるため、国ダミー変数を投入する。使用した変数が観察されていない個体は、表13‒1ならび表13‒2にも反映されない他、あらかじめ分析モデルからも除外されている（ただし記述的分析においては適宜使用されている）。変数の欠測によって除外された回答者の割合は全体で一八・九％である。説明変数は情報源の項目であるが、多重共線性の回避のために、ひとつのモデルにすべての情報源変数を一度に投入せず、情報源ごとに複数のモデルを推定する。

表13‒1から読み取れることとしては、他国と比べた時の日本人の政治的関心の高さである。「やや関心を持っている」「非常に関心を持っている」を合わせた回答の割合は、日本において六九・一％となっており、対象国平均の五二・四％を大きく上回っている。これに対して、メキシコやチリなどの後発国において政治的関心のポイントが低くなっており、国の経済水準が何らかのかたちで政治的関心に関わっていることが窺われる。これについては後でまた触れる。

表13‒2から読み取れることはたくさんあるが、情報源としてのメディアの活用にはかなりの国ごとに違いがあることが見て取れる。「新聞」から「毎日」情報を得ている割合は、日本では七四・八％であり、他の経済先進国でここまで高い数値が観察された国はない。これに対して、「テレビ」については国の異質性にかかわらず高い接

表13-1　政治への関心の度合い　（%）

国コード	まったく関心を持っていない	あまり関心を持っていない	やや関心を持っている	非常に関心を持っている	観察数
AUS	13.7	27.2	40.7	18.4	971
CHL	39.9	34.1	20.3	5.7	862
DEU	9.9	26.6	41.3	22.2	1,879
EST	18.6	42.6	31.6	7.2	1,388
JPN	4.4	26.6	53.9	15.2	1,725
KOR	16.7	40.8	36.6	5.9	1,132
MEX	32.6	36.8	22.8	7.9	1,848
NLD	9.7	22.3	50.8	17.2	1,586
NZL	10.5	28.1	46.4	15.0	580
POL	22.3	35.1	35.9	6.7	848
SVN	28.7	32.6	33.0	5.8	973
SWE	10.8	28.8	43.2	17.3	1,040
TUR	15.2	31.5	43.9	9.4	1,456
USA	13.8	24.3	41.6	20.3	2,061
合　計	16.8	30.7	39.2	13.2	18,349

注：モデル推定で使用した回答者のみの数値。
出所：「世界価値化調査」第六波データ（2010-2014）より筆者作成。

触率が観察された。

今回の分析が情報源選択の政治関心への因果効果をみるものだ，という見方をすることは難しい。ひとつには，投入された人口学的変数ならびに変数の特定化モデルによっては個体効果が十分に吸収されていない可能性がある。次に，政治的な関心の強さが情報源選択に影響する可能性もある。何らかの個体要因で政治に強い関心を持った個体は，そうした情報をふんだんに提供してくれるメディアへの接触を強めるであろう。最後に，個体の効果差の問題がある。個体（個人や国）ごとに説明要因の効果が異なる場合，理想的には観察された変数との交差項やクラスターレベルの係数変量効果をモデル化することが望ましいが，今回はそういった分析は行っていない。あくまで，観察対象となった個人や国の平均的効果を見ている。

表13-2　情報源からの情報収集頻度　　（%）

	国コード	毎　日	週1回程度	月1回程度	月1回以下	まったくない	合　計
新　聞	AUS	39.7	34.6	6.0	11.2	8.6	971
	CHL	31.4	34.1	11.7	6.8	15.9	862
	DEU	55.5	21.8	4.7	8.8	9.3	1,879
	EST	43.6	30.3	6.4	10.4	9.4	1,388
	JPN	74.8	11.9	2.2	3.1	7.9	1,725
	KOR	36.7	24.7	7.6	11.8	19.4	1,132
	MEX	18.5	23.5	14.5	16.5	27.0	1,848
	NLD	57.2	17.6	4.2	11.4	9.6	1,586
	NZL	52.4	26.0	6.0	10.3	5.2	580
	POL	18.5	37.6	9.9	11.8	22.2	848
	SVN	47.2	24.1	3.5	16.1	9.2	973
	SWE	74.2	13.8	4.3	3.5	4.2	1,040
	TUR	47.9	19.4	6.4	6.1	20.1	1,456
	USA	35.5	22.0	6.7	17.7	18.2	2,061
	合　計	45.7	23.1	6.7	10.7	13.9	18,349
テレビニュース	AUS	74.2	18.1	3.0	2.7	2.1	971
	CHL	80.6	16.0	2.0	0.4	1.0	862
	DEU	81.2	14.3	1.9	1.2	1.5	1,879
	EST	87.6	8.9	1.4	1.1	1.0	1,388
	JPN	95.4	3.3	0.7	0.2	0.4	1,725
	KOR	81.7	13.0	1.9	1.1	2.3	1,132
	MEX	71.8	17.3	3.1	3.0	4.8	1,848
	NLD	80.5	12.6	2.7	1.8	2.5	1,586
	NZL	81.0	11.9	2.8	2.8	1.6	580
	POL	86.1	10.0	1.4	0.9	1.5	848
	SVN	80.3	12.9	1.6	3.3	2.0	973
	SWE	76.4	14.8	3.8	2.1	2.9	1,040
	TUR	85.6	8.0	1.3	1.2	3.9	1,456
	USA	61.4	18.9	6.5	8.1	5.1	2,061
	合　計	79.7	12.9	2.6	2.3	2.6	18,349
携帯電話	AUS	36.1	10.2	4.1	10.9	38.7	971
	CHL	49.7	12.4	4.6	2.6	30.7	862
	DEU	66.3	16.1	2.9	4.8	10.0	1,879
	EST	52.5	6.3	3.0	5.8	32.4	1,388
	JPN	29.9	14.4	5.5	7.1	43.1	1,725
	KOR	51.2	10.2	5.2	9.2	24.2	1,132
	MEX	37.8	7.9	4.3	6.5	43.6	1,848
	NLD	40.2	11.9	4.8	9.6	33.5	1,586

	NZL	24.5	8.6	2.1	12.4	52.4	580
	POL	13.3	5.0	3.0	5.2	73.6	848
	SVN	24.4	7.4	3.2	19.1	45.9	973
	SWE	43.5	11.5	4.8	4.9	35.3	1,040
	TUR	49.6	8.0	5.7	4.1	32.6	1,456
	USA	27.5	7.6	4.9	9.8	50.3	2,061
	合　計	40.4	10.1	4.3	7.7	37.5	18,349
インターネット	AUS	57.1	19.1	3.6	6.2	14.1	971
	CHL	42.8	14.5	6.6	3.0	33.1	862
	DEU	53.4	16.4	3.3	3.1	23.8	1,879
	EST	56.0	10.1	2.5	2.5	29.0	1,388
	JPN	37.6	14.7	5.2	4.3	38.1	1,725
	KOR	59.0	12.9	4.5	5.4	18.2	1,132
	MEX	20.7	9.8	4.7	6.7	58.1	1,848
	NLD	64.2	18.0	5.2	6.1	6.6	1,586
	NZL	56.7	18.6	5.0	6.7	12.9	580
	POL	40.6	12.0	3.3	3.0	41.2	848
	SVN	41.6	9.5	2.9	8.7	37.3	973
	SWE	70.5	12.7	2.8	1.8	12.2	1,040
	TUR	33.3	13.0	6.8	4.5	42.5	1,456
	USA	54.7	19.2	7.4	7.5	11.3	2,061
	合　計	48.2	14.4	4.7	5.0	27.7	18,349
友人・同僚	AUS	57.4	32.9	5.1	3.7	1.0	971
	CHL	56.8	29.6	5.1	2.0	6.5	862
	DEU	62.9	29.5	4.7	2.1	0.9	1,879
	EST	65.3	25.0	4.8	2.2	2.7	1,388
	JPN	42.3	34.5	11.4	5.9	6.0	1,725
	KOR	52.2	27.0	9.7	5.7	5.3	1,132
	MEX	34.0	22.9	7.5	7.0	28.5	1,848
	NLD	34.2	40.9	10.8	9.5	4.7	1,586
	NZL	60.2	31.6	4.1	2.8	1.4	580
	POL	41.0	36.7	9.9	6.1	6.3	848
	SVN	41.0	26.9	9.7	18.3	4.1	973
	SWE	70.7	22.8	3.6	1.6	1.4	1,040
	TUR	45.2	29.5	8.2	2.3	14.7	1,456
	USA	45.0	34.5	9.7	6.1	4.8	2,061
	合　計	49.3	30.4	7.7	5.4	7.1	18,349

注：モデル推定で使用した回答者のみの数値。
出所：「世界価値化調査」第六波データ（2010-2014）より筆者作成。

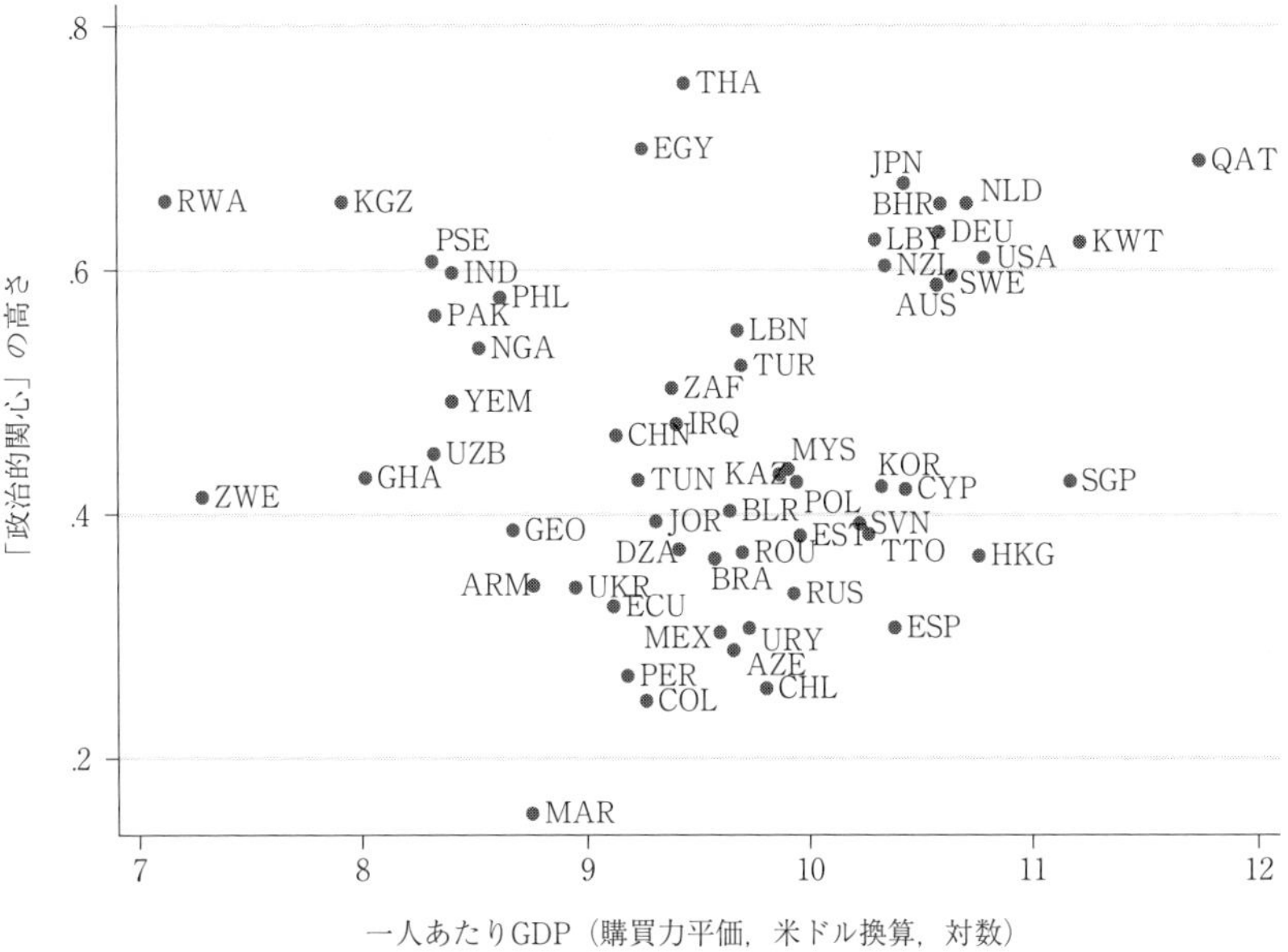

図13-1　「政治的関心」の高さと一人あたりGDP

出所：「世界価値観調査」第六波（2010-2014）より筆者作成。

これらの問題は調査観察データ（特にクロスセクション調査）を用いたデータの分析に多かれ少なかれついてまわるものであるとはいえ、今回の分析が手持ちのデータのポテンシャルを最大限引き出したものであるとは言えない。この意味で今回の分析の結果には強めの留保が必要であり、決して因果効果を明らかにしたものではない、ということをあらかじめ断っておく。より厳密な因果分析については、稿を改めたい。

第五節　記述的分析

この節では、入手できる回答者のデータをすべて使用して記述的な分析を行う。

図13-1は国別のグラフで、横軸に対数化された一人あたりGDP（購買力平価、米ドル換算）を、縦軸に「政治への関心」を置いたものである。縦軸は、質問への回答が「非常に関心を持っている」か「やや関心を持っている」であった回答者

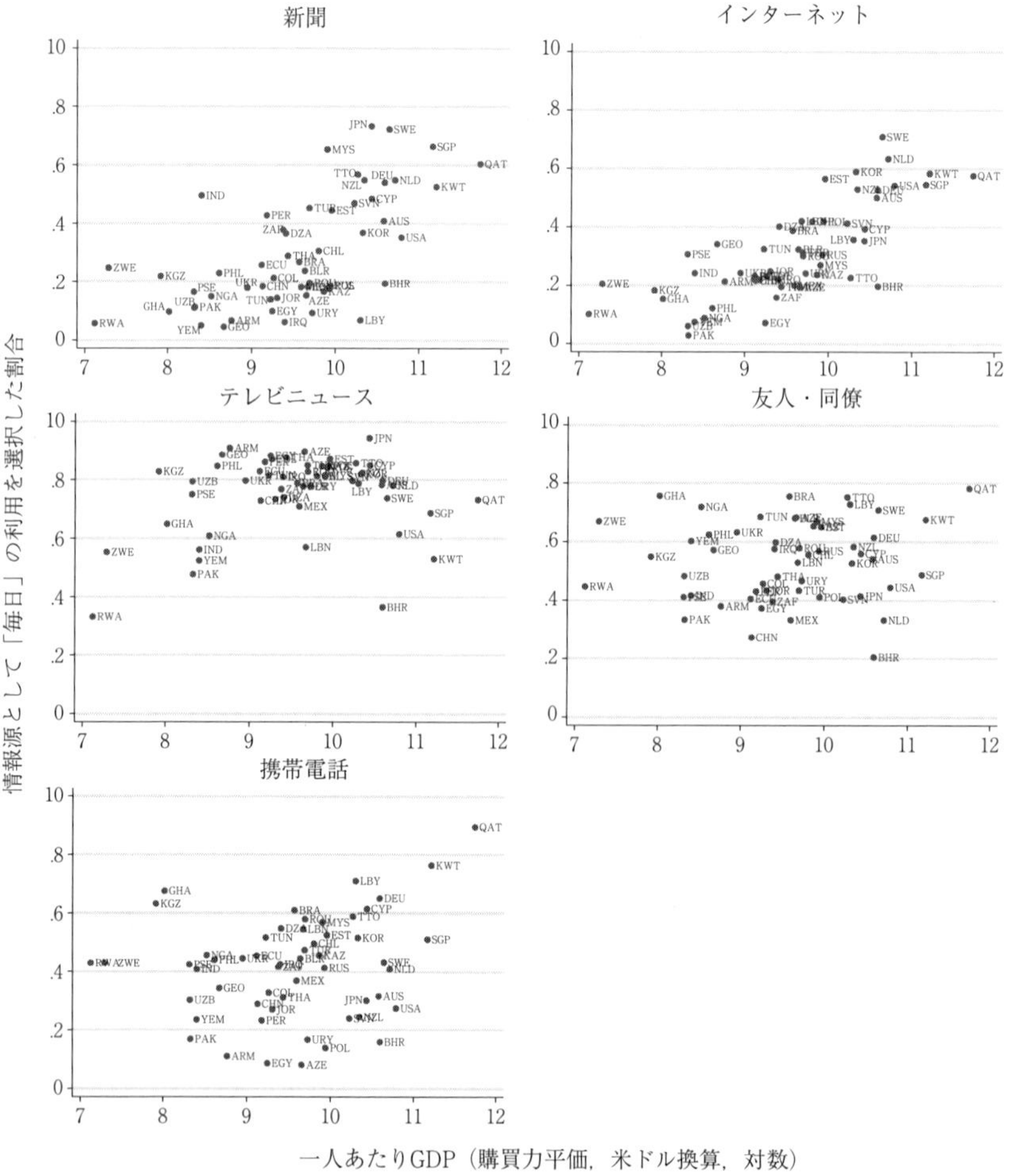

図13-2　「情報源」利用と一人あたりGDP

出所：「世界価値観調査」第六波（2010-2014）より筆者作成。

の割合を示している。

図13-1を見ると、左側に多く位置しているアフリカ諸国や南アジア諸国を除けば、概ね「政治的関心」は経済水準に比例して高くなっている傾向が見てとれる。日本における「政治的関心」の高さは今回の調査結果によればトップクラスである。このことはしばしば指摘される日本の投票率の低さを思うと奇妙に思われる。日本における調査は二〇一〇年一一月と一二月に実施されたが、この年は大きな国政選挙等もなく、時代的な効果であるとはいいにくいかもしれない。また、東日本大震災は二〇一一年の三月であり、震災等の政治的関心を引き起こす出来事もなかった。（英語で作成される）共通の調査票からの翻訳によるバイアスの可能性もあるが、ここではこれ以上追求しない。他方で「政治的関心」が低く出ている国には、旧社会主義国や一部の東アジア社会など、近代における民主政治の歴史がそれほど長くない国が多く入っている。

次に図13-2には、横軸にやはり一人あたりGDP（購買力平価、米ドル換算）をとり、縦軸には各情報源について「毎日」の利用を回答した者の割合を示した。興味深いのは、新聞、インターネットにおいてゆるやかにプラスの関係が見てとれるのに対して、テレビニュースや友人・同僚においてはそういった傾向がまったく観察されていない、ということである。これは、新聞やインターネットを介した情報の取得が、経済水準や教育水準に依存している可能性を示唆している。

第六節　モデル推定

表13-3は、OECD加盟国について順序ロジットモデルを推定した結果である。ただし、紙幅の都合で共変量の推定結果は省略している（詳細については別途筆者まで問い合わせてほしい）。結果はロジット表記である。「携帯電

表13-3　「政治的関心」をアウトカムとした順序ロジット分析

	新聞		テレビニュース		携帯電話		インターネット		友人・同僚	
	係　数	P　値	係　数	P　値	係　数	P　値	係　数	P　値	係　数	P　値
毎日(基準)										
週1回程度	−0.187	0.000	−0.494	0.000	−0.025	0.609	−0.199	0.000	−0.013	0.691
月1回程度	−0.374	0.000	−0.607	0.000	−0.087	0.213	−0.363	0.000	−0.115	0.034
月1回以下	−0.493	0.000	−0.644	0.000	−0.095	0.083	−0.332	0.000	−0.295	0.000
まったくない	−0.867	0.000	−0.745	0.000	−0.105	0.002	−0.512	0.000	−0.384	0.000
N	18,349		18,349		18,349		18,349		18,349	
尤度比カイ二乗値	4158.4		4007.8		3785.7		3931.3		3834.0	

注：各モデルの尤度比検定の自由度はいずれも53で，1％水準で有意。
出所：「世界価値観調査」第六波データ（2010–2014）より筆者推定。

話」を除き、情報源としての使用頻度が低くなるほど徐々に政治的関心も小さくなっているのが見てとれる。

図13-3は、表13-3の分析結果から、アウトカムの「政治への関心」について、「非常に関心を持っている」という回答が選択される確率の予測値を計算し、グラフにしたものである。いずれも共変量はすべて平均値に固定している。

図13-3を見ると、いずれの情報源においても取得頻度が低い方が、政治的関心が小さくなる傾向が確認できるが、その度合は新聞とテレビニュースにおいてより顕著である。情報源ごとの水準にはそれほど大きな差はないが、新聞とインターネットから頻繁に情報を得ている者について若干政治的関心が高い傾向があるかもしれない。

第七節　考察と課題

以上を受けて、若干の考察を加えておきたい。あらかじめ述べておいたように、今回利用できた説明要因の変数が「情報源」からの情報の取得頻度であったため、必ずしもメディア経験一般を観察できているわけではない。

こういった制約を踏まえつつも、メディアからの情報の取得頻度が、どのメディアにおいても全体的には高い政治的関心と結びついていることがみて

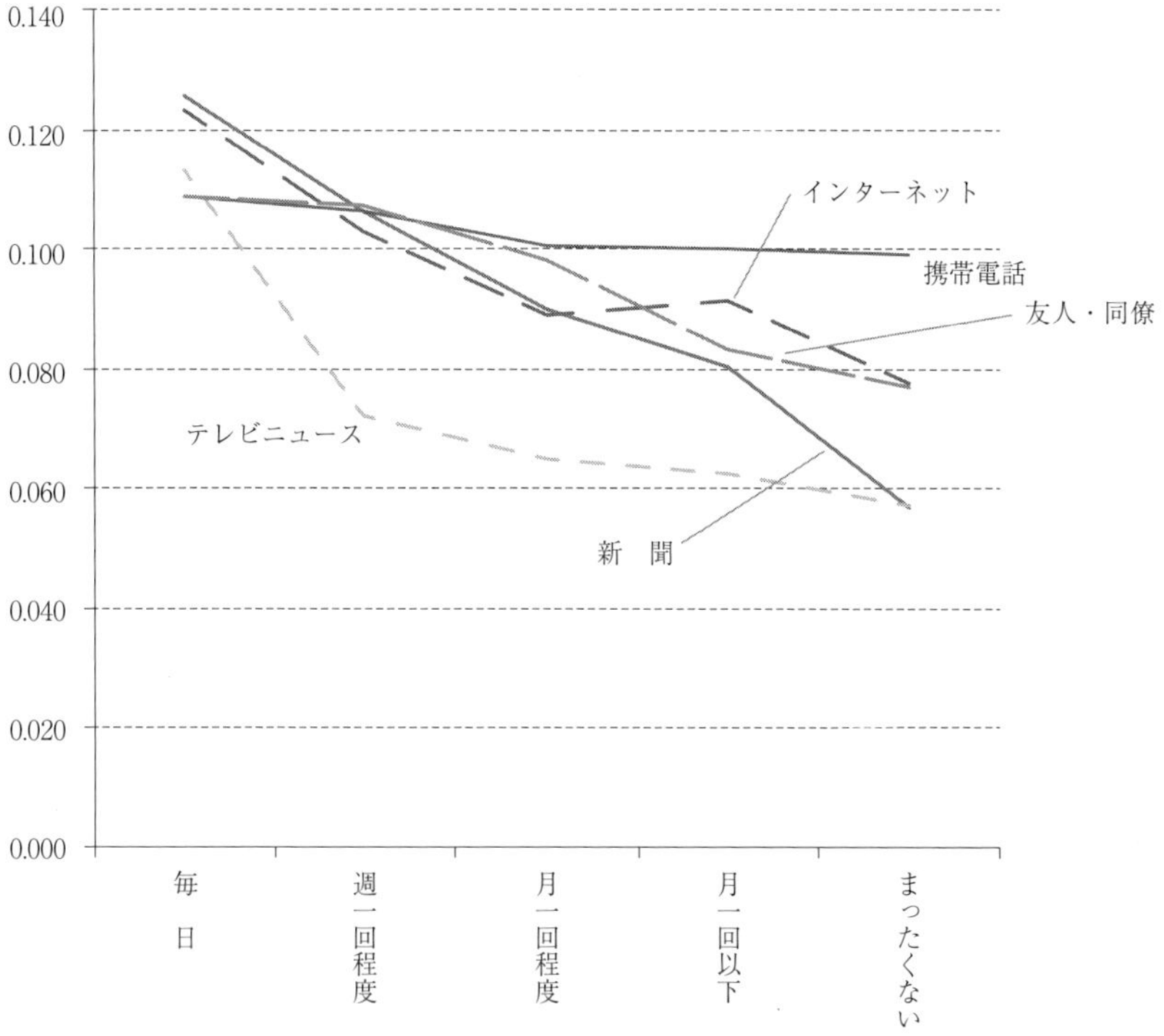

図13-3　「政治的関心」とメディア使用頻度との関係

とれる。少なくとも、メディアの公共的役割が改めて確認できた、と考えることができた、と言うことができるだろう。

ただ、より詳細に見てみれば旧視覚メディアの代表であるテレビの役割が軽視できないこともわかる。ひとつには、図13-2からわかるように、テレビからの情報取得頻度はその国の経済水準に関わらず高いということがある。その傾向は、新聞やインターネットと比べてみるとよりはっきりとわかるだろう。

次に、図13-3から見てとれるように、テレビニュースから毎日の情報を得ている者は、同メディアからより低い頻度で情報を得ている者よりも、かなり政治的関心が高い、ということがある。この差は他のメディアにおいてはまったく見られない傾向である。新聞は（日本を例外として）毎日読まれるようなものではないし、インターネットはいわゆる「プルメディア」の代表であるがゆえに、多様な情報を取得するために、つまり私生活に関連する情報を得るためにも使われやすい。こういった理由から、テレビニュースの視聴頻度と政治的関心が強く結びついているのだと考えられる。

携帯電話、インターネット、友人・同僚という情報源については、他の二つのメディアに比べて政治的関心との関連の度あいが小さい。これは、携帯電話やインターネットがパーソナル・メディアとして、私事に活用される度合いが強いからであろう。政治的な知識と政治的な関心の強さの関連性（山崎、二〇一二）を想定するならば、インターネットの知識アーカイブの機能は政治的意識の涵養にプラスの効果を持つことも考えられるが、全体的に見た場合、この効果はまだ顕著に見られていないようだ。

今回の分析から「私事化とメディア」についてどれほど追加的な経験的知見を引き出すことができるのかは不明確であるが、前半の理論的・学説的議論とあわせて、以下のような示唆を得ることができたと考える。

まず、私事化に抗する効果はどのメディア（友人・同僚からの情報取得を含む）についてもある程度認められる。しかしその効果は、新聞やテレビといった旧メディアにおいてより顕著になっている。その理由は、推測であるが、友人との会話やパーソナル・メディアによって伝えられる情報が政治的内容を含みにくいということがあるだろう。インターネットはその用途が多様であるがゆえに（筒井、二〇一二）、公共的討議以外の様々なコミュニケーションがそこで行われていると考えられる。

伝えられる内容の多様性という意味では、テレビにもある程度あてはまるだろう。とはいえ、テレビニュースの視聴頻度が政治的関心と強く結びついていること、その頻度が（新聞と違って）国の経済水準によって強く規定されているわけではないことを考え合わせれば、パットナムの洞察（Putnam, 2000＝2006）とは裏腹に、テレビが私事化を押しとどめる効果を再評価すべきなのかもしれない。

〈参考文献〉

Anderson, B.(1983) *Imagined Communities.* London : Verso.（白石さや・白石隆訳〔一九九七〕『想像の共同体：ナショナリズムの起源と流行』ＮＴＴ出版。）

安野智子（二〇〇三）「JGSS-2001にみる有権者の政治意識」『JGSS 研究論文集』2、七五〜九一頁。

Fischer, C. S.(1992) *America Calling : A Social History of the Telephone to 1940.* Berkeley : University of California Press.（吉見俊哉・松田美佐・片岡みい子訳〔二〇〇〇〕『電話するアメリカ』ＮＴＴ出版。）

Gellner, E.(1983) *Nation and Nationalism.* London : Basil Blackwell.（加藤節監訳〔二〇〇〇〕『民族とナショナリズム』岩波書店。）

Giddens, A.(1991) *Modernity and Self-Identity : Self and Society in the Late Modern Age.* Cambridge : Polity Press.（秋吉美都・安藤太郎・筒井淳也訳〔二〇〇五〕『モダニティと自己アイデンティティ——後期近代における自己と社会』ハーベスト社。）

Habermas, J.(1990) *Strukturwandel der Öffentlichkeit : Untersuchungen zu einer Kategorie der Bürgerlichen Gesellshcaft.* Frankfurt am Mein : Suhrkamp Verlag.（細谷貞雄・山田正行訳〔一九九四〕『公共性の構造転換——市民社会の一カテゴリーについての探求』未來社。）

石橋章市朗（二〇一四）「生活と政治の関係を認識することは政治への関心を高めるか——高校生の政治意識の分析」『関西大学法学論集』63（5）、一三一〜六二頁。

Putnam, R. D.(2000) *Bowling Alone : The Collapse and Revival of American Community.* New York : Simon and Schuster.（柴内康文訳〔二〇〇〇〕『孤独なボウリング——米国コミュニティの崩壊と再生』柏書房。）

Sennett, R.(1997) *The Fall of Public Man.* Cambridge : Cambridge University Press.（北山克彦・高階悟訳〔一九九一〕『公共性の喪失』晶文社。）

筒井淳也（二〇一二）「メディアと社会の理論」浪田陽子・福間良明編『はじめてのメディア研究』世界思想社、九七〜一一二頁。

山崎新（二〇一二）「政治知識と政治関心の関係」『早稲田政治公法研究』100、二五〜三四頁。

第一四章　送り手のメディア・リテラシー
――二〇〇〇年代の到達点、一〇年代の課題と展望

飯田　豊

第一節　地方局のショッピングモール進出

岡山県岡山市に二〇一四年一二月五日、巨大商業施設「イオンモール岡山」が開業した。ＪＲ岡山駅と地下街で直結しており、西日本の旗艦店と位置づけられている。中心駅前の一等地に立地するイオンモールは前例がない。館内には約五〇〇台のデジタルサイネージが遍在しており、中心部の吹き抜けには三〇〇インチの巨大スクリーンが設置されている。さらに特筆すべきは、岡山県と香川県を放送区域とする岡山放送（ＯＨＫ）が、（サテライトスタジオではなく）メインスタジオおよびオフィスの主要部分をここに移転したことである。その一方、モール独自のインターネットテレビ放送局も常設されており、ＯＨＫが運営協力している。館内のデジタルサイネージに番組が生配信されるほか、インターネットでも配信される。

イオンモール岡山に備わった情報発信機能は、現在の「テレビ」を取りまくふたつの潮流を象徴している。

その一方は、狭い意味での「テレビ」、すなわち放送事業体としてのテレビの地殻変動である。東京においては九〇年代以降、お台場を皮切りに、六本木、汐留、赤坂において、それぞれ民間キー局の新社屋が入居する巨大複

合施設を核とした大規模再開発が進んだ。近森高明が指摘しているように、「かたやテレビ局はブランド性のある場所を求め、かたやまっさらな再開発エリアはシンボリックな文化性を帯びた施設を求める」。キー局が主催するイベントは二〇〇〇年代以降、社屋およびその周辺地域で開かれることが定番となり、その街に賑わいを創出することが明確に企図されている。「それはテレビ局同士の競争でもあり、新興の『街』同士、言い換えれば資本と土地というリアルの競争でもあった(1)」。

それに比べて、地方都市の放送局は今でも、城の外堀に隣接していたり、行政区域の中にあったり、市街地の賑わいとは乖離した閑静な場所に位置していることが多い。OHKの本社もその例外ではなかった。同社の担当役員(当時)によれば、二〇〇〇年代以降、テレビ広告の縮小傾向の中で試みてきた打開策のほとんどが、二〇〇八年のリーマンショックで吹き飛んでしまった反面、「地域メディアであるわが社の成長は地域の発展と共にしかあり得ない」という確信を得た(2)。イオンモール岡山が果たして「単なる商業施設にとどまらず、公共性を有した施設として地域活性化の装置」になり得るか否かはともかく、この決断によってOHKが目指しているのは、「ポスト地デジ化の地方局のあり方の一つ」としての「顔が見える視聴者とのリアルなコミュニケーション」である。そしてそれは、「送り手・受け手という従来のテレビの概念を大きく飛び越え、制作者、視聴者、消費者、商業施設、自治体などが一体となった新しいメディアの領域を切り拓く可能性」であるという(3)。

視聴者とのコミュニケーション回路を構築する試みのひとつとして、OHKは二〇一五年五月、イオンモール岡山の館内にある大手英語教室と提携し、小学生を対象とした番組制作ワークショップを主催した（写真14-1）。参加した子どもたちは、情報番組の生放送をスタジオ内で見学したあと、簡単な英語で短いニュース原稿を書き、アナウンサーと一緒にスタジオでキャスター体験をした。子どもたちが送り手の立場を経験してみることで、テレビというメディアの特性をより深く理解してもらうことに加えて、このワークショップに関わった局員たち自身が、

写真14-1　岡山放送主催「ECCテレビ局」

テレビが置かれている社会的状況を日常業務とは異なる視角から再認識し、これからの放送の役割を考えるための再教育というねらいもあった。こうした考え方は、テレビを介したコミュニケーションを送り手が反省的に捉え、プロフェッショナリズムのあり方を見直すという意味で、「送り手のメディア・リテラシー」と呼ばれてきた。深刻な「テレビ離れ」と向きあい、克服するための試行のひとつと言えるだろう。

そして他方には、広い意味での「テレビ」、正確に言えば「テレビ的なもの」の拡散という潮流がある。「テレビ離れ」とは、若年層のテレビ視聴時間が減少傾向にあることに加えて、ネット動画視聴の浸透などに伴い、テレビという装置に対する意識が希薄化しているという面もある。(4) たしかに二一世紀に入ると、ブラウン管はあっという間に私たちの日常生活から姿を消し、薄型ディスプレイが急速に普及した。屋外では都市の街頭から電車の車両内まで、いたるところにスクリーンが配備され、映像情報が遍在している。また、スマートフォンやタブレットなどの携帯端末によって、手のひらの上で映像を扱うことが当たり前になった。こうして端末が複数化する中で、「視聴者（audience）」という概念も自明性を失いつつある。イオンモール岡山で運営されているインターネットテレビもまた、こうした「テレビ的なもの」の一翼を担っており、ここはスクリーンが遍在する社会を端的に象徴する商業施設と言える。

かたやインターネット上では、放送中の番組に対する反応が、ソーシャルメディア等を介して可視化されるようになって久しい。放送局や大企業によるオンデマンド配信も充実してきているが、YouTube や Ustream、ニコニコ動画やニコニコ生放送などのプラットフォームでは、「YouTuber」や「ニコ生主」と呼ばれる個人が、様々な映像表現を実践している。「弾幕」と呼ばれるコメントを通じて参加者同士が盛り上がる雑談放送は、しばしば戦後の街頭テレビにも喩えられる。送り手になることの敷居が格段に下がり、アマチュアリズムの裾野が大幅に拡がったことで、「送り手のメディア・リテラシー」は新たな局面を迎えていると言えよう。

そこで本章では、放送事業体としてのテレビの変容を踏まえて、放送局が主体的に取り組んできた「送り手のメディア・リテラシー」活動の課題と展望を明らかにする。(5) 以下ではまず、「送り手のメディア・リテラシー」という概念の系譜を跡づけた上で、二〇〇〇年代を通じて日本民間放送連盟（以下、民放連）が取り組んできたメディアリテラシー実践プロジェクトを振り返り、「送り手のメディア・リテラシー」活動の到達点、およびその学問的意義について検討する（＝第二節）。ところが近年、「テレビ離れ」による送り手と受け手のいっそうの乖離に伴い、若年層を対象とした「送り手のメディア・リテラシー」活動もまた、困難を増している。そこで、こうした問題意識を踏まえて筆者が実践したワークショップを事例として、今後の展望を述べる（＝第三節）。そして最後に、インターネットに媒介された表現に目を移すと、逆に送り手／受け手という区分自体が溶解していることを踏まえ、メディア・リテラシーという概念をめぐる根源的な課題について、ごく簡潔に言及しておきたい（＝第四節）。

第二節　「送り手のメディア・リテラシー」の到達点

(1)「送り手のメディア・リテラシー」とは何か

日本の放送現場で「送り手のメディア・リテラシー」という概念が提示されるきっかけのひとつとなったのは、一九九四年の松本サリン事件に伴う報道被害に対する反省であった。ＮＨＫの労働組合である日本放送労働組合は翌年、「メディアリテラシー研究会」を設置しており、その成果は『メディアリテラシー――メディアと市民をつなぐ回路』（一九九七年）、『送り手たちの森――メディアリテラシーが育む循環性』（二〇〇〇年）の二冊にまとめられた。[6] 送り手と受け手がメディア・リテラシーを媒介として、対話を通じた循環性を回復することの重要性がいち早く指摘されている。二〇〇三年度には日本放送労働組合関西支部も、「送り手のメディア・リテラシー」という連続セミナーを主催している。[7]

境真理子は二〇〇〇年、『送り手たちの森』の中で「送り手のメディア・リテラシー」を次のように規定している。

現在進行形で獲得していく能力で、現場知識は土台になるが力の一部でしかない。放送局に所属しニュースや番組を作っていれば自動的に身につくものでもない。影響力の大きい危険物としてのメディアを扱う者が、日々学び取っていなければならない本質的で不可欠な能力、自己検証の力が、送り手のメディア・リテラシーと考えている。[8]

すなわち、視聴者が容易に知り得ない放送の「裏側」を知っていても、送り手にメディア・リテラシーが備わっているとは言えない。[9] 境は、受け手を陸に棲むもの、送り手を海や川に棲むものに喩え、陸から海に石を投げても、波紋の広がりを見ることはできるが、水の深いところは推し量ることができず、生態系を知ることはできないと述べている。海や川（送り手）の豊かさが森（受け手）によって育まれるように、メディア・リテラシーは環境破壊を抑えるための循環的活動につながる。しかし当時はまだ、メディア・リテラシーという概念に関心を向ける送り手はきわめて少なかった。その背景として境は、（1）プロの立場を脅かされるのではないかという不安に基づく防御反応、（2）的外れな批判を受けたくないという拒絶反応、（3）メディア・リテラシーは視聴者の概念であって自分たちには関係がないという無関心、の三点を指摘している。[10]

なお二〇〇〇年は菅谷明子『メディア・リテラシー――世界の現場から』が出版された年でもある。菅谷は当時、イギリス、カナダ、アメリカの教育現場、メディア業界、市民団体などの取り組みの実態を、卓越した取材力で描写した[11]。この本で紹介された各国の事例の多くは、これまで情報の受け手に甘んじていた人々が、ビデオカメラやインターネットなどの新しいテクノロジーを用いて、既存の情報の流れを組み替えようとする活動にほかならない。この頃からメディア・リテラシーは、単にマス・メディアの情報を注意深く読み解くだけではなく、現代のメディア社会を主体的にデザインしていく思想を内包する視座として、少しずつ理解が広がっていった。

水越伸は同じ頃、メディア・リテラシー論の系譜を、（1）マス・メディアの批判的受容、（2）メディアに関わる学校教育の理論と実践、（3）情報産業による生産と消費のメカニズムの中に見出し、「メディアが組み換え可能な構成体であることに覚醒し、メディアに媒介された市民のコミュニケーション回路を生み出していくための思想的よりどころ[12]」として、その有効性を捉え返した。さらにメディア・リテラシーという営みを、メディアの使用活動／受容活動／表現活動という、互いに相関する三つの階層化されたコミュニケーション活動として再解釈したことによって、送り手と受け手のリテラシーをことさら区別して考える必要がなくなった。現代社会に生きるすべての人々は、同じ成分からなるメディア・リテラシーのスペクトルを共有しており、送り手と受け手といった立場の違い、あるいはメディアの違いなどによって、その比率が異なっているに過ぎないと解釈できるからである。言い換えれば、極端な比率の違いこそが、送り手と受け手の乖離を生じさせている。「このように全体的・複合的なコミュニケーション活動としてメディア・リテラシーを捉えてみると、これまでともすれば受け手に対する啓蒙活動としてとらえられてきたこの概念の意味がにわかにふくらみを持ちはじめ、送り手と受け手を結びつけるきずなとしての役割を持っていたことに気付かされる[13]」。

こうした視座は、メディア教育の動向とも通底していた。小・中・高等学校の学習指導要領の中で、いわゆる

「活用型の学力」の育成が謳われるようになったことで、メディア制作を行う学習活動の可能性が追究され、表現能力に関する実践研究の重要性も一層高まってきた[14]。また、鈴木みどりは九〇年代半ば、地域メディアが積極的にメディア・リテラシー教育のための「市民の広場」を設けることの意義をいち早く指摘していたが[15]、地域メディアや市民メディアにおけるパブリック・アクセスの理念や実践と有機的に結びつき、メディア・リテラシーに裏打ちされた表現活動がさかんに展開されたのも二〇〇〇年代のことである[16]。

こうしたメディア・リテラシー概念を媒介として、放送の送り手と受け手を結びつけ、表現と受容を循環する回路を構築しようという取り組みが行われるようになった。とりわけ、民放連が二〇〇〇年代を通じて、水越を中心とする共同研究グループと連携して展開した「メディアリテラシー実践プロジェクト」（以下、民放連プロジェクト）が果たした役割は大きい。

（2）日本民間放送連盟メディアリテラシー実践プロジェクト

民放連がメディア・リテラシー活動に関心を向けるようになった直接の契機は、一九九七年以降に社会問題化した凶悪な少年犯罪をきっかけに勃発したVチップ論争の顛末だった。Vチップとは、表現規制基準（レイティング）対象の番組の受信を制限するために、受像機に取り付けられる半導体のことである。緊迫した攻防を経てVチップ導入は回避されたが、放送局はさらなる自主規制の徹底を求められるようになった。民放連が一九九九年六月に発表した「『青少年と放送』問題への対応」には、「メディアリテラシーの向上」が掲げられ、同年一一月から一二月にかけて加盟局全社で、小学校高学年を対象としたメディア・リテラシー教材番組『てれびキッズ探偵団――テレビとの上手なつきあい方』が放送された[17]。これを大きな転機として、メディア・リテラシー活動の模索が各局で始まり、二〇〇〇年以降、子どもたちが主役のフォーラム、モニター制度、番組審議会などの試みが少しずつ広がった。いわゆるCSR（企業の社会的責任）の観点も相まって、社内見学や体験学習、出前授業なども重視されるようになっていった。

民放連プロジェクトは、二〇〇一年から〇二年にかけて加盟局四社で実施されたパイロット研究[18]を経て、二〇〇六年度から一〇年度の五年間、公募を通じて助成対象となった加盟局一三社が、放送局と地域の子どもたちによる番組制作の試みを実践した[19]。専門家が放送の仕事をわかりやすく伝えることが目的ではない。送り手と受け手が番組制作を通じてリテラシーを学びあい、表現と受容が循環する対話の回路を構築することがねらいである。筆者は二〇〇八年度から〇九年度、民放連プロジェクトのアドバイザーのひとりとして、派遣先の実践社（岡山放送、南海放送、和歌山放送）とそれぞれ協働して、メディア・リテラシー活動のプログラム開発を行った[20]。

このプロジェクトの最大の特徴は、番組の読み解きではなく、表現から学ぶことであった。身体を動かし、グループで番組を作ることで読解が深まり、その結果さらに表現が高まる。結果よりも過程を重視した活動であることは言うまでもない。制作された番組はその出来栄えにかかわらず、何らかのかたちで必ず放送することが助成の条件に加えられていた。番組の作り手という立場を子どもたちが経験するだけでなく、放送の送り手であることの社会的責任を意識してもらうためである。専門家が監修した教材番組を多くの視聴者に向けて放送するほうが合理的かつ効率的に思えるし、学校教育や社会教育などにおけるメディア・リテラシー活動に比べて、このプロジェクトに参加できる受け手の数が圧倒的に少ないのはやむを得ない。その反面、相当数の送り手が通常業務とは異なる濃密な体験を通じて、放送とは何かを捉え直すことに大きな眼目があった。

その中心的な手法のひとつが、ワークショップという方法論であった。ワークショップは一般的に、言語化しにくい知識や技能を身につけるための参加体験型の学習方法として知られており、メディア・リテラシーを身体的に学ぶための教育実践にも活用されている[21]。また、企業研修やまちづくりにおける合意形成や、美術や演劇といった創作活動の手段のひとつとして、ワークショップが設定されることもある。「たんに実践的、学習的なものではなく、批判的、分析的な働きをも併せ持つ」という「批判的メディア実践」[22]を提唱する水越は、日常生活の中で無意識的に染みついた、メディアをめぐる価値観、慣習的な身体技法、言語化されない感覚などを刹那的に異化し、そのオルタナティブなあり方を構想するための知的エンジンとして、ワークショップという方法論を位置づけている。なお、ワークショップを通じたプロジェクト参加者の意識変化、学びの効果などについては、駒谷真美が詳細な分析を行っている[23]。

（3）新しい「送り手研究」としての展望

二〇〇〇年代半ばになると、個別のやらせや誤報のみならず、NHKの信用失墜、フジテレビやTBSの産業的攻防といった構造的問題も浮上し、放送業界を取りまく環境の厳しさが一層、メディア・リテラシーに対する社会的関心を高めていった[24]。さらに二〇〇六年度から一〇年度の五年間は、二〇一一年七月の地上デジタル化に伴う設備投資も控え、放送産業自体の見通しが不透明な時期でもあった。民放連プロジェクトに参加した送り手に対するインタビューを分析した境は、その経験の意義を次のように説明している。

まず、実践という待ったなしの取り組みに直面することから、強い思いや感情の吐露が現れる。［……］次に、放送の仕事を再確認し、組織を対象化していく。対象化の作業は、さらにテレビを相対的、自省的に捉えることにつながり、その影響力をあらためて認識する。そこから批判が生まれるが、同時に、批判は放送の未来像を描く発展的な構想へと螺旋的につながっていく[25]。

このように、送り手の省察的実践という特徴を持つ民放連プロジェクトは、新しいタイプの「送り手研究」を生み出す可能性を示唆している(26)。

そもそも、テレビの受容能力に重点を置くリテラシー教育が八〇年代以降、鈴木みどりが主宰したFCTなどが先導することで充実していったのに比べて、放送業界の中でなかなか理解が進まなかったことは、マス・コミュニケーション研究やカルチュラル・スタディーズにおける「受け手研究」の充実に比べて、「送り手研究」が圧倒的に不足していることと照応している(27)。高木教典や桂敬一などが六〇年代以降、実証的に取り組んだマス・メディア産業論の先駆的な蓄積には、相当の厚みがある。ところが九〇年代以降、多くの研究がメディアの受容と消費の現場に焦点をあててきたのに対して、メディア表現や情報生産の現場を捉えた調査研究はごく少ない。ここまで述べてきたように、送り手を取りまく状況が大きく変容している今だからこそ、「送り手研究」の再構築が社会的に要請されている(28)。こうした問題意識から、林田真心子は民放連プロジェクトに、メディア・リテラシー活動としての意義だけでなく、送り手に対するアクション・リサーチとしての可能性を事後的に見出している(29)。

民放連プロジェクトの助成は単年度であり、放送局が独自にメディア・リテラシー活動を複数年度にわたって継続できた事例はそれほど多くなかった。また、活動を継続することで初めて生じる成果や課題についても、まだ充分に明らかになっていない。二〇〇〇年代に全国各地で醸成されたメディア・リテラシー活動を批判的に総括するとともに、特に地方局の置かれた厳しい現況を踏まえ、今後のあり方を展望することは喫緊の課題である。

第三節　協働型メディア・リテラシーの課題と展望

(1)「テレビ離れ」を越えて

二〇〇五年に出版された『送り手のメディアリテラシー――地域からみた放送の現在』において、黒田勇は「送り手のメディア・リテラシー」を次のように規定していた。

逆説めくが、「受け手にリテラシーを期待してはいけない」「受け手は、送り手に安心して任せている」とも考えられよう。とりわけ日常生活に入り込んでくるテレビはそう言えるだろう。受け手は居間で寝っころがって、のんびりと画面を眺めているだけだという場合も多い。積極的に、そして能動的にテレビ内容に働きかけるよりは、受動的に眺めている人が圧倒的に多い。ある意味ではそれがテレビなのだ。

その視聴者に「リテラシー」が必要だと呼びかけるより前に、その委託に答えるだけ十分に受け手のニーズが理解できているのか、どのような潜在的ニーズがあるのか、どのような表現が必要なのか、などなど送り手自身が放送というメディアの社会的役割、文脈を理解し、実践していく必要があるのではないか[30]。

ところが、それから一〇年以上が経過し、テレビというメディアの特性自体は大きく変わっていないとしても、「居間で寝っころがって、のんびりと画面を眺めている」視聴者像は、少なくとも若者たちのあいだでは、次第に過去のものになりつつある。景気悪化の影響だけではなく、インターネットの普及にともない、放送業界が抱えている深刻な構造不況。テレビに対して批判や不信が強まるどころか、関心自体が低下していることは否めず、視聴者に安心して「委託」されていることを自明の前提とすることも、難しくなっていると言えるだろう。

ＯＨＫは二〇〇八年度、民放連プロジェクトの助成を受けている。当時、スポット市場の縮小というテレビ営業の苦境に対して、有効な手立てを見出すことができておらず、視聴者との新しい関係づくりを現状脱却の起点とすべきだという考えが応募動機だったという。「それまで視聴者は限られたメディア選択の中で『テレビはこんなもの』と許容していたことも、多くのメディアに接し、また自らが手に入れた情報発信能力と比較して、既存のテレビに不満や批判の声を上げ始めた」のではないかという危機感が明確に認識されていた。[31]「これまでの『視聴者対応』を、われわれは一刻も早く現実にあわせた『視聴言動者対応』に変化させなければならない」[32]という問題意識が、冒頭で紹介したショッピングモール進出の実現にまで連なっている。

それにしても、「テレビ離れ」が進行しているとすれば、もはやテレビの受け手ではない（かもしれない）若者たちが、いきなり番組制作を体験するというのは、果たしてこれまで通り、送り手と受け手の循環につながるのだろうか。双方のあいだで協働型メディア・リテラシーを螺旋状に発展させていくことはできるのだろうか。テレビを取りまく厳しい現状を踏まえ、それでもなお、「送り手のメディア・リテラシー」活動はいかにして可能なのだろうか。

（2）「情報」から「演出」へ

こうした問題意識のもと、筆者は二〇一二年一〇月、民放連メディアリテラシー活動助成事業[33]の一環として、広島ホームテレビと協働して、大学生を対象とした番組制作ワークショップを実施した。送り手と受け手の協働型メディア・リテラシー実践はこれまで、ニュース番組やドキュメンタリー番組の制作活動が主流であった。しかしこのプロジェクトにおいては、あえてバラエティ番組の制作に挑戦したことに特色がある。

そのねらいは、いわゆる「テレビ離れ」を深刻に受け止めつつも、ニュース番組やドキュメンタリー番組に比べて、バラエティ番組は比較的、若年層に広く視聴されていることに裏打ちされている。さらに言えば、お笑い番組に限らず、ニュース番組や情報番組、音楽番組やトーク番組などの多くもまた、それに近似した演出によって制作されている。「情報バラエティ」「音楽バラエティ」、「トークバラエティ」などと称される由縁である。良くも悪しくも、テレビ全体が「バラエティ」や「バラエティ化」しているといっても過言ではない現在、送り手と受け手のあいだで表現と受容の循環を引き起こすためには、こうした広い意味でのバラエティについてともに考え、実際に制作してみることが最適なのではないか。

ワークショップのスキームはおおむね、民放連プロジェクトによって蓄積された方法論を踏襲している。バラエティ番組の演出技術を簡潔に学んだ上で、受け手が主体となって企画を構成し、グループごとに三分程度の番組を制作した。一か月かけて制作された番組は、いわゆる「ドキュメント・バラエティ」である。あるグループは、参加者のひとりである男子がスタジオから片思いの女子に電話を掛け、デートの約束を取りつけるまでの心の動きを巧みに描いた（写真14-2）。

メディア・リテラシーとは、メディアに媒介される「情報」を主体的に読み解き、必要な「情報」を引き出して活用する能力のことであり、また、メディアを積極的に活用してコミュニケーションする能力であると言われてきた。テレビに限って言えば、メディア・リテラシーは多くの場合、報道番組や情報番組から得られる「情報」の背景に潜んでいる、作り手の「意図」や「思想」を理解するための能力として語られてきた。その一方、テレビには多くのバラエティ番組が存在し、人間の喜怒哀楽を「物語」に乗せて伝えている。ならば、この「物語」の中に隠された「意図」や「思想」に関しても、視聴者が主体的に読み解くべきなのだろうか。それとも、バラエティ番組のリテラシーとは、報道番組や情報番組のリテラシーとは切り分けて考えるべきなのだろうか。容易に答えが出る

①
震えてる！
②
約１時間経過
③
（スタッフ）
なんで切るの(怒)！？

写真14-2　大学生が制作したドキュメント・バラエティ

問いではないが、ワークショップを遂行する過程では、こうしたことがらについても活発に議論を交わすことができた。

長谷正人はテレビ番組の「面白さ」について、それまで知らなかった「情報」を知るという楽しさと、それが具体的にどのような人間の身振りや表情を通して示されるのかという「演出」の楽しさとを区別した上で、次のように指摘している。

> テレビをめぐる社会的な言説を見渡したときに、どうもこの「情報」と「情報の見せ方」（＝演出）との結びつきによって成立するテレビ独特の「面白さ」は、ほとんど理解されていないように思われるのだ。一方にはテレビをジャーナリズムとしてだけ論じ、制作者に対して公正で客観的な「情報」の伝達を求めたり、視聴者に対してメディア・リテラシーの必要性を訴えたりするようなマスコミ論、報道ジャーナリズム論がある。しかしそれらにおいては、ニュースが単なる「情報」の伝達としてではなく、人々に「演出」としても楽しまれているという事実がほとんど無視されている。[34]

バラエティの「演出」については、「情報」の捏造や改竄などとは異なる次元で、これまで繰り返し「やらせ」との境界が問われてきた[35]。ワークショップでは、バラエティの「正義」とは何かという問いが繰り返し提起され、参加した送り手にとっては、この問題を日常的な制作業務とは別の角度から捉え返すという意義もあった。その効果を具体的に検証する紙幅はないが[36]、若年層に馴染みのあるバラエティに焦点をあてたことは、放送局が取り組むメディア・リテラシー活動にとって、革新的なアプローチだったと言える。もっとも、これはあくまで問題提起のための実験的な試みに過ぎず、プログラムの体系化には至っていない。

ここまで送り手／受け手という区分を前提として、「送り手のメディア・リテラシー」活動の課題と展望について論じてきた。本章を締めくくるにあたって、「送り手」や「受け手」、あるいは「メディア・リテラシー」という概念自体の根幹に関わる、より基層的な課題について言及しておきたい。

第四節　情動、アーキテクチャ、リテラシー

インターネットという表現の場が生まれ、創作支援のソフトウェア、動画共有サイトやソーシャルメディアなどのプラットフォームが普及したことで、情報の送り手／受け手、表現の生産者／消費者の境界が曖昧になってきた。冒頭で述べたとおり、こうした動向が「テレビ離れ」の一因にもなっている。放送事業体としてのテレビに限定すれば、送り手と受け手の区別は厳然と存在するが、こうしたソフトウェアやプラットフォームを活用すれば、誰でも送り手になり得る。送り手と受け手のあいだに、専門的な知識や技能、あるいは資本にそれほど深い溝があるわけでもない。そうだとすれば、送り手と受け手の非対称的な関係性を前提としてきたメディア・リテラシーという

概念は、果たしてどこまで有効なのだろうか。

加島卓が指摘するように、マス・メディアのリテラシーとは要するに、専門的な技術や巨大な資本を特権的に有する送り手の希少性こそが、対抗的な受け手という立場の安定性を担保しており、双方の緊張関係によってマス・メディアの可能性と困難を考えていくものだった。それに比べてソフトウェアにおいては、送り手になるための参入障壁が相対的に低いため、それとのつきあい方をより内在的に考えなければならなくなった[37]。しかも、情報の送り手／受け手、あるいは表現の生産者／消費者の境界が曖昧になるということと、技術の開発者／利用者の違いが厳然と存在していることは明確に区別されなければならない。一連のソフトウェアやプラットフォームにおいては、利用者の主体性や能動性を開発者が先取りすることで、あらかじめ利用者の自由度がメタにデザインされる。その結果、利用者自身は想定の範囲内で（どこまでもほどほどに）表現に水路づけられてしまう[38]。

利用者の安全性と引き換えに、メーカーによって利用環境が徹底的に管理される「紐付きアプライアンス[39]」や、利用者各自の嗜好を踏まえて、知りたい情報だけが自動的にカスタマイズされる「フィルターバブル[40]」など、インターネットの「箱庭化」といった傾向も指摘されている。だが、いったいどのくらいの利用者が、こうしたことを日常的に意識しているだろうか。

濱野智史は二〇〇〇年代、憲法学者レッシグ（Lessig, L.）によって広く知られるようになった「アーキテクチャ」という概念[41]を用いて、日本のインターネット文化を分析した。複数の人々が何らかの行動や相互行為をとることができる一方、無意識に規制が作用する「場」としてネットを捉えた上で、多様なアーキテクチャ（＝環境管理型権力）のあり方を知ることによって、それらを活用した社会設計の可能性について前向きに検討するというのが、濱野の一貫した姿勢であった[42]。東浩紀や宇野常寛などもそれぞれ、アーキテクチャ概念を応用した独自の議論を展開しているが[43]、吉田徹が指摘するように、一連のアーキテクチャ論が想定しているのは「再帰的（reflective）」とい

うよりは「反応的（reflexive）」な人間像である。(44)

宇野との対談の中で濱野は、インターネット上の集合的無意識に希望を託すにしても、「ユーザーはアーキテクチャのバグを突き、運営する側はそれに対応しながらアーキテクチャを修正していく」というオープンスパイラルが重要であるとして、そのためには環境設計に対するリテラシーを社会的に高めていくしかないと指摘している。(45)だが、利用者の無意識的な消費活動が集合的な創作物として編み上がっていくのが、日本特有のアーキテクチャの創造性であるとすれば、インターネットの環境設計に対するリテラシーを意識的に高めていくというのは、きわめて困難な課題と言える。インターネットのアーキテクチャをめぐっては、送り手／受け手の区分が融解している代わりに、開発者／利用者の乖離が問題なのであり、その循環こそが模索されなければならないのかもしれない。(46)メディア・リテラシーという概念は果たして、その媒介になり得るだろうか。

伊藤守は、「送り手」や「受け手」、「オーディエンス」や「コミュニケーション」といったメディア研究にとって不変とも思える概念が、近代社会の基本構造に規定された歴史的概念に過ぎないと指摘している。送り手／受け手という「二項の間の関係に閉じたかたちで、単一のメッセージの移動を捉える、従来のコミュニケーション・モデルでは理解できない情報現象が生まれ、ラジオとテレビを特定の空間で聴取・視聴することを前提としたオーディエンス概念では捉えきれないテクノロジーと人間の接合の構造が成立している」(47)。カルチュラル・スタディーズやメディア・リテラシーは従来、ホール（Hall, S.）の「エンコーディング／デコーディング（encoding/decoding）」モデルなどに依拠した上で、「読み」の実践が可能なテキストを考察の対象としてきた。しかし伊藤によれば、情報過程あるいは情報現象において「伝わるなにか」や「生まれるなにか」は、「認知」や「認識」といった意識化された活動に関するものだけではなく、「情熱」や「意欲」、「感情」や「情動」といった、無意識の、意識化されないけれども何ごとか身体に作用するものでもある。(48)

英語圏においては二〇〇〇年代以降、言語や言説などの意味作用と区別される、「情動（affect/affection）」という概念に注目が集まっている。[49] かつてホールらは、ソニーのウォークマンが獲得した文化的意味、特に日本らしさに関する言説を、広告の記号論的分析を通じて明らかにした。[50] それに対して、大山真司が指摘するように、アップルのiPhoneをはじめとする情報機器は、ユーザー・インターフェイスやルック・アンド・フィールなど、ハードとソフトの統合によって約束された快適で感覚的な操作体験、すなわち全感覚を刺激する情動的なデザインこそが生命線であり、ブランドの成功を広告分析のみによって説明することは、もはや難しい。「情動は意識以前、あるいは個人化・社会化する以前の、表象もラベルも貼られなければ構造化もされない身体の状態であり」、「情動と言説は常に相互に『干渉しあい』、『参加しあい』、『共鳴』し、その非線形な過程のなかで経験の質が決定される」。[51] こうした視座は、「近代主義」的なコミュニケーション・モデルの相対化であり、認知主義的、主知主義的な理論枠組みを相対化することでもある。[52]

日本独自の展開を遂げたアーキテクチャ論、そして英語圏で広がった情動理論はいずれも、メディア・リテラシーという概念を下支えしてきた近代的人間像を揺さぶっている。こうした難局を視野に入れて、メディア・リテラシーは再定義されなければならない。

〈注〉

（1）近森高明（二〇一三）「イベントとしての『街』」近森・工藤保則編『無印都市の社会学――どこにでもある日常空間をフィールドワークする』法律文化社、一六四～一六五頁。なお本章では、こうしたイベントに参加する人々の受容経験を論じる紙幅はないが、近森による以下の指摘は重要である。「イベントを訪れる人びとの側も、大量の人が集まるという、端的な事実性に巻き込まれにやってくるのかもしれない。少なくとも、マスメディアの操作にまんまと引っかかっている、というわけではないだろう。［……］どうせ何もないとわかっていながら、それでも何かが起こりそうな気もして、ついだらしなく出かけてしまう。それは、ネットやケータイなどの登場で、影響力が落ちたといわれるテレビを、それでもまだだらしなく視聴し続けてしまうのと、どこか相似形をなす」（同右、一六五頁）。メディア・イベント研究が従来、参加者の雑種性や複数性を捉え損ねてきたことについては、以下の論文で批判的に検証している。飯田豊・立石祥子（二〇一五）「複合メディア環境における『メディア・イベント』概念の射程――〈仮設文化〉の人類学に向けて」『立命館産業社会論集』五一巻一号。

（2）高橋誠（二〇一四）「岡山駅前再開発イオンモールでコンテンツファクトリーを稼働」『月刊民放』二〇一四年七月号、二四頁。

（3）同右、二五頁。付言しておけば、阿部真大は岡山県倉敷市の「イオンモール倉敷」に集まる若者たちを調査し、都会でも田舎でもない「ほどほどに楽しい地方都市」の現状を分析したが、倉敷市は岡山市の郊外に位置する衛星都市である。イオンモール岡山の開業がこの一帯の消費文化にどのような変化をもたらすのか、社会学的にも注目される。阿部真大（二〇一三）『地方にこもる若者たち――都会と田舎の間に出現した新しい社会』朝日選書。

（4）執行文子（二〇一二）「若者のネット動画利用とテレビへの意識――『中高生の動画利用調査』の結果から」『ＮＨＫ放送文化研究所年報二〇一二――第五六集』ＮＨＫ出版。

（5）ＮＩＥ（Newspaper in Education）実践などを通じた、新聞をめぐるメディア・リテラシー活動についても併せて検討すべきであるが、紙幅の都合上、本章では取り扱わない。

（6）メディアリテラシー研究会編（一九九七）『メディアリテラシー――メディアと市民をつなぐ回路』ＮＩＰＰＯＲＯ文庫。日本放送労働組合編（二〇〇〇）『送り手たちの森――メディアリテラシーが育む循環性』ＮＩＰＰＯＲＯ文庫。

（7）その成果は、黒田勇編（二〇〇五）『送り手のメディアリテラシー――地域からみた放送の現在』世界思想社、に発展した。関西の放送文化を多面的に分析しており、必ずしもメディア・リテラシーだけを扱った論文集ではないが、編者の黒田は「『メディアリテラシー』を受け手に期待し、それを送り手が『教育』していく、そうした『教育論』が時として陥ったのは、自らは正しいメディアの解釈者であり、無知な視聴者を啓蒙し市民として育てていくというまなざしであった」と述べ、その啓蒙主義的な展開に警鐘を鳴らしている（同右、ⅴ～ⅵ頁）。

（8）境真理子「送り手と受け手の新たな地平」日本放送労働組合編、前掲書、一四六頁。

（9）二〇〇〇年代半ば以降、送り手のあいだでメディア・リテラシーに対する防御反応や拒絶反応が低下していった反面、送り手が身につけている知識や技能をメディア・リテラシーと捉える啓蒙主義的な見方も、それなりに定着していることには注意しておきたい。例えば、池上彰（二〇〇八）『池上彰のメディア・リテラシー入門』オクムラ書店、長谷川豊（二〇一四）『テレビの裏側がとにかく分かる「メディアリテラシー」の教科書』サイゾー、などは、いわゆる欠如モデルに基づいており、協働型メディア・リテラシーの考え方とは一線を画している。

(10) 境、前掲論文、一四九～一五〇頁。

(11) 菅谷明子（二〇〇〇）『メディア・リテラシー――世界の現場から』岩波新書。

(12) 水越伸（二〇〇二）『新版デジタル・メディア社会』岩波書店、一二八～一二九頁。

(13) 水越伸（二〇〇五）『メディア・ビオトープ――メディアの生態系をデザインする』紀伊國屋書店、一六八頁。

(14) 中橋雄（二〇一四）『メディア・リテラシー論――ソーシャルメディア時代のメディア教育』北樹出版。

(15) 鈴木みどり（一九九六）「地域メディアとメディア・リテラシー」『情報処理学会研究報告［情報メディア］』九六巻四三号。

(16) ちなみにアメリカは、メディア・リテラシーの後発国とされるが、七〇年代初頭においてすでに、各自治体とケーブルテレビ会社の契約にさいして市民が番組枠を持つことを保障するパブリック・アクセスが法制化されていたことは注目に値する。しばしば見落とされがちだが、それは必ずしもリベラルな市民運動だけでなく、例えば保守系の政治団体も積極的に活用してきた。様々な思想信条がせめぎあうパブリック・アクセスの存在が、結果としてアメリカにおけるメディア・リテラシーの覚醒を促したのだった。

(17) 『月刊民放』二〇〇九年九月号、四頁。

(18) 東京大学情報学環メルプロジェクト・日本民間放送連盟編（二〇〇五）『メディアリテラシーの道具箱――テレビを見る・読む・つくる』東京大学出版会。

(19) 民放連とMELL Projectの共同研究として、二〇〇四年から二〇〇五年にかけて「送り手と受け手の対話ワークショップ」も実践されている。MELL Projectについては、http://www.mellnomoto.com/を参照。

(20) ＯＨＫとはその後も継続的に協働し、大学での社会連携授業などを実現してきた。

(21) 水越伸・東京大学情報学環メルプロジェクト編（二〇〇九）『メディアリテラシー・ワークショップ――情報社会を学ぶ・遊ぶ・表現する』東京大学出版会。

(22) 水越伸（二〇〇七）「ＭｏＤｅと批判的メディア実践」水越編『コミュナルなケータイ――モバイル・メディア社会を編みかえる』岩波書店、五七頁。

(23) 駒谷真美（二〇〇八）「民放連メディアリテラシー実践プロジェクトにおける効果研究――プロジェクトに参加した中高生の意識変化を中心に」『昭和女子大学紀要　学苑』八一六号、駒谷真美（二〇〇九）「協働的な学びの芽生え、そして深化へ――プロジェクト参加者の意識変化から」『月刊民放』二〇〇九年九月号、などを参照。

(24) 飯田豊（二〇〇五）「メディア・リテラシー――批判的受容にとどまらず、表現へと踏み込む」『中央公論』二〇〇五年一二月号。

(25) 境真理子（二〇一二）「送り手のメディア・リテラシーに関する一考察――民放連実践プロジェクトの経験から」『桃山学院大学総合研究所紀要』三八巻一号、二〇三頁。

(26) 水越伸・林田真心子（二〇一〇）「送り手のメディア・リテラシー――民放連プロジェクト実践者へのインタビューから」『東京大学大学院情報学環紀要　情報学研究』七九号。

(27) 水越伸（二〇〇六）「送り手研究のこと――その限界と可能性をめぐる覚書」『東京大学大学院情報学環紀要　情報学研究』七一号に詳しい。

(28) 水越は二〇〇三年の時点で次のように指摘していた。「受容と消費のダイナミズムは、情報技術の革新、メディア企業の動向、国家のメディア政策を背景として成り立つメディア表現と情報生産の実態との連関のなかでとらえられなければ、十分に把握はできない。デコーディングのプロセスをエンコーディングのプロセスとの循環性のなかでとらえていかなければならないのである。メディアに媒介されたコミュニケーションの総体像をとらえるためには、さらにそのあり方を積極的に組み替えていく企図のためには、表現と生産の研究が展開される必要がある」（水越伸〔二〇〇三〕「メディア・プラクティスの地平」吉見俊哉・水越編『メディア・プラクティス――媒体を創って世界を変える』せりか書房、二七頁）。

(29) 林田真心子（二〇一二）「『送り手研究』の転回に向けて――アクション・リサーチとしてのメディア・リテラシー実践の可能性」『福岡女学院大学紀要　人文学部編』二二号。

(30) 黒田編、前掲書、vi~vii頁。

(31) 高橋誠（二〇〇九）「地域ユーザーとの新たな関係づくり」『月刊民放』二〇〇九年九月号、二六頁。

(32) 同右、二九頁。

(33) 民放連プロジェクトは二〇一〇年度に終了したが、民放連は二〇一二年度以降、メディアリテラシー活動助成事業を新たに運用している。これまでのように番組制作にはこだわらず、各局の資源を活かした多様な実践活動に助成を行うという趣旨である。一般社団法人日本民間放送連盟「メディアリテラシーの取り組み」http://www.j-ba.or.jp/category/ref-

erences/jba101049（二〇一五年一二月二五日アクセス）

（34）長谷正人（二〇〇七）「七〇年代テレビと自作自演」長谷・太田省一編『テレビだョ！　全員集合――自作自演の一九七〇年代』青弓社、一〇～一一頁。

（35）長谷は二〇〇七年に起こった『発掘！　あるある大事典Ⅱ』の「データ捏造」問題に関して、発覚後の報道や放送局の検証に対する違和感を次のように表明している。「視聴者はここで『情報』をただデータとして知るというよりも、タレントたちがそれをどのように伝えるかという『演出』も含めて楽しんでいたはずなのだ。ところが関西テレビの検証番組でもさまざまなメディア報道でも、私が眼にしたかぎりでは、彼らの顔は一度も映らなかったし、調査報告書のほんの一行にも彼らの名前は出ていなかった。むろんこのデータ捏造問題自体には彼ら出演者の責任はない（それ自体には私も同意する）というテレビ局や社会の配慮の結果なのだろうが、逆にそこにこそ、この番組の構造的歪みを私は感じた。つまり『あるあるⅡ』には、最初から番組自体の真ん中に『情報』と『演出』の間に深い亀裂が入っていたということである。取材ビデオという『情報』の部分とスタジオでのバラエティ番組としての『演出』の部分が、不自然なまでにきれいに切り離されていたのだ」（同右、一二頁）。

（36）このワークショップはテレビ朝日の密着取材を受け、二〇一三年四月二一日放送の「はい！　テレビ朝日です」で詳しく紹介された。二〇一五年一二月現在、以下のURLで番組を視聴することができる。http://www.tv-asahi.co.jp/hai/contents/100/268/

（37）加島卓（二〇一三）「メディア・リテラシーの新展開」土橋臣吾・南田勝也・辻泉編『デジタルメディアの社会学――問題を発見し、可能性を探る　改訂版』北樹出版。

（38）加島卓（二〇一〇）「ユーザーフレンドリーな情報デザイン――Design of What?」遠藤知巳編『フラット・カルチャー――現代日本の社会学』せりか書房。

（39）Zittrain, Jonathan（2008）*The Future of the Internet : And How to Stop It.* Yale University Press.（井口耕二訳〔二〇〇九〕『インターネットが死ぬ日――そして、それを避けるには』早川書房。）

（40）Pariser, Eli（2011）*The Filter Bubble : What the Internet is Hiding from You.* The Penguin Press HC.（井口耕二訳〔二〇一二〕『閉じこもるインターネット――グーグル・パーソナライズ・民主主義』早川書房。）

（41）Lessig, Lawrence（2000）*Code and Other Laws of Cyberspace,* Basic Books.（山形浩生・柏木亮二訳〔二〇〇一〕『CODE――インターネットの合法・違法・プライバシー』翔泳社。）

（42）濱野智史（二〇一五）『アーキテクチャの生態系――情報環境はいかに設計されてきたか』ちくま文庫。初版は二〇〇八年。

（43）浅田彰・東浩紀・磯崎新・宇野常寛・濱野智史・宮台真司（二〇〇九）「［共同討議］アーキテクチャと思考の場所」東浩紀・北田暁大編『思想地図』三号、日本放送出版協会、東浩紀（二〇一一）『一般意志2・0――ルソー、フロイト、グーグル』講談社、などを参照。

（44）吉田徹（二〇一三）「ステイツ・オブ・デモクラシー――ポピュリズム・熟議民主主義・アーキテクチャ」憲法理論研究会編『変動する社会と憲法』啓文堂、一一頁。

（45）宇野常寛・濱野智史（二〇一二）『希望論――二〇一〇年代の文化と社会』ＮＨＫブックス、二〇一頁。

（46）加島は「政治家になるつもりがなくても政治のあり方に注意を払うように、ソフトウェア開発者になるつもりがなくてもソフトウェアのあり方に関心をもってみること」と表現している（加島卓〔二〇一三〕「『つながり』で社会を動かす」土橋・南田・辻編、前掲書、一四一頁）。

（47）伊藤守（二〇一四）「オーディエンス概念からの離陸」伊藤・毛利嘉孝編『アフター・テレビジョン・スタディーズ』せりか書房、三二〇頁。

（48）伊藤守（二〇一三）『情動の権力――メディアと共振する身体』せりか書房。

（49）「触発する／される身体の強度」としての情動概念は、スピノザ（Spinoza, B.）、ドゥルーズ（Deleuze, G.）に由来し、マッスミ（Massumi, B.）の論考によって広く知られるようになった。Massumi, Brian (2002) *Parables for the Virtual : Movement, Affect, Sensation*. Duke University Press などを参照。

（50）du Gay, Paul, Stuart Hall, Linda Janes, Anders Koed Madsen, Hugh Mackay, Keith Negus eds. (1997) *Doing Cultural Studies : The Story of the Sony Walkman*. Sage.（暮沢剛巳訳〔二〇〇〇〕『実践カルチュラル・スタディーズ――ソニー・ウォークマンの戦略』大修館書店。）

（51）大山真司（二〇一四）「ニュー・カルチュラル・スタディーズ０２――情動的転回？」『5――Designing Media Ecology』二号、七九頁。

（52）伊藤、前掲書。

――シカゴ市の都市的拡大と市民・行政の多様な実態」有賀郁敏・山下高行編著『現代スポーツ論の射程――歴史・理論・科学』文理閣，2011年。「スポーツとメディア――合衆国における放送と『国民的娯楽』の変遷」浪田陽子・福間良明編『はじめてのメディア研究』世界思想社，2012年など。

小泉秀昭（こいずみ・ひであき）執筆分担：第12章

青山学院大学経営学研究科博士後期課程修了。修士（商学／早稲田大学商学研究科）。

現　在　立命館大学産業社会学部教授。

主　著　『広告会社への報酬制度（監修）』日経広告研究所，2003年。「メディアプランニングの視点から考えるアカウントプランニング」『アカウントプランニング思考』（共著）日経広告研究所，2004年。「広告会社の評価システムの考察――広告主と広告会社の関係改善に向けて」『日経広告研究所報』276号，2014年など。

筒井淳也（つつい・じゅんや）執筆分担：第13章

一橋大学大学院社会学研究科博士後期課程満期退学。博士（社会学）。

現　在　立命館大学産業社会学部教授。

主　著　『仕事と家族』中公新書，2015年。“The Transitional Phase of Mate Selection in East Asian Countries”, *International Sociology*, 28 (3)：257-276 2013.『親密性の社会学』世界思想社，2008年など。

飯田　豊（いいだ・ゆたか）執筆分担：第14章

東京大学大学院学際情報学府博士課程単位取得退学。

現　在　立命館大学産業社会学部准教授。

主　著　『テレビが見世物だったころ――初期テレビジョンの考古学』青弓社，2016年。「テレビジョンの初期衝動――『遠く（tele）を視ること（vision）』の技術史」飯田豊編『メディア技術史――デジタル社会の系譜と行方』北樹出版，2013年。「巷の『ヤンキー語り』を超えて，『ヤンキー人類学』はいかに可能か？」鞆の津ミュージアム監修『ヤンキー人類学――突破者たちの「アート」と表現』フィルムアート社，2014年など。

ア学)。

現　在　立命館大学産業社会学部教授，ロンドン大学映像メディア研究所共同研究員。

主　著　『昭和ノスタルジアとは何か――記憶とラディカル・デモクラシーのメディア学』世界思想社，2014年（日本コミュニケーション学会・学会賞〔著作の部〕受賞)。「映画／映像へのアプローチ」日本コミュニケーション学会編『現代日本のコミュニケーション研究――日本コミュニケーション学の足跡と展望』三修社，2011年。“Yearning for Yesterday : Representations of Tokyo Tower within Unfinished Modernity of Showa Nostalgic Media” *Ritsumeikan Social Science Review*, 46(2), 2010 など。

粟谷佳司（あわたに・よしじ）執筆分担：第８章

同志社大学大学院文学研究科社会学専攻博士後期課程満期退学。

現　在　立命館大学産業社会学部准教授。

主　著　『音楽空間の社会学――文化における「ユーザー」とは何か』青弓社，2008年。『限界芸術論と現代文化研究――戦後日本の知識人と大衆文化についての社会学的研究』ハーベスト社，2016年近刊。「戦後日本の知識人と音楽文化――鶴見俊輔，フォーク音楽，限界芸術論をめぐって」『立命館産業社会論集』第48巻第２号，2012年など。

瓜生吉則（うりゅう・よしみつ）執筆分担：第９章

東京大学大学院人文社会系研究科博士課程単位取得退学。博士（社会情報学)。

現　在　立命館大学産業社会学部教授。

主　著　「〈少年―マンガ―雑誌〉という文化」井上俊編『全訂新版　現代文化を学ぶ人のために』世界思想社，2014年。「俺たちの空――本宮ひろ志と〈マンガ〉の領界」東浩紀・北田暁大編『思想地図 vol. 5』NHK 出版，2010年。「『少年マンガ』の発見」岩崎稔・上野千鶴子・北田暁大・小森陽一・成田龍一編著『戦後日本スタディーズ②』紀伊國屋書店，2009年など。

坂田謙司（さかた・けんじ）執筆分担：第10章

中京大学大学院社会学研究科博士課程修了。博士（社会学)。

現　在　立命館大学産業社会学部教授。

主　著　『「声」の有線メディア史――共同聴取から有線放送電話を巡る“メディアの生涯”』世界思想社，2005年。「放送の多様性から見る営利／非営利」『非営利放送とは何か――市民が創るメディア』ミネルヴァ書房，2008年。「プラモデルと戦争の『知』～『死の不在』とかっこよさ」『「反戦」と「好戦」のポピュラー・カルチャー――メディア／ジェンダー／ツーリズム』人文書院，2011年など。

川口晋一（かわぐち・しんいち）執筆分担：第11章

筑波大学大学院博士課程体育科学研究科単位取得退学。

現　在　立命館大学産業社会学部教授。

主　著　「テレビとコマーシャリズム」柳澤伸司他著『メディア社会の歩き方――その歴史と仕組み』世界思想社，2004年。「合衆国における公的レクリエーション運動とその主体

執筆者紹介

浪田陽子（なみた・ようこ）執筆分担：はじめに，第１章
編著者紹介参照

柳澤伸司（やなぎさわ・しんじ）執筆分担：第２章
編著者紹介参照

根津朝彦（ねづ・ともひこ）執筆分担：第３章
総合研究大学院大学文化科学研究科日本歴史研究専攻博士後期課程修了。博士（文学）。
現　在　立命館大学産業社会学部准教授。
主　著　『戦後『中央公論』と「風流夢譚」事件――「論壇」・編集者の思想史』日本経済評論社，2013年。「桑原武夫の戦後思想――ポルトレと戦後啓蒙期の批評を中心に」赤澤史朗・北河賢三・黒川みどり編『戦後知識人と民衆観』影書房，2014年。「戸坂潤――ジャーナリズム論の先駆者」安田常雄編『講座　東アジアの知識人』第４巻，有志舎，2014年など

長澤克重（ながさわ・かつしげ）執筆分担：第４章
京都大学大学院経済学研究科博士課程学修。経済学修士。
現　在　立命館大学産業社会学部教授。
主　著　「文化産業分析のための統計的枠組み――2009 UNESCO FCSの構造と課題」『立命館産業社会論集』第50巻・第２号，2014年。「全労働生産性と全要素生産性からみたIT化の経済効果」『立命館産業社会論集』第45巻・第３号，2009年。「産業・職業分類の変容」『統計学』90号，経済統計学会，2006年など。

増田幸子（ますだ・さちこ）執筆分担：第５章
大阪大学大学院言語文化研究科博士課程修了。博士（言語文化学）。
現　在　立命館大学産業社会学部教授。
主　著　『アメリカ映画に現れた「日本」イメージの変遷』大阪大学出版会，2004年。「日韓合作ドラマが描く『恋愛』」『比較文化研究』No. 69，2005年。「少女マンガで語られた『戦争』」浪田陽子・福間良明編『はじめてのメディア研究』世界思想社，2012年など。

福間良明（ふくま・よしあき）執筆分担：第６章
編著者紹介参照

日高勝之（ひだか・かつゆき）執筆分担：第７章
ロンドン大学東洋アフリカ研究学院大学院メディア学研究科博士課程修了。Ph.D. 博士（メディ

《編著者紹介》

浪田陽子（なみた・ようこ）

ブリティッシュ・コロンビア大学大学院カリキュラム研究科博士課程修了。Ph.D.

現　在　立命館大学産業社会学部准教授。

主　著　「カナダのメディア・リテラシー」飯野正子・竹中豊編『現代カナダを知るための57章』明石書店，2010年。“A Historical Overview of Media Education: Making Sense of the Different Approaches and Rationales”『立命館産業社会論集』第47巻・第4号，2012年。「メディア・リテラシー」浪田陽子・福間良明編『はじめてのメディア研究』世界思想社，2012年など。

柳澤伸司（やなぎさわ・しんじ）

創価大学大学院文学研究科博士後期課程単位取得退学。博士（社会学／立命館大学。2009年）。

現　在　立命館大学産業社会学部教授。

主　著　『新聞教育の原点――幕末・明治から占領期日本のジャーナリズムと教育』世界思想社，2009年。小原友行・髙木まさき・平石隆敏編著『はじめて学ぶ学校教育と新聞活用――考え方から実践方法までの基礎知識』（共著）ミネルヴァ書房，2013年。日本NIE研究会編著『新聞で育む，つなぐ』（共著）東洋館出版社，2015年など。

福間良明（ふくま・よしあき）

京都大学大学院人間・環境学研究科博士課程修了。博士（人間・環境学）。

現　在　立命館大学産業社会学部教授。

主　著　『「戦争体験」の戦後史――世代・教養・イデオロギー』中公新書，2009年。『二・二六事件の幻影――戦後大衆文化とファシズムへの欲望』筑摩書房，2013年。『「戦跡」の戦後史――せめぎあう遺構とモニュメント』岩波現代全書，2015年など。

立命館大学産業社会学部創設50周年記念学術叢書

メディア・リテラシーの諸相

――表象・システム・ジャーナリズム――

2016年3月31日　初版第1刷発行　〈検印省略〉

価格はカバーに
表示しています

編著者　浪田陽子　柳澤伸司　福間良明

発行者　杉田啓三

印刷者　藤森英夫

発行所　株式会社　ミネルヴァ書房

607-8494 京都市山科区日ノ岡堤谷町1
電話代表 (075)581-5191
振替口座 01020-0-8076

亜細亜印刷・兼文堂

ISBN978-4-623-07633-8

Printed in Japan